精准扶贫视角下的

小额信贷研究

谢玉梅 徐玮 夏璐 等著

格致出版社 上海人民出版社

前　言

　　习近平总书记在庆祝中国共产党成立 100 周年大会上庄严宣告,中国实现了第一个百年奋斗目标,全面建成了小康社会,历史性地解决了绝对贫困问题。2012 年至今,中国现行标准下 9 899 万农村贫困人口全部脱贫,832 个贫困县全部摘帽,12.8 万个贫困村全部出列,区域性整体贫困得到解决。中国通过实施"特惠"政策,对建档立卡贫困家庭基本建立了从适龄幼儿到不同就学阶段的教育补助体系、基本医疗保险和大病医疗保险等医疗救助体系、易地扶贫搬迁和危房改造等住房保障体系,解决了贫困家庭"上学难、看病难、住房难"等问题。同时,中国通过实施普惠性支持政策,加大对贫困地区道路、电力、饮水工程、通信网络、物流、信息化等基础设施建设,提高贫困地区公共服务均等化并缓解区域发展不均衡问题。中国提前十年完成联合国《2030 年可持续发展议程》确定的减贫目标,对世界的贡献超过了 70%。

　　8 年来,中央、省、市县财政专项扶贫资金累计投入近 1.6 万亿元,其中中央财政累计投入 6 601 亿元。自打响脱贫攻坚战以来,土地增减挂指标跨省域调剂和省域内流转资金 4 400 多亿元,扶贫小额信贷累计发放 7 100 多亿元,扶贫再贷款累计发放 6 688 亿元,金融精准扶贫贷款累计发放 9.2 万亿元,东部 9 省市共向扶贫协作地区投入财政援助和社会帮扶资金 1 005 多亿元,东部地区企业赴扶贫协作地区累计投资 1 万多亿元。金融扶贫成为帮助农村贫困人口脱贫增收和降低家庭脆弱性的重要途径。

　　早在 2011 年,《中国农村扶贫开发纲要(2011—2020 年)》(以下简称《纲要》)明确把金融服务作为扶贫的政策手段,提出"继续完善国家扶贫贴息贷款政策,积极推动贫困地区金融产品和服务方式创新,鼓励开展小额信用贷款,努力满足扶贫对象发展生产的资金需求"。2014 年,中共中央办公厅、国务院办公厅印发了《关于创新机制扎实推进农村扶贫开发工作的意见》,提出六大创新机制推进扶贫开发工作,提出完善金融服务机制,推广小额信用贷款,促进贫困地区经济发展和贫困农户增收。为落实扶贫《纲要》和金融创新扶贫政策精神,2015 年,中央一号文件《关于加大改革创新力度加快农业现代化建设的若干意见》指出,要推进精准扶贫,对贫困户和贫困村建档立卡,通过财政税收、货币信贷、金融监管等政策措施,推动金融资源继续向"三农"倾斜,鼓励各类商业银行创新"三农"金融服务。2015 年 1 月,中国出台《关于创新发展扶贫小额信贷的指导意见》,提出构建保险机制、风险补偿和分担机制、三级联动的贫困户信用评级机制、金融服务与产业组织形式相结合的机制、部门协作机制、动态监测和督促检查机制,协同探索金融扶贫。2015 年 11 月,习近平总书记在中央扶贫开发工作会议上强调,要加快农村金融改革创新步伐,提高贫困地区和贫困人口金融服务水平;强调通过完善激励和约束机制,推动各类金融机构实施特惠金融政策,加大对脱贫攻坚的金融支持力度,特别是要重视发挥好政策性金融和开发性金融在脱贫攻坚中的作用。在政策实施中,中国发挥财政资金"四两拨千斤"的导向作用,成立政府出资的担保机构,提高扶贫贴息贷款规模,撬动更多信贷资金支持贫困户发展生产和就业创业。2017 年 7 月,全国金融工作会议上,习近平总书记再次提出,要建设普惠金融体系,积极发展普惠金融,加强对"三农"和精准脱贫等经济社会发展薄弱环节的金融服务,推进金融精准扶贫,着力解决"融资难、融资贵"问题。

总体上看,中国建立了较为完善的金融扶贫政策体系,作为脱贫攻坚的重要支撑,金融扶贫有力保障了各项扶贫工作的顺利推进。在精准扶贫背景下,中国金融扶贫在制度、金融运行机制、金融产品和金融机构组织建设等方面都发挥了不同程度的创新与实践作用,在金融扶贫资金投入增大的同时有力推动了信用工程建设,有针对性地发展了地方特色产业,有效带动了农户脱贫增收,并改善了贫困区域的基础设施。但在开发式扶贫进入攻坚阶段后,剩下的贫困户由于增收机会少,对生产性贷款可能存在有效需求不足,集中还贷高峰期金融风险陡增,扶贫小额信贷逾期可能引发金融直接脱贫的短期化和信用环境恶化问题。因此,扶贫资金和扶贫贴息贷款的使用方法需要进行相应的调整,更应该建立多元化、市场化的小额信贷组织,通过发展普惠金融为低收入人群和农户提供融资通道。鉴于中国农村区域发展和贫困现状存在较大差异性,各地金融扶贫实践和金融扶贫模式也呈现多样性。目前,全面深化金融扶贫改革已经进入从攻坚阶段到乡村振兴的衔接与转型阶段,迫切需要对现有的金融扶贫政策和机制进行评估,在此基础上创新金融扶贫产品和服务,改进和优化金融扶贫机制体制,构建有效的、可持续的金融扶贫制度安排和服务体系服务乡村振兴。

在研究与写作过程中,课题组充分发挥了团队优势,分工合作,并在阶段性研究基础上完成了本书。全书共分9章,由课题组负责人谢玉梅教授拟定调研方案和写作纲要,审定全书,并撰写前言。全书章节分工安排如下:第1章由谢玉梅、杨芳元、夏璐撰写;第2章由徐玮撰写;第3章由杨芳元撰写;第4章由夏璐撰写;第5章由夏璐撰写;第6章由王芳、谢玉梅撰写;第7章由李珊珊撰写;第8章:谢玉梅、徐玮、王芳撰写;第9章由谢玉梅、李珊珊撰写。

感谢国家社科基金项目"基于精准扶贫视角下的目标群小额信贷研究(16BJY185)"对本书研究的支持!课题组要特别感谢国家乡村振兴局中国扶贫发展中心主任黄承伟教授的指导;感谢贵州省乡村振兴局、内蒙古自治区乡村振兴局及各调研地扶贫相关部门在课题组调研过程中给予的支持和帮助;感谢研究团队刘震、徐玮、王芳、李珊珊、陈婷婷、汪雪川、杨芳元、夏璐等在调研过程中的辛勤付出。2020年是中国实现全面小康目标之年,也是中国脱贫攻坚收官之年,但这并不意味着国内贫困问题的终结。2020年后,中国减贫战略和扶贫工作体系也将面临转型,在将相对贫困治理纳入乡村振兴战略统筹推进中,金融将发挥更为重要的支撑作用。因此,课题组将在已有研究基础上,进一步研究普惠金融和金融科技发展在未来乡村振兴中的作用,为中国实现农村农业现代化提供智力支持。

目　录

第一篇　综合研究

第二篇　专题调研

第一篇　综合研究

第 1 章

研究动态

1.1 有关贫困问题的研究

1.1.1 贫困标准

贫困作为人类社会与生俱来的社会现象之一,其内涵与外延界定不断发展与丰富,贫困标准也随着人们对贫困的认识不断变化。早在 1902 年,朗特里(Rowntree)将贫困定义为最低限度的生活,若家庭总收入不能满足维持身体正常功能所需的最低生活必需品,包括最简单的饮食与最低的衣服、住房及取暖需求,则被视为贫困。随着经济发展水平的提高,人们对贫困的理解逐渐深入,Townsend(1979)指出,贫困除了意味着基本生活需求不能得到满足之外,往往还意味着遭受相对剥夺和相对排斥,衡量标准主要为收入贫困线。1976 年,阿马蒂亚·森(Amartya Sen)首次提出"能力贫困"的概念,他认为贫困的根本原因不是简单的收入被剥夺,而是贫困人口创收能力与机会被剥夺。Sen(1999)的研究表明,收入仅代表一种物质资源,只是改善一定生活水平的手段,对人的发展并未起到决定性作用,贫困的本质是对人的基本可行能力的剥夺,该可行能力包括公平地获得教育、健康、住房、饮用水、市场准入等多个方面。"可行能力剥夺"理论深化了人们对贫困的认知,使人们对贫困的理解由单一收入维度转向多维度视角。学术界对于贫困识别的标准也逐渐由单一收入维度转向多维度研究,多维贫困研究发展逐渐成为贫困研究的主流(解垩,2020)。

在绝对贫困标准的划分中,世界银行标准具有广泛的参照和影响。1990 年,世界银行对各国的贫困标准进行了研究,发现各国贫困标准差距较大且与居民收入水平成高度正相关,于是采用每天的平均消费支出(当消费支出无法获得的时候,用收入代替)来衡量绝对贫困标准。按照世界银行现行的绝对贫困线即每人每天 1.9 美元的标准中,在 2019 年,全球有超过 11% 的人口处于极端贫困状态。除了这一基础性标准,世界银行还根据各国发展程度的不同,于 2018 年补充了两档新标准:每人每天 4.2 美元的中等偏低收入国家贫困线,以及每人每天 5.5 美元的中等偏高收入国家贫困线。中国采用的绝对贫困贫困线以 2010 年的 2 300 元不变价为基准,人均纯收入低于该标准则被认定为绝对贫困人口。

目前,国际组织和国外高收入、中高收入国家普遍使用收入比例法确定相对贫困标准。国际组织如世界银行将收入少于平均收入三分之一的社会成员定义为相对贫困。经济合作与发展组织(OECD)早在 1976 年提出,将一国或一个地区社会收入中位数或平均收入的 50% 作为贫困线。高收入国家如澳大利亚将贫困线阈值设定为人均家庭可支配收入中位数的 50% 或 60%(其中,50% 是澳大利亚的主要贫困标准,在国际贫困以及 OECD 研究中受到的关注也更多,60% 则是为了与欧洲国家和欧盟委员会进行贫困状况的比较而设定)。英国在 1979 年确定了本国的相对贫困标准,即"家庭收入低于收入中位数的 60%",其中收入中位数指的是中间收入分配阶层家庭所获得的税后收入。考虑到大多数低收入家庭有住房这一固定成本,两个国家都为不同类型的家庭设置了不同的贫困线。日本则采用"生活水平相对均衡方法"来测量贫困,其总目标是低收入家庭的人均生活消费支出达到中等收入家庭的 60%,其中,低收入家庭是指在厚生劳动省开展"全国消费实况调查"的对象中,按照家庭规模和人均年收入十等分分组中的第一组家庭(焦培欣,2019)。巴西使用极端贫困线(当前最低工资的四分之一)和普通贫困线(当前最低工资的二分之一)作为相对贫困标准,该标准随着每年最低工资的变化而变化(周益平,2010)。

国内大部分学者通过总结国际通用的相对贫困线标准,并结合国情提出了中国的相对贫困线。早期有学者提议中国农村相对贫困线可以采用 0.4—0.5 的均值系数,其中,0.4 是相对贫困线的下限,0.5 是较高的扶贫标准(陈宗胜等,2013)。

近年来,随着中国贫困治理阶段的改变,有学者考虑到新的贫困标准不宜与现有贫困标准相差太大的原则(邢成举、李小云,2019),建议 2020 年后中国可以分城乡设定收入中位数的 40％为相对贫困线,每五年或每十年作为一个调整周期,随着经济发展程度的提高,逐步提高相对贫困线的阈值,实现与高收入国家以及国际的接轨,最终将该比例稳定在 50％或 60％(张琦等,2020;叶兴庆、殷浩栋,2019;沈扬扬、李实,2020);也有学者认为,现阶段中国采用 40％的门槛过低且五年的调整周期过长,建议中国可以参考欧盟的做法:根据家庭规模加权,基于此计算的人均家庭可支配收入低于全国居民可支配收入中位数 50％的,可视为相对贫困,调整周期为一年或两年(周力,2020)。

有学者则尝试使用相对贫困线测算中国的贫困发生率来研究贫困问题。这些研究主要是以收入[包括人均净收入(蔡亚庆等,2016)、个人可支配收入(涂丽、乐章,2018;杨帆、庄天慧,2018)、人均纯收入(周力,2020)、社会平均收入水平(李永友、沈坤荣,2007;秦建军、戎爱萍,2012)]为基础,采取不同的比例,大部分采用 40％—60％,也有部分将该比例设定为 25％(崔景华等,2018)、70％(单德朋,2019)。此外,还有学者基于恩格尔理论,将消费品的基本需求支出作为衡量居民相对贫困水平的指标(夏春萍等,2019)。相关研究在研究对象和范围上也有一定的差异,主要以农村或城市(涂丽、乐章,2018)为主,也有对民族地区(赵志君等,2020)以及特定群体如农民工(杨帆、庄天慧,2018)、流动人口(朱晓、秦敏,2020)等展开研究。

在实践中,中国一些经济发达省市采用超过国家绝对贫困线的相对贫困标准。浙江省从 2012 年开始将扶贫标准设定为 4 600 元(2010 年不变价),该比例为 2010 年全省农村居民人均收入的 40.7％,是国家新扶贫标准 2 300 元的两倍,并于 2015 年底完成脱贫攻坚任务。江苏省在 2015 年底就实现了全国扶贫标准(人均收入大约 4 000 元),并提出"十三五"期间以人均年收入 6 000 元的新一轮扶贫开发工作标准,该标准是 2020 年江苏省全面小康农民人均收入目标值(20 000 元)的 30％。广东省在 2012 年实现了农村贫困人口年人均纯收入 2 500 元的目标,并于 2013 年设定本省 3 300 元的相对贫困线,该标准是 2012 年全省农民人均纯收入的 33％。2016 年,广东省将相对贫困线调整为农村居民人均可支配收入达到 4 000 元(2014 年不变价)。成都市于 2015 年将收入低于 2014 年同区县人均可支配收入 50％的认定为相对贫困人口。

1.1.2 多维贫困

国内外有关多维贫困的测度主要基于 A-F 研究展开。2011 年,Alkire 和 Foster 两位学者运用识别、加总和分解的多维贫困测量方法对贫困问题进行了系统性阐述,并提出了贫困的三个维度,即教育、健康和生活水平,以及评估贫困的 10 个指标,运用评价体系对印度 1999—2006 年的多维贫困状况进行了测度 (Alkire and Foster,2011;Alkire and Santos,2014;Alkire and Seth,2015)。中国学者在 A-F 方法上进行了修正,运用国内数据对多维贫困进行测度。例如,郭熙保和周强(2016)运用 A-F 测度方法与持续时间分析法,从静态和动态双重视角分析了中国多维贫困程度,周常春等(2017)运用 A-F 双界线法、高明和唐丽霞 (2018)使用修正的 FGT 多维贫困测算法测度多维贫困,主要从教育、健康和生活三个维度构建相关指标,在指标选取上根据数据获取和地区的变化进行相应的调整。李东和孙东琪(2020)运用 2010—2016 年 CFPS 数据,借鉴全球多维贫困指数的分析框架,从教育、健康、生活标准三个维度选择了 9 个指标,张晓蓓(2021)利用 2016 年相关项目调查数据,从收入、教育、医疗健康、生活质量和社会保障五个维度构建了多维贫困指标体系。总体上看,现有研究采用的指标大致相同,涵盖教育、健康、生活水平三个方面,但具体维度与指标的选择因数据和研究目的的不同而有所取舍。

一些学者还对多维贫困影响因素及其减贫政策进行了研究。例如,Ogutu 和 Qaim(2019)从小农农业的商业化背景,即农业由维持生计逐渐向以市场为导向转变,利用肯尼亚小农户的数据分析了小农农业的商业化对农户家庭收入贫困和多维贫困的影响,发现农业商业化增加了小农户的人均收入,对收入贫困和多维贫困有缓减作用。何宗樾(2019)探讨了互联网的减贫效应及其微观机制,发现互联网的使用对工作机会获得、金融服务获得以及个体能力获得具有正向作用,从而显著降低了家庭落入多维贫困的可能性,有效缓解了家庭的贫困程度。陈国强等

(2018)将收入贫困与多维贫困纳入同一框架,对公共转移支付的农村贫困减贫效应进行分析,发现中国公共转移支付政策能够减缓贫困,且相较于多维贫困,其对收入贫困的减贫效应更大。郝晓薇等(2019)从乡村振兴视角切入,将四类基本公共服务作为解释变量,即义务教育、医疗卫生、社会保障以及基础设施,实证检验了公共服务对农村多维贫困的减贫效应,研究结果显示,各项公共服务均能显著减缓农村多维贫困。肖建华和李雅丽(2021)基于需求收入弹性视角,通过构建两阶段 Logit 模型,实证分析了财政转移支付对长期多维贫困家庭的减贫效应,研究发现财政转移支付能够显著改善长期多维贫困家庭的贫困状况,减贫效应显著。李聪等(2020)利用 2015 年陕西南部安康地区的实地调研数据,实证研究了易地扶贫搬迁背景下家庭劳动力外出务工对于农户家庭多维贫困的影响,结果显示,外出务工作为农户维持家庭生计的主要手段之一,显著改善了农户家庭多维贫困状况,且相较于非搬迁户而言,这种减贫效应在搬迁户中更为明显。

1.2　精准扶贫理论及其贡献

1.2.1　精准扶贫的提出

2013 年 11 月,习近平总书记在湘西考察时提出了精准扶贫概念。2014 年,习近平总书记在参加十二届全国人大二次会议贵州代表团审议讲话中指出,"精准扶贫,就是要对扶贫对象实行精细化管理,对扶贫资源实行精细化配置,对扶贫对象实行精准化扶持",第一次清晰界定了精准扶贫的定义,指出精准扶贫的重要性,并对精准扶贫内涵不断深化。"扶贫开发,贵在精准、重在精准,成败之举在于精准","要做到六个精准,即扶持对象精准、项目安排精准、资金使用精准、措施到户精准、因村派人(第一书记)精准、脱贫成效精准"。"六个精准"基于中国现实回答了"扶持谁""谁来扶""怎么扶"和"怎么退"问题。

精准扶贫的核心是精准识别真正的贫困群体,并将扶贫资源更有效地投放到贫困地区,包含贫困人口识别和扶贫政策与资金瞄准两个方面(黄承伟、覃志敏,2015)。精准扶贫是有针对性地对真正的贫困户和贫困人口实施扶贫政策和措施,从而实现扶贫、脱贫的初衷(汪三贵、刘未,2016)。精准扶贫的内容是在合理有效的方式基础上,对贫困户进行准确甄别。因地制宜、因时制宜实施帮扶措施,并实行动态管理办法,对贫困群体的动态进入退出进行考核(李鹍、叶兴建,2015)。综合多方观点,贫困群体识别和扶贫资源投放精准两个部分形成了精准扶贫内容,通过科学有效的程序和方法等,将真正的贫困群体识别并筛选出来,并在精准识别的基础上,深层次分析贫困群体的致贫原因,合理配置扶贫资金准确到达需要帮助的贫困群体,提高帮扶贫困群体的针对性与精准度,完善扶贫工程机制与政策(黄承伟、覃志敏,2015;汪三贵等,2015;葛志军、刑成举,2015)。

精准扶贫重在补齐发展短板,促进农村贫困人口增收致富,维护和保障其发展权益,其基础是产业兴旺,目标是生活富裕(郑瑞强等,2018)。朱成晨等(2019)认为精准扶贫的逻辑框架可以分为五大部分,分别是"扶志""扶心""扶智""扶资"与"扶业","扶志"目标是以新农村建设的美好愿景唤醒脱贫致富的志趣与志向,"扶心"目标是以真情与真心感化依赖与懒惰之心,"扶智"目标是以学习型农村与终身教育理念培养"懂技术、会经营、有文化"的新型农民,"扶资"目标是以多种经费来源"雪中送炭",以"星星之火"点燃"燎原"之势,"扶业"目标则是以"产教融通"基地建设平台搭建"产业致富"的发展舞台。王振振和王立剑(2019)认为,精准扶贫是通过对贫困人口有针对性的帮扶,从根本上消除导致贫困的各种因素和障碍,达到可持续脱贫。总的来说,精准扶贫的内涵首先在于消除绝对贫困,可以是政府扶持,也可以是由企业和大户带领,而在消除绝对贫困的基础上,需要防止脱贫后返贫的发生,促进贫困对象实现长期可持续的稳定脱贫,可以通过教育从根本上扭转农户自身的理念和素质问题,重在能力扶贫。

1.2.2　精准扶贫理论贡献

精准扶贫的提出,是基于习近平总书记对当代中国贫困现象和贫困原因的深刻把握。2015 年以来,习近平总书记走遍了中国贫困地区、各大连片特困地区和深度贫困地区,就打赢脱贫攻坚战召开了 7 个专题会议,从贫困结构、群体分布和脱贫目标等角度全面阐释了当代中国贫困现象,进一步拓展和深化了精准扶贫内涵,逐步形成了完整的理论体系。经过实践检验的精准扶贫理论不仅让中国近亿人摆脱了贫困,而且丰富和发展了世界扶贫理论,也为全球减贫事业提供了方法论指导。精准扶贫理论突破了中国长期以来扶贫理论创新的局限性,其实践的有效性成为"帮助最贫困人口、实现 2030 年可持续发展议程中宏伟目标的唯一途径",中国倡导的精准扶贫理念与实践被写入全球扶贫 2018 年第 73 届联合国大会通过的关于消除农村贫困的决议,为全球消除贫困提供了经验。因此,精准扶贫作为习近平扶贫重要论述的核心内涵,是 21 世纪世界扶贫理论的重要创新。

精准扶贫理论创新有三个鲜明特点。一是有完整的逻辑体系。精准扶贫自提出以来,从贫困概念、目标、内涵、外延不断完善,对精准扶贫管理方法、手段、技术等进行了全面阐释,形成了逻辑严密的理论体系。二是理论能够用于指导实践。理论只有源于实践、作用于实践,才会具有强大的生命力。精准扶贫理论解决了中外长期以来困扰贫困治理的难题:信息不对称条件下的识别困难、精英俘获、资源分配不公、平均主义等问题。三是中国建立了全国扶贫信息管理系统,运用大数据管理技术确保了扶贫的起点公平、过程公平与结果公平,从操作层面,精准扶贫方法能够被发展中国家普遍接受和推广(谢玉梅,2020)。

习近平扶贫重要论述丰富了马克思主义反贫困理论,创新发展了中国特色的扶贫开发理论(黄承伟,2019),这些理论丰富了"发展型国家"的内涵,为后发展国家提供了借鉴(燕继荣,2020)。国内学者关于习近平扶贫重要论述的研究主要围绕两个层面展开:在理论渊源上,认为习近平扶贫重要论述是对马克思主义扶贫理论的继承与发展,是对中国传统儒家消除贫困思想的批判性发展(黄承伟,2018、2019;邓红、尚娜娜,2019)。习近平总书记基层工作实践、国际国内环境变迁带来的全新挑战构成了习近平总书记开展扶贫脱贫工作的理论之基、历史之源和时代之势(燕连福、马亚军,2019)。在思想内涵上,认为习近平总书记关于扶贫开发的重要论述是新时代中国特色社会主义思想的重要组成部分(刘永富,2019),这一理论体系是由社会主义本质要求、农村贫困人口脱贫、科学扶贫、精准扶贫精准脱贫、内源扶贫、社会扶贫、廉洁扶贫阳光扶贫、坚持发挥政治优势和制度优势、共建一个没有贫困的人类命运共同体九个方面有机组成(黄承伟,2016),系统而科学地回答了"中国反贫困的核心问题与行动方略"等一系列问题(孙久文、卢怡贤,2020)。

1.3　脱贫攻坚成就

随着中国精准扶贫精准脱贫的深入,2015年,中国出台了《中共中央　国务院关于打赢脱贫攻坚战的决定》,确保到2020年中国农村贫困人口全部实现脱贫、贫困县全部脱贫摘帽,实现贫困人口与全国人民一道同步迈入全面小康社会。

中国脱贫攻坚解决了中华民族发展史上从来没有解决过的贫困问题。中国精准扶贫效果显著,农村的贫困人口大幅度减少,收入水平快速增长,生活条件得到了明显提升(汪三贵,2020),乡村治理能力也有所改善(章文光,2020)。孙久文等(2019)研究了近年来贫困地区的人均GDP后发现,中国连片特困地区贫困发生率迅速下降,公共基础设施和公共服务水平都得到了显著提高,长期面临的绝对贫困问题随着大量贫困人口的陆续脱贫基本得到解决(李博,2020)。中国在贫困乡村的义务教育、基本医疗、住房安全基本得到了保障(黄承伟,2020)。鲁可荣和徐建丽(2020)从直接减贫效果和间接减贫效果两个方面对减贫效果进行了区分,认为直接减贫效果表现在脱贫率不断提高,贫困村不断出列,而间接减贫效果表现在贫困村特色产业有效发展、基层组织能力增强、城乡融合发展加速。总体上看,贫困地区实现脱贫摘帽的成果是多方面的:一方面是高质量完成了中央关于县域脱贫攻坚的总体目标,使贫困县经济社会面貌显著改善,为后续乡村振兴战略打下了良好的基础;另一方面则是探索出了一套科学、高效的县域治理体系,党的基层组织凝聚力、战斗力也明显增强(龚冰、吕方,2020)。中国扶贫事业取得的巨大成就,彰显了中国的制度优势和中国共产党的治理能力。

2020年在现行标准下实现农村人口全部脱贫,标志着中国提前10年实现联合国指定的解决绝对贫困问题的目标。改革开放以来,中国减贫事业迅速发展,形成了中国特色扶贫开发道路,扶贫政策也经历了救济型扶贫(1978—1985 年)、温饱型扶贫(1986—2010 年)、小康型扶贫(2011—2020 年)的转变,在此过程中,对扶贫的认识逐步深化,扶贫方式更加科学(谢玉梅,2018)。尤其是党的十八大以来的精准扶贫下,中国提出"十大工程""六个精准"和"五个一批"等扶贫政策和措施,脱贫效果显著,农村贫困人口快速下降,贫困发生率逐年降低(如表 1.1 所示)。中国沿着"承诺—行动"轨迹,走出了一条政府主导下的成功脱贫之路,2021年 7 月 1 日,中国庄严宣告实现了全面小康,完成了第一个百年奋斗目标,向第二个百年奋斗目标进军。

表 1.1　2011—2020 年年末全国农村绝对贫困人口和绝对贫困发生率

年份	当年贫困人口减少(万人)	年末贫困人口(万人)	贫困发生率(%)
2010	—	16 567	17.2
2011	4 329	12 238	12.7
2012	2 339	9 899	10.2
2013	1 650	8 249	8.5
2014	1 232	7 017	7.2
2015	1 442	5 575	5.7
2016	1 240	4 335	4.5
2017	1 289	3 046	3.1
2018	1 386	1 660	1.7
2019	1 109	551	0.6
2020	551	0	0

资料来源:国家统计局。

中国的贫困地区,尤其是深度贫困地区的公共基础设施和公共服务水平都得到了显著提高,长期面临的绝对贫困问题随着大量贫困人口的陆续脱贫基本得到解决。东部地区的经济薄弱村在脱贫攻坚时期,努力促进集体增收与农民增收良性互动,实行扶贫开发与社会保障相衔接、多元共治贫困等方面的重要做法,取得了成功经验(谢玉梅,2017;谢玉梅等,2018)。

1.4 金融减贫机制

1.4.1 宏观视角

金融发展能够促进金融普惠的深度和广度,可以通过对经济增长的影响而间接惠及穷人从而促进减贫。例如,Jalilian 和 Kirkpatrick(2005)通过经济增长渠道检验了金融发展与贫困之间的关系,发现金融发展1%的变化会带来穷人收入增长率上升0.4%。金融减贫的路径表现为"金融发展—经济增长—贫困减缓"(Uddin et al.,2014),"涓滴效应"可以惠及贫困人口并减缓贫困(Jeanneney and Kpodar, 2005),金融发展和汇款流入有助于促进发展中国家经济增长,从而改善其贫困状况(Inoue,2018)。从普惠金融角度,商业银行与小额信贷机构(MIFs)均有助于促进经济增长,帮助减少贫困和不平等(Mushtaq and Bruneau,2019),Zhang 和 Naccur(2019)构建了金融发展的五个维度,并研究发现,金融可及性、金融深度、金融效率和金融稳定性四个维度可以显著促进经济增长,进而减少不平等和贫困,因此政策制定者应为金融普惠发展创造有效的机会,促进经济增长,减少贫困和收入不平等(Neaime and Gaysset,2017,马彧菲、杜朝运,2017)

从作用机制来看,除了对贫困减缓的直接作用机制外,普惠金融还可以通过拉动经济增长来缩小收入分配差距,从而起到缓减贫困的间接作用。罗斯丹等(2018)研究发现,2008年后金融进入高速发展阶段,金融基础设施、金融基本服务的种类和数量都有提升,普惠金融水平的快速增长促进经济发展并改善收入分配的作用较为显著。但金融发展有时会导致金融资源错配,加剧收入分配不平等,进而加深贫困深度。在低收入和中等收入国家,金融发展对贫困减缓作出了重要贡献,但金融发展的不稳定会抵消金融发展的积极影响(Boukhatem,2016),资金如果流向了低效率的部门,则容易对金融资源优化配置产生不利影响,从而导致贫困人口收入减少、贫困加剧(Arestis and Caner,2009),一些国家小额信贷机构部门对经济增长的作用并不明显,减贫作用在总体水平上并不显著(Donou and Sylwester,2016)。农村金融"嫌贫爱富"及农贷市场"精英俘获"现象是金融减贫效应呈现门槛特征的潜在诱因,而减贫资源更易被农村富裕的精英群体获取,导致金融减贫的初衷难以落实,加大了农村贫困内部社会分化,普惠金融并不能有效解决中国贫困县所存在的信贷排斥问题,甚至会加剧资金外流,不利于当地经济增长和居民收入提高,从而产生致贫效应,并且具有显著空间溢出性(王飞,2020;王伟、朱一鸣,2018)。

金融发展的宏观减贫机理主要在于通过促进金融普惠发展、增加金融供给来带动经济增长,进而间接实现减贫目标。但关于金融发展是否能够减贫并惠及全体人口,究竟惠及富人还是穷人等的研究存在较大争议,因而有学者开始转向对金融运行的微观减贫机制进行研究。

1.4.2　微观视角

金融运行的微观减贫机制体现在直接为穷人提供更多的金融服务,主要通过信贷服务改善穷人的初始禀赋,提高穷人接受教育培训的机会以及社会福利水平等,从而促进减贫。金融在运行过程中可以通过解决金融市场失灵(Stiglitz,1998),如信息不对称和向小借款人贷款的高额固定成本,改善穷人获得金融服务的机会,使穷人能够提取积累的储蓄或借钱创办微型企业,最终能够更广泛地获得金融服务,创造更多就业和更高收入(DFID,2004)。金融系统是经济的"大脑",在不确定的环境中执行跨空间和时间分配资源的任务(Stiglitz,1998),从这个角度来看,金融部门可以通过向穷人提供存款和信贷服务,优化资源配置,直接有助于减贫。Greenwood 和 Jovanovic(1990)认为,金融部门可以缓解穷人和弱势群体迄今面临的信贷约束,这些约束限制了他们进行生产性投资的能力,更好地获得信贷是穷人参与更多生产活动的真正机会,可以增加收入和消费支出,从而改善福利。金融部门运行直接影响贫困的最重要渠道是增加获得金融服务的机会,这些服务促进了交易,降低了汇款成本,并提供了积累资产和稳定收入的机会(Zhuang et al.,2009)。世界银行在 2001 年强调,改善穷人获得金融服务的机会,特别是获得信贷和保险服务，可以增加穷人的生产性资产，提高他们的生产力，并增加实现可持续生计的潜力。金融部门通过为贫困人口提供信贷支持，提高了他们的生产力和生产性资产配置效率，从而改善了他们的贫困状况（Inoue and Hamori，2012），而金融深化可以缓解信贷约束，并将发展引擎从物质资本积累转变为人力资本积累（Galor and Moav，2004）。此外，金融服务还可以帮助企业和家庭应对经济冲击，降低他们在不利情况下的脆弱性，从而降低陷入贫困的风险（Claessens and Feijen，2006），其中，小额信贷是减贫的重要手段（齐红倩、李志创，2018）。

但也有人对此持怀疑态度，认为如果获得信贷的机会仅限于富裕家庭，那么金融可能对穷人产生难以承受的影响。因为穷人主要受益于银行系统便利交易和提供储蓄机会的能力，而不是获得更多信贷的好处，金融在运行过程中存在金融不稳定，导致穷人无法从更多的信贷中受益（Jeanneney and Kpodar，2011）。鉴于金融机构的逐利性质，尽管小额信贷为借款人提供了一个安全平台，有助于平滑消费，但它需要借款人具备商业技能和掌握市场信息，以便贷款扩大业务和创造就业 Chowdhury，2009）。Donou 和 Sylwester（2016）利用 2002—2011 年 71 个发展中国家的面板数据，将信贷与国内生产总值之比作为主要金融发展指标，将人口比例、贫困差距以及贫困差距的平方作为贫困衡量指标，实证分析了小额信贷机构对于贫困的影响。研究结果发现，无论采用何种贫困衡量标准，小额信贷机构都不会对贫困产生任何影响。廖朴等（2019）基于多重均衡模型，对比研究信贷、保险、"信贷＋保险"三类金融产品的扶贫效果，发现若家庭只有信贷，没有保险，则个体每期都需要还款，没有风险保障，因而会更容易陷入贫困陷阱。在保持其他条件不变的基础上，如家庭贷款超过一定额度，则贫困人数会随着贷款的增加而增加。闫杰等（2019）利用扶贫小额信贷的微观数据，运用倾向得分匹配法（PSM）和 OLS 回归模型考察扶贫小额信贷对贫困户增收的影响，研究发现，对贫困户贷款者而言，扶贫小额信贷能够促进增收，但这一增收效果会随时间的推移而慢慢减弱。

金融运行的微观机制主要通过信贷服务对贫困人口的生产与生活给予信贷支持，继而发展生产、创造就业、改善收入与其他福利水平，如教育、健康等，进而缓解困境。但部分研究对这种微观减贫机制存在一定争议。

1.4.3　农村金融减贫效应

国内学者研究发现,一是农村金融有助于减贫(何学松、孔荣,2017;朱一鸣、王伟,2017;郑秀峰、朱一鸣,2019)。例如,邝希聪(2019)提出,提升金融可得性是农村金融发展作用于减贫的直接渠道,对 2010—2017 年中国 832 个国家级贫困县面板调查数据,用面板数据模型检验发现,金融发展能够有效提高农村居民人均收入,降低贫困发生率。金融包容可以通过促进农户家庭创业、提升家庭教育人力资本来改善农户家庭贫困状况(张雄、张庆红,2019)。金融可得性对贫困减缓的影响复杂,研究发现,金融可得性显著提高了农村人均纯收入,但益贫性并不显著,原因在于贫困地区人口因缺乏经济机会而导致生产性信贷需求不足,从而抑制了金融可得性的减贫效应(单德朋、王英,2017)。贫困家庭可以通过获取普惠金融服务,即从金融机构获取信贷进行高回报率项目投资,从而跨过贫困线,转变为非贫困家庭,而未获得普惠金融服务的贫困家庭则容易陷入"贫困陷阱"。进一步有实证分析发现,中国普惠金融发展具有显著减贫效应(卢盼盼、张长全,2017);普惠金融不仅通过提高本地居民收入、促进当地经济发展、提升自有资本等途径来减缓贫困,还对邻接地区具有明显的空间溢出减贫效应(谭燕芝、彭千芮,2018)。二是存在不确定性。例如,刘芳(2017)从金融规模、效率、服务程度三方面来衡量农村金融发展水平,发现其在短期内对贫困减缓具有负向冲击,而在长期呈现正向激励作用,究其原因,在于当前农村金融体制与机制不完善,存在缺陷,制约了金融资源与生产要素的有效结合,从而抑制或负向影响了金融减贫效果。普惠金融促进了中国东部地区的经济增长,有效缓解了绝对贫困与相对贫困;但在东部地区对经济增长的促进效应不显著,甚至对西部地区的经济增长具有抑制性作用,加剧了相对贫困(武丽娟、徐璋勇,2018)。

近两年,国内学者逐渐开始从多维贫困角度研究金融减贫的效应。例如,陈银娥和张德伟(2018)对湖南省 51 个贫困县的研究发现,县域金融发展对多维贫困减缓的经济增长效应与收入分配效应同时存在,且分维度来看,其对消费维度贫困的影响大于对医疗、教育维度贫困的影响。但农村金融发展对收入与教育贫困具有显著的抑制效果,其中,对收入贫困抑制效果在东部地区较为显著,农村金融发展对降低医疗贫困并未起到关键性的作用(张沁、孙浩,2019),金融普惠显著降低了中国农村家庭多维贫困与多维贫困脆弱性,但金融普惠对收入、教育以及生活质量贫困具有显著负向抑制作用,对健康贫困没有影响(张栋浩等,2020)。金融包容的基础层即金融渗透对多维贫困的影响,发现金融渗透可通过提升县域经济发展水平、财政收入水平、农户收入水平及医疗发展水平,多维度降低贫困(王修华等,2019);普惠金融发展水平可以显著减缓多维贫困,对于收入、教育、权利等单个维度贫困的减缓也具有显著正向影响(罗荷花、骆伽俐,2019);扩大金融规模、提高金融效率能够显著促进本地区多维贫困减缓,同时,金融规模扩大、就业水平与经济发展均对邻近地区多维贫困减缓正向溢出效应显著,而公共服务对其负向溢出效应显著(师荣蓉、丁改云,2019)。金融效率提高与结构改善对多维贫困减缓具有空间溢出效应,并且金融发展对贫困减缓具有显著非线性门槛特征,只有超过以人均收入水平为标准的"门槛"值,贫困地区才能够受益于金融发展,否则容易陷入贫困恶性循环陷阱(师荣蓉,2020)。

信贷约束不利于减贫。面临信贷约束的农户更易陷入多维贫困(蒋瑛等,2019),中国农村地区多维贫困发生率较高,融资约束依旧存在,而融资约束对于农户多维贫困缓解具有显著抑制作用(苏静等,2019),非正规金融与居民多维贫困两者间存在倒 U 型关系,即在借贷规模较小阶段,非正规金融借贷的增加会加剧多维贫困,而在其贷款规模到达一定临界值后,则抑制多维贫困,且减贫效应随着贷款规模的增加不断增强(雷文杰等,2019),农村非正规金融有利于家庭资产积累,对收入分配具有逆向影响效果,显著减缓了中高收入家庭的多维资产贫困,而对中低收入家庭影响不利,从而加剧了多维资产不平等(周强、张全红,2019)。

1.5 金融扶贫实践

农村金融是推进"三农"持续健康发展的强大引擎,也是接续推进全面脱贫与乡村振兴衔接的重要支撑。2004 年以来,中国出台的 18 个中央一号文件中有 17 个文件涉及农村金融问题,主要从顶层设计与制度供给两个方面完善农村金融市场。例如,2004—2012 年,我们关注政策性农业银行发展、信用合作社改革和小额信贷机构设立,引导资金回流农村服务"三农"。2013 年以来,在精准扶贫精准脱贫方略指引下,中国首次提出将农户信贷需求放在优先位置,明确农村金融的首要职能是服务"三农",并鼓励社会资金支持农村发展。2014—2016 年,中国对农村金融定义、职能作出详尽规定,推动农村金融立法,探索构建多层次、广覆盖、可持续的农村金融服务体系。根据党的十九大精神,2018—2020 年的中央一号文件强调金融机构大力支持农村脱贫攻坚和乡村振兴,将更多金融资源配置到农村经济社会发展的重点领域和薄弱环节。

从国际经验来看,金融发展与创新是减缓贫困的有效途径,相比于"输血式"扶贫,有针对性"授之以渔"的金融扶贫创新更有利于贫困人口真正实现脱贫"造血"功能。在具体的实践探索中,2006 年诺贝尔和平奖得主穆罕默德·尤努斯创立的小额信贷扶贫模式为发展中国家与欠发达地区的脱贫减贫工作提供了可行路径。金融扶贫典型的模式大致可分为 NGO 扶贫模式(如孟加拉国的格莱珉银行)、政府主导的正规金融扶贫模式(印度尼西亚的人民银行乡村信贷部)、"互助组织＋金融机构"模式(印度的农村发展银行)、合作金融扶贫模式(泰国的农业合作)与"微型金融＋技术培训援助"模式等。国外分别有针对性地进行金融扶贫创新与尝试,不仅为当地的贫困人口提供了综合性的金融服务,同时也进行生产培训与指导,通过对当地金融资源的利用有效实现脱贫增收。

党的十八大以来,中国加大了金融扶贫力度,金融机构助力扶贫小额信贷的宣传与发放,实行 5 万元以下、3 年以内的免担保、免抵押贷款制度的同时,辅之以保险、证券等各类金融服务,2016 年开始发放的扶贫再贷款也提供了重要的扶贫资金来源。金融扶贫项目有利于促进贫困居民大规模脱贫。小额贷款是中国农村扶贫性金融的一种主要运作模式,在促进贫困地区农户脱贫致富中发挥了重要作用(章贵军、欧阳敏华,2018)。

但中国的金融扶贫仍然存在一定的问题。金融精准扶贫中的帮扶对象难以精准识别,金融扶贫服务链不完善,资金使用透明性欠缺。从贫困的金融特质与行为心理来看,贫困人群储蓄困难,借贷成本高且金融信贷意识薄弱。贫困人群和金融机构之间的信用状况与风险要求存在严重的信息不对称,这是贫困地区信贷难的根源。中国贫困地区主要集中在中西部自然条件较差的山区或农村地区,这些地区对金融服务的隐性需求与当地的金融设施及条件并不匹配,自身条件的差异会导致贫困地区扶贫政策产生负面影响。2014 年以来,扶贫小额信贷在金融扶贫当中起到了十分重要的作用,但在政策实施过程中遇到了种种问题。温华(2018)指出,扶贫小额信贷在发展中出现很多问题的原因是中国当前并未出台小额信贷的法律法规,而小额信贷的调整和规范得不到法律的支持。目前,扶贫小额信贷存在贷款目标瞄准错误、激发贫困群体的内生发展动力不足、容易引发道德风险等问题(邵亚萍,2019)。此外,农村金融机构也存在一些问题,当前小额信贷还存在金融机构及其工作人员的积极性不高、资金使用主体不一致、贫困人口在建档立卡中的"进进出出",以及宣传不到位等问题(曾小溪、孙凯,2018)。

1.6　有关小额信贷的研究

1.6.1　小额信贷对农户福利影响的研究

学界的研究结果主要分为两大类。一种结果表明,小额信贷对农户福利有正向影响(闵杨、张家倜,2015),李庆海等(2012)通过研究 1 000 个样本农户的面板数据发现,信贷配给使得农户的消费支出和家庭净收入分别减少了 20.8％和18.5％。有研究发现,金融抑制对农户的纯收入、消费性支出和非土地资产都具有抑制效果(褚保金等,2009)。在完全金融抑制下,每 100 元资金缺口将会导致农户 21.29 元的福利损失(刘适等,2011)。而另一种结果表明,信贷资金并不一定能够促进农户福利的增长,增加低收入者的信贷额度会使整个社会的资金配置效率下降,从而降低农户的收入(Arestis et al.,2004),因此,农户收入的增长与资金使用的质量而非数量相关(Poghosyan et al.,2010)。另外,农户自身的资源禀赋(王性玉、田建强,2011)、地区差异(裴辉儒、高斌,2010)等都对农户收入增长有一定的影响。对于这一问题的研究之所以会出现如此不同的结论,主要原因是,学者们大多使用均值回归模型来确认信贷规模和收入之间的相关关系,但均值回归模型很难准确反映整个条件分布的全貌,因此,用均值回归得到的结果并不适用于其他条件。

20 世纪 90 年代初,中国开始积极推行小额扶贫信贷政策,其在近 30 年的发展中,对乡村振兴起到了十分关键的作用。但信贷约束对农户福利却有一定的不利影响。李志阳和刘振中(2019)研究发现,农户信贷约束对农户福利造成较大损失,李庆海等(2016)通过研究鲁、豫两省的农户调查数据发现,信贷约束对农户福利的绝对影响随着水平分位点的提高而增加,但其相对影响随着福利水平分位点的提高呈倒 U 型关系。张兵和金颖(2018)的研究也表明,信贷约束对农户有十分显著的负面影响。由此,社会各界应该着重关注农户养殖业生产发展、农村教育深化、医疗改善等需求,以解决农户资金短缺问题;此外,农村金融机构要进行积极有效的引导,切实有效地改善农户福利。

已有的研究采用不同的福利度量指标评估小额信贷的政策效应,主要从以下几个方面展开讨论:

第一,小额信贷对贫困群体或收入较低人口收入的影响。关于这一议题,学术界主要有两种观点。一种是小额信贷对富裕农户或者非贫困县的收入有显著影响,而对贫困户或者贫困县的收入增长却不明显(Park and Wang,2010;王小华等,2014;Coleman,2006)。另一种观点则认为小额信贷对贫困户收入增长作用明显,而对非贫困群体的收入不存在正向影响关系(Pitt and Khandker,1998;杨龙、张伟宾,2015),Khandker 和 Samad(2013)得出类似结论,小额信贷增加了获贷农户的收入和消费,并帮助他们摆脱贫困。同时,通过小额信贷方式,村级平均贫困率以每年 1% 的速度减少(Khandker,2005)。

第二,小额信贷对借贷农户消费水平的影响。研究发现,小额信贷对于低收入人群的总体消费水平具有促进作用(Khandker,2005;Berhane and Gandebroek,2011),Rosenberg(2010)则认为小额信贷的初衷是平滑农村人口的消费,而非起到促进作用。还有一部分学者认为农户获得小额信贷后并没有显著增加他们的消费水平(Attanasio et al.,2011;Banerjee et al.,2013),其原因可能是边远地区农户的边际消费倾向较低(杨龙、张伟宾,2015)。

第三，小额信贷对农业生产力、妇女赋权以及教育的影响。Girabi 和 Mwakaje（2013）通过对坦桑尼亚地区的实地调研，发现小额信贷可以显著增加农业生产力，并且对发展中国家的贫困有减缓的作用；You(2013)认为农村信用社发放的小额贷款对孩子上学年限有正向影响，并且小额贷款的长期效果大于短期成效，这有助于农户摆脱教育贫困陷阱。

综上所述，针对不同地区样本农户的经验研究表明，学术界在扶贫小额信贷对农户收入影响上的认识尚未取得一致结论。可能的原因在于：一是研究方法不同，以选用截面数据为例，由于开展试验的地点和试验主体选择具有的不随机等问题，选择性偏差和内生性问题难以避免；二是不同地理区域的综合环境对小额贷款的实施和考量效果发生作用，同时，小额信贷对各个借款人的作用表现出的异质性（Banerjee et al.，2013）难以界定；三是研究过程中选取的福利因素不一致，如收入状况、消费水平、教育条件、农业生产力水平等。

1.6.2　有关农户信贷研究方法

在模型的选择上，目前关于农户信贷需求问题的研究所使用的模型主要有以下几种：

第一种为单方程模型，如 Logit 模型（钟春平等，2010；王静、王智恒，2014；陆炳静，2018）、Probit 模型和 Tobit 模型（王磊等，2016、胡士华、刘鹏，2019）。由于学者们在使用该类模型时都假设农户对于信贷是有需求的，而这一假设与现实不符，所以导致需求和供给的影响因素无法有效区分，很多学者开始使用联立方程来分析农户借贷行为。

第二种为局部可识别双变量 Probit 模型（Baydas and Meyer，1992；Swain，2002）。这种模型虽然解决了单方程模型的问题，但是在分离需求和供给的效应问题上适用性较低（黄祖辉等，2009），所以依然存在一定的缺陷。

第三种为需求可识别双变量 Probit 模型（胡新杰、赵波，2013）。该模型弥补了局部可观察双变量 Probit 模型的缺陷，在分离需求和供给的效应问题上有更高的效率，目前大部分学者在研究农户信贷行为时都使用双变量 Probit 模型。李庆海等(2016)为了解决双重样本选择偏差的问题,在研究农户信贷配给的影响因素时使用了双重样本选择模型;刘西川等(2014)在研究农户正规信贷需求与利率之间的关系时使用了 Tobit Ⅲ 模型来解决利率的内生性问题;杜君楠(2019)针对供给型与需求型信贷约束变量,分别采用 Tobit 因变量受限模型和 Probit 模型进行实证分析,并增加金融环境特征变量,与家庭基本信息和经济特征等因素一同分析。

此外,一些学者为避免样本选择性偏误问题,运用 Heckman 两阶段模型分析借贷可获得性与贷款规模(沈红丽,2018;杨明婉、张乐柱,2019);周月书等(2019)为解决 Heckman 两步法检验结果中逆米尔斯比率不显著的问题,对规模农户信贷可得性的影响因素进行考察,并选择 Tobit 模型进行分析。

在政策效应评估中,选取合适的工具变量难度较大。多数研究者采用的工具变量是因变量的滞后变量,不可避免引起相关性,局限于处理表面上的问题,深层次的问题仍待解决。倍差法近年来逐渐为国内学者所接受,例如,Khandker 和 Samad(2013)、Li 等(2011)运用双重倍差法研究农村信用社小额贷款对贫困户收入和消费的影响;杨龙、张伟宾(2015)、Park 和 Wang(2010)运用双重倍差法和匹配法比较了小额贷款对贫困户和非贫困户收入的差异。然而,采用上述方法都面临一些问题:由于个体活动的独立性、多样性及出现的其他因素,线性回归模型难以处理内生性干扰问题(卫梦星,2012)。而郭君平和吴国宝(2014)认为倍差法潜藏着选择偏差问题,即农户是否愿意参与政策可能存在的随机性问题使得估计参数时产生有偏性和非一致性。

1.7　农户金融行为相关研究

1.7.1　农户行为研究

《现代经济词典》中定义农户为以血缘和婚姻关系为基础组成的农民家庭。农户这一概念包含经济性质和社会地位,既是独立的生产单位,又是独立的生活单位。在中国,农户是中国经济社会的重要经济主体。参考程鑫(2018)的研究,农户通常有三种定义:第一种是依照职业性质判定,为从事农业生产获取生活来源的家庭;第二种是按照居住地点划分,将居住在非城镇地区的家庭定义为农户;第三种是依据国家规定的家庭身份划分,在中国,指拥有农村户口的家庭为农户。基于当前"三农"政策的锚定目标,农户定义应当是三种定义的并集,但由于实证数据的可获取性,在后文实证检验过程中,农户由中国户籍划分得出。

农户这一概念包含经济性质和社会地位,从生产角度来说,他们是独立的生产实体,组织实施生产生活相关的系列活动,发展、建设社会主义新农村,是资金的供给者之一;从农村金融角度来说,他们是农村资金的运用者,可以盘活"三农"资金,促进农村金融良好发展,是资金的需求方;从农户消费角度来说,他们是基本的消费单元,是农村消费金融的主要需求单位。因此,研究农户行为对于发展"三农",提升农村经济至关重要。

国内外农户行为理论可分为"农户完全理性"和"农户有限理性"两个流派。近些年,国内外学者发现,建立在舒尔茨的理性人假定基础上,无法解释农户行为中存在的诸多"有限理性行为"现象,于是近期有很多研究者逐渐将经济学、社会学、心理学、哲学等学科纳入研究框架,同时再根据实地调研、机构座谈、问卷调查等方法研究了人们储蓄、消费、投资、信贷、保险等行为的决策过程,分析了人们在经济活动过程中作出经济决策时的各种内因、外因。在此基础上,派生出如下心理学、社会学等不同视角的农户行为研究(见表1.2)(周振,2013)。

表 1.2　心理学视角和社会学视角农户行为理论比较

	心理学视角	社会学视角
出现时期	20 世纪 80 年代后	20 世纪 70 年代后
代表人物	泰勒、莱布森	缪尔达尔
主要观点	非理性人研究,探究经济行为中个体自身偏好、动机、冲动等内生原因的影响	新制度学派,纳入经济结构与社会体系、社会制度、人际交往关系、文化与意识形态等社会因素
应用领域	股票投资、期货买卖、广告营销等	经济社会的发展过程等

资料来源:作者整理。

引入心理学的农户行为研究打破了传统理性人假设,以个体行为为研究主体,探究各种经济行为以及行为形成的内外部条件。在行为经济学中纳入心理学的方法,逐渐外化了原本属于"黑箱子"状态的个人内部情绪和态度,进一步解释了传统理论利他行为、偏好、暗示等心理现象,对现代金融学的发展以及投资市场的应用影响深远。

从社会学的视角来研究农户行为,主要立足于"社会过程理论",即无法将个人行为和社会剥离开来,无法将经济关系发展变化与社会关系发展变化剥离开来。正如中国特色社会主义理论所述,中国经济发展离不开中国的历史、传承和文化,离不开广大劳动人民组成的社会基础。因此,要分析某个人、某个组织乃至某个国家经济的发展,必须考虑其所处的政治与文化氛围、社会结构与社会组织、科技水平与意识形态等诸多社会因素。

1.7.2 农户金融行为相关研究

农户金融行为是农户的一种经济决策行为,国内外对农户金融行为的定义有着不同的解释。国外的农户金融行为常指保险行为、消费行为,以及债券市场投资行为中的某一种行为,而美国的金融行为特指消费行为;国内的农户金融行为多指家庭资产配置行为,或者某一单独信贷、消费、储蓄、保险行为。目前逐渐有学者将农户金融行为定义成两个及以上的复合行为。信贷行为是农户主要的经济行为,但国内学者对信贷行为的研究视角存在差异。有学者从信贷行为内涵范围视角(违约行为、融资渠道选择行为等)进行研究;有学者从影响因素视角(金融知识、社会网络)进行研究;此外,也有学者从模型创新视角对信贷行为不断深化。

第一种,内涵为信贷申请/获得行为、信贷违约行为和融资渠道选择行为的信贷行为。(1)信贷申请/获得行为。多数国内学者将信贷行为定义为是否成功申请并获得信贷的一种行为结果,通常由 0—1 变量表示(杨明婉、张乐柱,2019;董晓林等,2019)。随着对信贷行为研究的深入,越来越多的学者将信贷申请/获得行为定义成信贷行为的其中一个阶段,与信贷规模、信贷渠道以及信贷违约联合起来进行研究(王定祥等,2011;李庆海等,2018)。(2)农户融资渠道选择方面。国内学者认为,在缺乏资金的条件下,农户更倾向于非正规金融。丁志国等(2014)认为,正规信贷往往面临信息不充分的情况,因此挤出农户去选择非正规金融,即农户的信贷渠道选择并非由主观意向决定,而是依托于信息更充分的农村非正规金融市场。吴雨等(2016)证明了在金融知识水平和受教育水平的影响下,存在有效信贷需求的农户更倾向于选择非正规金融。殷浩栋等(2017)承认非正规金融在农村金融的主导地位,并通过分类研究发现,在人力资本影响下农户倾向于选择正规金融借贷,在收入结构和实物资本影响下,农户倾向于选择非正规金融借贷。(3)农户信贷违约研究方面。苏治和胡迪(2004)对传统农户信贷违约假定进行了研究,得出农户违约并不一定是主动违约,而取决于投资成功概率及剩余收入比例,并且取决于综合主动性动机和被动性动机的最终结果。张润驰等(2017)采用宏微观结合的角度研究苏北地区农户小额信贷违约情况。微观方面农户信用水平与农户真实违约情况关联不显著,宏观方面如利率、借款年全国 GDP、借款年全国 CPI,以及借款年江苏农业生产资料价格指数等指标能够显著影响农户信贷违约行为。

第二种,从影响因素角度切入的农户信贷行为研究。对于影响农户信贷行为的因素,除农户基本特征和户主特征外,近几年国内学者主要集中在金融知识和社会资本等方面研究。(1)金融知识方面。刘丹和陆佳瑶(2019)根据中国年代特性,将农户按不同时代划分,并表明加强金融知识的普及有助于农户,特别是出生于六七十年代的农户,正规信贷可得性的提高。(2)社会资本方面。王性玉等(2016)将社会资本分为政治关系资本、金融关系资本、亲缘关系资本和组织关系资本。结果发现,社会资本对农户信贷意愿的影响有限,但在农户信贷配给方面影响显著。孙光林等(2017)采用样本选择 Probit 模型验证了金融知识对新疆地区农户信贷违约行为、还款意愿和还款能力的影响(见表 1.3)。

表 1.3　农户信贷行为研究归纳整理

信贷定义	信贷影响因素	信贷模型选择
信贷申请行为	家庭和户主特征	单一 Probit、Tobit 和 Logit 模型
信贷违约行为	金融知识	有序 Probit 和有序 Logit 模型
融资渠道选择行为	社会资本	具有样本选择性的多元 Probit 模型和 Heckman 模型
		Probit、Tobit 和 Logit 复合模型

资料来源:作者整理。

综上可以发现：第一，尽管国内对信贷行为的研究较为丰富，但缺乏相对统一的定义。多数学者关注的是信贷行为某个时刻的决策，例如，是否申请以及是否违约等，忽略了有效需求为信贷行为基础的同时，也忽略了信贷行为的时序性和连续性。第二，对信贷行为影响因素的研究经历了从个体到群体、从静态到动态的过程。学者们对信贷行为影响因素的关注点，逐步从个体特征，逐渐转移到社会间的相互影响以及行为间的相互影响上。第三，随着对信贷行为定义认知的不断深入，学者们逐渐意识到信贷行为并非某一时刻的单一行动，而是存在不同阶段的连续行为。因此，农户信贷行为计量模型也经历了从单一到复合的发展，促进了信贷行为多阶段统一框架的研究。

1.8　简要评述

近年来，对有关小额信贷的研究发现，国内外学者针对小额信贷的研究从早期的制度与政策、组织层面向小额信贷运行效率、机制创新、农户金融行为及其对农户福利影响等方面推进。

第一，近年来，国内有关小额信贷的研究重点从小额信贷对一般农户的影响转向对贫困户的影响。这一转向与中国脱贫攻坚战略有关。2013 年底，中国出台了《关于创新机制扎实推进农村扶贫开发工作的意见》，意见提出六大机制创新，即"改进贫困县考核机制、建立精准扶贫工作机制、健全干部驻村帮扶机制、改革财政专项扶贫资金管理机制、完善金融服务机制、创新社会参与机制"，其中的创新金融服务机制强调发展村镇银行、小额贷款公司和贫困村资金互助组织及进一步推广小额信用贷款。根据意见要求，中国推出了"免担保、免抵押财政贴息 5 万元 3 年循环"的扶贫小额信贷。在精准扶贫背景下，各种创新精准识别办法，在解决传统金融扶贫中的瞄准偏离问题的同时探索银保互动、"贫富捆绑"等多种信贷模式。学者研究一方面关注了金融扶贫以来的不同模式，另一方面比较了精准扶贫背景下的小额信贷与传统小额信贷在瞄准机制、风险管理等方面的异同点。比较一致的观点认为,精准扶贫背景下的小额信贷部分解决了贫困户"融资难、融资贵"等问题。但从实践过程来看,中国金融扶贫呈现明显的区域性特点,部分地区采取"户贷户用"方式,而另有部分地区以贫困户名义"户贷企用",小额信贷风险问题仍然没有得到有效解决。

第二,中国扶贫小额信贷影响因素研究不断丰富与拓展。从实践手段来看,针对传统瞄准机制存在的目标偏离,在精准扶贫理论指引下,各地实践中创新出多种精准识别方法,确保金融扶贫的逻辑起点精准。根据影响农户金融获得性因素,已有研究从农户特征、地区特征向农户金融行为和社会互动作用、金融知识等方面进行拓展。由于各地经济发展状况、各地农户受教育水平和金融知识水平的差异,不同地区农户的信贷需求状况存在不同。农户金融行为一直是各国农村金融发展的主要可视指标。越来越多的学者意识到,通过农户投资、保险、信贷、消费等积极的金融行为,可以缓释金融约束,提升农民服务,促进经济发展,实现以经济增进农村金融深化的良性循环。调研中的案例与经验显示,社会互动对农户的信贷行为和贷后消费行为有影响,但究竟是哪种影响并不清晰。

第三,研究视角由单一向多维转变。贫困不仅仅是收入低下,更可能是贫困人口创收能力与机会被剥夺,而这种能力的丧失与教育、健康和住房等权力相关。中国脱贫攻坚的关键不仅是用收入指标衡量,还包括"两不愁、三保障",从多维角度解决贫困问题。但由于数据获取难度较大,精准扶贫以来,国内大量学者主要针对收入这一单一指标进行了大量研究,多维贫困的研究主要基于数据库的分析,缺少从收入和多维视角的比较研究。

第四,小额信贷研究方法不断完善,但研究结论并不一致。早期研究农户小额信贷的计量模型为单一 Probit、Tobit 和 Logit 模型,随着对农户信贷行为研究的深入,以及对样本选择性的考虑,有序 Probit 模型(OPSS 模型)、有序 Logit 模型、具有样本选择性的多元 Probit 模型(BPSS 模型)和 Heckman 模型被广泛采用。近年来,对金融扶贫政策效应的研究不断深化,DID-PSM 模型、PSM 模型、多分位回归模型等得到推广。针对不同地区样本农户的经验研究表明,学术界就扶贫小额信贷对农户收入影响的认识尚未取得一致结论。

总体来看,小额信贷经历了 50 年的发展,作为一种有效的扶贫手段,在发展中国家和地区得到普遍推广。中国从 20 世纪 80 年代开始探索小额信贷组织，2007 年中央一号文件第一次正式把小额信贷组织作为农村金融体系的组成部分，迄今，中国从宏观层面建立了小额信贷发展的相关政策和文件，为中国小额信贷发展和普惠金融体系建设奠定了基础。随着中国精准扶贫、精准脱贫的推进，各地因地制宜，创新多种扶贫小额信贷模式，与产业扶贫结合，在脱贫攻坚中发挥了重要作用。但从现有研究看，一方面，基于精准扶贫背景下的深度调查不够，另一方面，考虑农户金融行为，从一般意义上讨论农户金融获得性及其贷后行为的研究较少。因而，本书在借鉴已有研究的基础上，一方面，分析中国金融扶贫政策演进基础上，基于第一手调研数据解析金融扶贫创新模式及其效果；另一方面，从社会互动视角探讨农户金融行为及其影响，为普惠金融发展政策制定提供相应对策。

第 2 章

中国金融扶贫政策与实践

　　21世纪以来,从服务"三农"到脱贫攻坚,中国出台了完整的公共金融和商业金融政策体系,投入大量财政专项扶贫资金建设农村基础设施、推动农业农村现代化,创新金融扶贫机制为农户提供金融服务,为打赢脱贫攻坚战提供资金保障。本章主要梳理近年来中国金融扶贫政策体系,具体阐述金融扶贫国家层面的顶层设计及地方层面的具体落实。

2.1　在贫困地区打造良好的金融生态环境

2.1.1　支持在贫困地区设立新型农村金融机构

　　为了增加对贫困地区的信贷供给,切实降低农村地区金融机构准入门槛,中国银监会办公厅发布的《关于银行业金融机构做好老少边穷地区农村金融服务工作有关事项的通知》提出,要优先支持在贫困地区规模化、集约化发起设立村镇银行,因地制宜采取"一行多县"等方式,在扶贫攻坚期内基本覆盖贫困县。2018年1月,银监会印发《关于开展投资管理型村镇银行和"多县一行"制村镇银行试点工作的通知》,规定已投资一定数量村镇银行且对村镇银行管理服务良好的商业银行可以新设或选择1家已设立的村镇银行作为投资管理行(即投资管理型村镇银行),可以为村镇银行提供代理支付清算、政策咨询等中后台服务,以及受村镇银行委托申请统一信用卡品牌等业务,以便为村镇银行提供更专业、更高效的支持。

《关于全面做好扶贫开发金融服务工作的指导意见》《关于金融助推脱贫攻坚的实施意见》等文件鼓励村镇银行、小额贷款公司、农村资金互助社等新型农村金融机构发展壮大,鼓励民间资本进入农村地区。

在相关文件政策的支持下,截至 2019 年第三季度末,中国村镇银行已累计为 707 万户农户及小微企业发放贷款近 5 万亿元。从地方来看,2007 年,常熟农商银行在湖北咸丰成立首家村镇银行。为解决中西部地区金融供给不足的难题,常熟农商银行于 2012 年开始批量化组建村镇银行,先后在湖北、河南、云南等省份发起设立 30 多家兴福系村镇银行,为农村地区尤其是贫困地区的三农产业和小微经济提供源源不断的动力。《关于开展投资管理型村镇银行和"多县一行"制村镇银行试点工作的通知》发布后,常熟农商银行于 2018 年底率先宣告将在海南省海口市发起设立全国首家投资管理型村镇银行——兴福村镇银行股份有限公司,常熟农商银行持股比例不少于 90%。2019 年 9 月 19 日,兴福村镇银行正式开业,其作为独立子公司独立开展资金筹集、风险控制、科技创新等工作,拓宽村镇银行资金来源渠道,进一步激活贫困地区金融服务市场。

2.1.2　深化贫困地区支付基础设施建设

扶贫开发金融服务不仅包括为贫困地区贫困人口提供融资、保险等方面的支持,还包括为贫困人口提供支付结算等基础金融服务。《关于全面做好扶贫开发金融服务工作的指导意见》《关于金融助推脱贫攻坚的实施意见》《中国人民银行银监会证监会保监会关于金融支持深度贫困地区脱贫攻坚的意见》等文件均指出,要改善农村支付环境,扩大支付服务主体,推广非现金支付工具和互联网支付、移动支付等新兴电子支付方式。支持农民工输出省份拓宽农民工银行卡特色服务受理金融机构范围,支持贫困地区助农取款特色服务的发展壮大,争取助农取款服务基本覆盖深度贫困地区行政村。

2016 年,河南省中原银行推行"上网下乡"发展战略,在农村地区开立中原银行乡镇支行和惠农服务点,计划最晚到 2021 年实现中原银行惠农金融服务网点完全覆盖河南省各行政村。贵州省农村信用社、农业银行和工商银行为了解决农民工汇款难的问题,开通了农民工银行卡特色服务业务,办理该项业务的农民工可以携带持有的、在务工地存入现金的银联卡在各地农村信用社柜台取出现金,业务的办理收取少量手续费。陕西省铜川市宜君县于 2019 年 4 月发布面向农户、农产品经纪人、农村合作社等涉农主体的"乡村振兴卡"。"乡村振兴卡"能够为客户提供农业生产、金融服务、扶贫扶智等基础资源和农资购买优惠、法律咨询、家庭医生等增值服务,满足涉农主体生产生活需要。此外,近年来,各地积极探索开发更加贴近农村和农民生活的手机支付、网上支付等新兴支付方式。国务院和各地政府通过财政补贴、降低电信资费等方式对贫困和偏远地区的支付服务网络建设进行扶持。2018 年底,吉林金控集团联合亿联银行共同推出"亿农贷",依托在全省设立的 1 600 多个村级金融服务站,实现了农户贷款线下申请、线上放贷。此外,"亿农贷"应用互联网技术对借款人进行审核和授信,一次授信后可以在手机银行随用随支、提前还款,使村民足不出村便可以获得贷款,简化了吉林省农户的贷款手续,提高了贷款效率。

2.1.3　创新金融扶贫授信方式

"一次核定、随用随贷、余额控制、周转使用"的授信工作机制是目前金融机构在发放金融扶贫贷款时普遍采取的方式。授信通常以客户的信用评级作为参考指标之一,除此之外,还要综合考虑客户的发展能力(如脱贫致富的愿望、产业项目等)、资产状况、收入情况等指标。随着农业保险制度的不断推进,2010 年发布的《关于全面推进农村金融产品和服务方式创新的指导意见》创新性地提出,将涉农保险投保情况作为授信参考指标之一。针对产业发展扶贫项目,2016 年 4 月中国银监会发布《关于银行业金融机构积极投入脱贫攻坚战的指导意见》,提出与贫困户相关的经济组织(如企业、公司或基地等)可以发展基于产业扶贫链条的统一授信方式;该指导意见还动员各贫困地区根据当地扶贫开发特色进行多样化的授信方式。对于连片特困地区、革命老区、民族地区,探索试点扶贫开发贷款整区域综合授信,在信贷资源配置、金融产品和服务方式创新、信贷管理权限设置等方面给予适当倾斜。

2019 年 5 月,广西玉林兴业县人民政府与人保财险签署《保险扶贫支农融资合作协议》,由人保财险向当地符合条件的农业项目、农业企业、合作社和农户提供 1 亿元融资授信额度。资金用于支持兴业县农产品种植业、禽畜水产养殖业、农产品加工、储存、运输、销售等扶贫产业各环节。2019 年 6 月,四川省绵阳市安州区睢水镇开展"整村授信"试点,安州区农商银行成立整村评级授信小组,以行政村为单位,针对该村特色产业、新兴产业的市场行情分析和内部大数据,提前对该村信用良好、有发展能力的农户、企业、新型农业经营主体等给予一定的信用贷款额度,并对贫困户等重点人群进行策略性倾斜。在提供授信服务的同时,安州区农商行还为试点村农户提供手机银行、惠支付、惠生活等"一条龙"金融服务,为乡村振兴和扶贫开发战略的顺利推进注入源头活水。该项试点工作启动一个月以来,全镇 60 多户村民累计获得 400 余万元授信额度。广东省梅州市平远县长田镇也于 2019 年 7 月正式开展"全镇授信",在信用评级达标的基础上对全镇居民给予综合授信。客家村镇银行平远县支行为长田镇"全镇授信"1 亿元,为长庆村"整村授信"2 000 万元,为首批惠农贷农户代表授信 10 万元。

2.1.4　拓宽抵押担保方式

近年来,随着脱贫攻坚战和乡村振兴战略的深入部署,有关部门多次发文鼓励拓宽抵质押物和担保范围,鼓励农村地区尤其是贫困地区探索以土地承包经营权、草场承包经营权、宅基地使用权、大型农用生产设备、动物资产、林权、水域滩涂使用权等为抵押物,以应收账款、股权、仓单、存单等为质押物和以联保小组、公务员等为担保的贷款,对原本不在银行贷款抵押担保物范围的权利进行确权颁证。2014 年 4 月,国务院办公厅发布《关于金融服务"三农"发展的若干意见》,鼓励有条件的地方探索建立合作性的村级融资担保基金。2015 年 7 月 31 日召开的国务院常务会议上提出,要加强担保行业的政策性导向,设立国家融资担保基金,形成国家融资担保基金、省级再担保机构、辖内融资担保机构三层结构的政府性融资担保体系。2018 年召开的国务院常务会议上进一步提出,支持中央财政及有意愿的金融机构发起设立国家融资担保基金,采取股权投资的形式支持各省区市开展融资担保业务。2019年2月国务院办公厅发布的《关于有效发挥政府性融资担保基金作用切实支持小微企业和"三农"发展的指导意见》强调,要夯实银担合作基础,推动国家融资担保基金和全国性银行业金融机构以及各省辖内融资担保机构与银行业金融机构的"总对总"合作,通过政府性融资担保,引导银行业金融机构下放分支机构审批权,并在内部建立绿色通道,从授信额度、担保放大倍数、资金定价、审查审批、续贷条件等方面提供优先支持,拓宽"三农"领域融资渠道,提高贷款审批效率和贷款可得性。

在实践中,各级政府因地制宜,对各类新型抵押担保品进行了积极探索。2014年7月起,四川省成都市锦江区开始开展区内农业设施所有权登记工作,成都高威农业开发有限公司对自有的总面积为3万多平方米的9个高端智能温室大棚进行了成功确权,以温室大棚作为抵押,成功获得当地农商行2 000万元贷款。浙江省丽水市将深化集体林权制度改革与金融创新相结合,对林权进行确权登记,并建立由政府出资的涉农担保公司、商业融资担保公司、行业协会或专业合作社发起的合作性担保组织及村级互助担保组织四个层次的担保体系,以"产权＋担保"的形式推进林权抵押贷款。吉林省推行"农业保险＋扶贫小额信贷"的银保互动机制,要求申请贷款的农户必须参加农业保险。为服务农村经济发展,破解农户贷款难题,福建省沙县早在2013年便率先进行了村级融资担保基金试点,由沙县农村信用社牵头,以行政村为单位向符合条件的农户按照每户1万—2万元的标准募集村级融资担保基金,农户贷款额度取决于信用等级和出资额。贷款年利率为6.5厘,低于商业银行的8厘左右,单户最高贷款额度达到10万元。2013年5—11月,沙县农村信用社通过村级融资担保基金的担保累计为全县农户发放贷款1.3亿多元。

2.1.5　提高贫困地区金融消费者的金融知识素养

贫困地区金融消费者的金融知识和风险意识、维权意识的提升,对于营造脱贫攻坚金融服务工作的良好氛围至关重要。《关于全面做好扶贫开发金融服务工作的指导意见》提出,充分发挥"金融惠民工程""送金融知识下乡"等项目的作用,有针对性地开展专项金融教育培训;通过金融知识普及工作提高贫困地区金融消费者风险识别和自我保护的意识和能力。《关于金融助推脱贫攻坚的实施意见》强调,要畅通金融消费者投诉处理渠道以加强对贫困地区金融消费者的权益保护;通过各媒体、金融机构网点及村组公共宣传栏进行金融扶贫服务政策的宣传,提高贫困人口运用金融工具的意识与能力。《中国人民银行银监会证监会保监会关于金融支持深度贫困地区脱贫攻坚的意见》指出,应及时总结和推广值得借鉴的金融扶贫模式和经验,形成金融扶贫良好氛围;应严厉打击贫困地区金融诈骗、非法集资、制售使用假币等违法金融活动,净化贫困地区金融消费环境。

在一系列文件的指引下,中国人民银行哈尔滨中心支行全力推动全省 7 个市、20 多个国家级贫困县实施"金惠工程"项目。该行积极招募金惠工程一、二级志愿者,对志愿者进行专业化培训,带领志愿者捐建金融书屋,开展爱心帮扶,并将农村金融普及教育作为工作重点,在银行营业网点、农村中学、助农取款服务点、农村宣传栏等地点设置 50 多个线下实体固定金融宣传教育网点,在互联网和手机移动终端进行线上金融政策、金融产品和金融知识的普及,并广泛开展金融知识进社区、进企业、进农村、进学校"四进"活动 400 多次,覆盖全省近 30 个贫困县和 600 多个行政村,为黑龙江省精准扶贫事业提供了强劲动力。

2.2　精准对接脱贫攻坚多元化金融需求

2.2.1　为贫困地区特色优势产业发展提供配套金融服务

自 20 世纪 80 年代中国正式开展产业扶贫以来,配套的金融服务和资金支持一直是产业扶贫的重要推动力。《关于全面做好扶贫开发金融服务工作的指导意见》指出,金融扶贫要积极做好对贫困地区特色优势产业的金融支持,不断完善承接产业转移和新兴产业发展的配套金融服务。《关于金融助推脱贫攻坚的实施意见》指出,金融机构应针对能够带动贫困人口就业增收的特色产业,积极开展金融产品和服务创新。《关于促进扶贫小额信贷健康发展的通知》进一步明确了对扶贫小额信贷支持贫困地区特色优势产业发展。

油茶产业是江西、湖南等地区的特色产业之一,为了支持油茶产业发展以带动一部分贫困人口脱贫致富,2015 年,中国农业银行总行发布《关于进一步支持油茶产业发展的若干信贷政策》,并特别授权农业银行江西、湖南分行根据当地实际开发支持油茶产业发展的区域特色产品。在总行的支持下,农业银行江西分行在经过充分调研后,为当地茶农量身定制出一款专门针对油茶产业的特色金融扶贫信贷产品——金穗油茶贷。油茶树栽种 5 年后才开始有产量,第 8—10 年才进入盛产期,投资回收期在 12—15 年,稳产期长,经济寿命超过 60 年。基于油茶产业"一次投入、长期受益"的特点,农业银行江西支行一改传统金融扶贫信贷产品标准化、通用化的特点,使金穗油茶贷的贷款期限与油茶投入产出期限相吻合:无产出的前 5 年无需还本金,投资回收的第 10—15 年还本金,贷款额度在 2 万—600万元,并制定 3—5 年的宽限期,在宽限期内借款人只付利息、不还本金。在客户选择上,将贫困户纳入金穗油茶贷重点支持范围;在抵押担保方式的选择上,除了传统的抵押物,金穗油茶贷还引入政府增信机制,即通过政策性担保公司、风险补偿金和财政直补资金等方式为贫困户增信。

2.2.2 为贫困人口就业、就学提供金融服务和资金支持

发展教育、稳定就业是实现根本性脱贫的关键举措。《关于金融助推脱贫攻坚的实施意见》指出,"管好用好创业担保贷款,支持贫困地区符合条件的就业重点群体和困难人员创业就业";"扎实开展助学贷款业务,解决经济困难家庭学生就学资金困难"。《关于进一步规范和完善扶贫小额信贷管理的通知》明确了对有大额信贷资金需求且满足贷款条件的贫困户,特别是已脱贫户申请创业担保贷款的行为给予鼓励。《关于银行业金融机构积极投入脱贫攻坚战的指导意见》指出,银行业金融机构对有在读高校学生的贫困户发放的助学贷款,在读期间由财政全额贴息,贷款期限最长可延至 20 年。《关于金融支持深度贫困地区脱贫攻坚的意见》提出加大国家助学贷款实施力度,支持更多家庭困难学生入学。

在实践中,各省市根据当地实际情况实施不同的就业、就学金融支持政策。2019 年起,鹤岗市对生源地助学贷款办理流程进行了简化,对该业务实行全电子申请模式,无需出具贫困证明。预申请生源地助学贷款的覆盖范围涵盖:建档立卡贫困家庭学生、最低生活保障家庭学生、家庭经济困难的残障学生及残障人士子女、孤残学生、烈士子女、特困救助供养学生;高中或中等职业学校学习期间享受国家助学金的学生;因遭遇自然灾害、家庭变故或确因家庭经济困难需申办助学贷款的学生。贷款金额按照最高标准发放,即本专科生每学年 8 000 元,研究生每学年 12 000 元。新政策的实行为家庭困难学生提供了便利,提高了办理效率。2020 年 4 月,陕西省为贯彻落实《进一步加大创业担保贷款贴息力度全力支持重点群体创业就业的通知》精神,结合现实情况对创业担保贷款进行创新,在原有十类群体的基础上,将受新冠肺炎疫情影响较大的批发零售、住宿餐饮、物流运输、文化旅游等行业内暂时失去收入来源的个体工商户,贷款购车专门用于出租运营的个人或加入网络约车平台的专职司机,符合条件的出租车、网约车企业或其子公司,已享受创业担保贷款贴息政策且已按时还清贷款的个人等群体纳入支持范围,并将个人贷款限额由 15 万元提高至 20 万元,将贷款利率上限在原来的基础上降低 50 个基点。

2.2.3　保障易地扶贫搬迁的资金来源

"十三五"时期,为了坚决打赢脱贫攻坚战,党中央国务院出台了一系列文件规范易地扶贫搬迁的资金渠道及投向。《关于打赢脱贫攻坚战的决定》提出,由国家开发银行和中国农业发展银行通过发行政策性金融债筹集易地扶贫搬迁专项资金,按照微利或保本的原则发放低成本的长期贷款,中央财政给予 90% 的贷款贴息。《中国人民银行银监会证监会保监会关于金融支持深度贫困地区脱贫攻坚的意见》强调各银行业金融机构应做好贫困人口安置综合金融服务,中国人民银行各分支机构要加强对国家开发银行、农业发展银行异地搬迁专项资金的动态监测和监督检查。《关于调整规范易地扶贫搬迁融资方式的通知》对各地方政府易地搬迁融资缺口的资金来源进行严格限制,要求缺口部分全部通过发行地方政府债券或地方财政预算筹集,不得通过投融资平台举债。

在政策的推动下,为了支持易地扶贫搬迁,2016 年 4 月,中国农业发展银行发行中国首只扶贫金融债,当年扶贫金融债的发行总额为 1 035 亿元,2018 年、2019年扶贫金融债的发行规模分别为 2 144.38 亿元、331.98 亿元。截至 2019 年末,中国共计发行 113 只、总额为 4 259.65 亿元的扶贫金融债用于支持易地扶贫搬迁。从地方上来看,截至 2019 年末,中国有 21 个省(自治区、直辖市)发行过扶贫金融债,其中北京市发行总额最多,为 3 642.76 亿元。相关研究显示,相比贫困程度较低的地区,贫困程度较高的省(自治区、直辖市)扶贫金融债的发行规模更大(史英哲等,2020)。以陕西省为例,2019 年 2 月,陕西省政府发行了 35 亿元地方政府债券用于支持易地扶贫搬迁项目,债券期限为 10 年,利率为 2.38%。专项地方政府债券的发行对陕西省"十三五"时期易地扶贫搬迁工程建设起到了重要的支持作用,有助于 2020 年底前该省所有建档立卡贫困户稳定脱贫。

2.2.4　满足贫困地区基础设施和民生工程建设资金需求

加强基础设施及民生工程建设是破除贫困地区经济发展瓶颈的关键举措。《关于创新机制扎实推进农村扶贫开发工作的意见》指出,要充分发挥政策性金融在支持贫困地区基础设施建设中的导向作用。《关于金融助推脱贫攻坚的实施意见》指出,要创新贷款抵质押方式,充分利用多种融资工具,支持贫困地区基础设施建设、公共服务项目建设及民生工程建设,并对连片特困地区、革命老区、民族地区、边疆地区给予倾斜。《关于做好保险业助推脱贫攻坚工作的意见》鼓励保险资金向贫困地区基础设施和民生工程倾斜。国务院办公厅发布的《关于支持深度贫困地区脱贫攻坚的实施意见》提出,对"三区三州"实施差异化信贷支持政策,为贫困户、扶贫产业项目、基础设施建设和民生工程建设等领域提供优惠贷款。

2019 年,中国农业发展银行海南分行与海南省发改委联合印发《关于建立农业政策性金融对接合作机制进一步支持海南省基础民生重大项目建设的通知》,提出加强银企合作,引导社会资本共同参与到海南省贫困地区基础民生设施建设中。2020 年,为了克服新冠肺炎疫情对海南省脱贫攻坚工作的影响,中国农业发展银行海南分行加大对基础设施扶贫业务支持力度,将当年扶贫贷款投放目标提高一倍以上,创新性地运用 PPP、公司自营等多种模式投放贷款。截至 2020 年 6 月 6 日,中国农业发展银行海南分行已发放 7.2 亿元贷款用于支持临高县供水工程、琼中黎族苗族自治县全域污水治理等基础设施项目,辐射带动 11.5 万贫困人口。

2.2.5　创新发展精准扶贫保险产品和服务

小额保险是以农村低收入群体为目标市场而开展的保险服务,是一种有效的金融扶贫工具,包括农业保险、小额财产保险、小额人寿保险、小额意外保险、小额健康保险等险种,其中农业保险覆盖面较广。2014 年底,《关于精准扶贫小额信贷支持计划的实施方案》提出,政策性农业保险应优先在贫困地区试点及推广,并开发以获得贷款的贫困户为对象的保费低、条款通俗易懂的农业保险产品,表明专门针对贫困户的农业保险产品开始进行试点和推广。2015 年 11 月,国务院发布的《关于打赢脱贫攻坚战的决定》提出,通过中央财政以奖代补等方式支持贫困地区特色农产品保险发展。2016 年 3 月,《关于金融助推脱贫攻坚的实施意见》提出,创新发展精准扶贫保险产品和服务,支持贫困地区开展特色农产品价格保险,有条件的地方可给予一定保费补贴。2019 年 2 月,《关于促进小农户和现代农业发展有机衔接的意见》首次提出健全农业保险保障体系,从覆盖直接物化成本逐步实现覆盖完全成本。针对其他品种的小额保险,国务院发布的《关于印发"十三五"脱贫攻坚规划的通知》等文件多次提到,支持保险公司开发适合低收入人群、残疾人等特殊群体的小额人身保险。国务院发布的《关于打赢脱贫攻坚战的决定》等文件将扶贫小额贷款保证保险作为脱贫攻坚战的重要战略工具。

为了对贫困人口提供惠民补充保险,浙江省开展了健康扶贫保险试点,并选取衢州市作为首批试点之一。衢州市柯城区于 2017 年 2 月率先开展创新,由民政局、残联、财政局、中国人寿保险公司联合推出健康扶贫保险。该险种针对巩固扶持对象、低保对象、残疾对象和优抚对象除医保、大病统筹和社会救助以外的医疗自费项目提供费用补充。参保保费由地方财政和中国人寿保险公司双方承担,低收入农户不需花费一分钱便可获得相应的保障。参保农户当年住院自费金额超过 1 000 元的部分实行分级累进赔付,且允许当年累计,即累计到一定数额后,报销比例相应提高,单个参保农户每年最高可获得 3 万元赔付。

2019 年,湖北省在枣阳市、公安县等县市开展水稻完全成本保险试点。这是一项新的金融扶贫保险险种,由人保财险、中华联合财险、太平洋财险作为试点保险机构。该险种主要保障的是农户农业生产中由于暴雨、洪水、雹灾、旱灾、病虫草鼠害等自然风险导致的亏损。与一般水稻种植保险不同的是,水稻完全成本保险单位面积的理赔额更高,这是因为完全成本保险除了保障传统的物化成本以外,还保障土地、劳动等生产要素的平均价格,保险金额覆盖农业生产总成本。例如,传统的水稻种植保险每亩理赔额最高为 400 元,而水稻完全成本保险每亩理赔额最高为 1 100 元。根据湖北省水稻完全成本保险试点方案,水稻完全成本保险保费为 66 元/亩,中央财政、省级财政和农户各自承担保费的 40%、30%、30%,即农户只需承担 19.8 元/亩的保费。试点县市保险额度为 1 100 元/亩,若因保险责任造成保险水稻损失率在 25%—70%(不含)时按损失率赔付,损失率超过 70%(含)时则进行全额赔付。

2.2.6　拓宽贫困地区多元融资渠道

近几年,中国出台了一系列文件对利用资本市场、引入新兴金融业态拓宽贫困地区融资渠道进行了总体部署。《关于全面做好扶贫开发金融服务工作的指导意见》支持证券交易所、保荐机构对贫困地区发展前景良好、具有创新能力的企业提供上市辅导培育。《中国人民银行银监会证监会保监会关于金融支持深度贫困地区脱贫攻坚的意见》指出,为深度贫困地区符合条件的企业 IPO、在全国中小企业股份转让系统挂牌和发行公司债及资产支持证券开辟绿色通道,加快上述业务的审核进度,减免在全国中小企业股份转让系统挂牌初费;支持上市公司对深度贫困地区的企业开展并购重组并加快审核;深度贫困地区符合条件的企业通过短期融资券、中期票据、扶贫票据、社会效应债券等债务融资工具筹资的,提供会费减半优惠。另外,《关于金融助推脱贫攻坚的实施意见》还提出,通过引入新兴金融业态支持精准扶贫,包括支持贫困地区金融机构建立新型互联网金融平台,支持互联网企业设立互联网支付机构,规范发展民间融资,引入创业投资基金、私募股权投资基金,引导社会资本支持精准扶贫等。

　　资本市场的扶持政策提升了贫困地区企业的"造血"能力。截至 2019 年 8 月,中国累计有 13 家贫困地区企业通过绿色通道实现 IPO,累计融资 74 亿元;全国累计发行 79 只扶贫公司债及资产支持证券,发行规模达到 407 亿元。另一方面,新兴金融业态的兴起也为贫困地区提供了融资新渠道。2009 年,宜信公司将互联网技术与扶贫小额信贷进行结合,推出互联网金融扶贫新模式——宜农贷项目。宜农贷主要针对农村贫困妇女发放贷款用于改善生产生活,在贷款的发放与回收过程中,宜信公司只充当信息中介和管理平台作用,由签订合作协议的小额信贷机构负责对申请借款的农户进行贷前审查,并帮助申请人组成五户联保小组,将申请人信息提供给宜信公司,宜信公司在贷款平台上发布申请人姓名、年龄、职业、信用等级、借款用途、照片等相关信息供社会公众参考。出借人通过宜农贷平台了解借款人信息,在线选择借款人进行多对一的资金帮扶,即一位农户由 1—10 位出借人帮扶,最低出资金额为 100 元。每位农户的贷款金额一般为 3 000—20 000 元,出借人、宜农贷平台分别获取 2%、1% 的回报,小额信贷组织也从中收取少量服务费。贷款到期后,借款人线上还款,宜农贷平台及时将款项拨回出借人账户。

2.3　加强金融扶贫风险管理

2.3.1　建立三级联动信用评级机制

　　早在 21 世纪初,中国便开始将农村信用社对信用户、信用村、信用乡(镇)的评定结果与农户贷款审核相衔接,信用评定对优化农村地区信用环境起到了一定的积极作用。《中国农村扶贫开发纲要(2011—2020 年)》重点强调要加强贫困地区农村信用体系建设,以此推动扶贫小额信贷、国家扶贫贴息贷款的完善。《关于创新发展扶贫小额信贷的指导意见》首次提出信用评级机制与贫困户识别相结合的思路,提出将全国扶贫信息网络系统与银行贷款管理系统进行有效对接,建立建档立卡贫困户个人信用档案;探索建立县、乡(镇)、村三级联动的扶贫小额信贷服务平台,为建档立卡贫困户提供信用评级、建立信用档案、贷款申报等信贷服务。此后多年发布的一系列文件逐步完善了信用评级机制,将信用乡(镇)、信用村、信用户三级联动的信用评级作为推动农村地区信用体系建设、调动金融机构扶贫积极性、创新建档立卡贫困户信贷工具的重要举措。2018年,中共中央、国务院发布《关于打赢脱贫攻坚战三年行动的指导意见》和《乡村振兴战略规划(2018—2022年)》,把贫困地区信用体系建设作为打赢扶贫攻坚战、推动乡村振兴战略实施的根本力量。《中国人民银行关于切实做好2019年—2020年金融精准扶贫工作的指导意见》则首次在肯定了三级联动信用评级的基础上,提出对信用记录不良的贫困户开展信用救助,帮助其重建良好信用。

以贵州省雷山县为例,该县信用户评级指标体系由家庭年净收入、家庭净资产、结算情况、银行信用记录、社会诚信度及个人品质五部分构成,每部分所占权重依次为35％、20％、10％、20％、15％。对信用户的评定由村民小组在雷山县信用联社的指导下实施。农户信用等级分为特优、优秀、较好、一般、等外五个等级,依据村民小组对五项指标的打分进行加权平均,信用评级在一般及以上的农户为信用户,可以获得信用社的授信。信用村的评定标准为:信用户占所有评级农户的90％以上,获贷农户占农户总数的60％以上,农户不良贷款率在5％以下,村干部无不良贷款。信用乡(镇)的评定标准为:信用村占60％以上,乡镇干部在不良贷款清收工作中积极配合。信用乡(镇)、信用村、信用户的评定每年根据实际情况调整一次。

此外,为了实现信用评级与获贷情况的进一步对接,雷山县信用社实行利率优惠激励措施,对及时偿还利息的信用户给予10％的贷款利率优惠;若获评信用组、信用村、信用乡(镇)称号,贷款利息再分别以2％、3％、5％的优惠返还;对于那些既是信用村又是信用乡(镇)内的信用户来说,如能按季结息可获得的贷款利率优惠最高累计可达30％。同时,该县信用社采取实时管理和监督方式,按年度对信用户、信用村、信用镇进行审查,提高信用好、发展好的农户、村(居)、乡(镇)的信用等级以及授信额度;反之降低其信用等级,同时整个村、乡的信用评级也会受到影响。与雷山县不同的是,湖南省麻阳县创设了"721 评级授信指标",降低了贫困户普遍缺乏的物质资本在信用评级中所占的比重(10%),提高了信用资本(70%)和能力资本(20%)的权重。

2.3.2　通过保险机制转移分散风险

金融扶贫的保险机制包含两个方面。一方面是建立存款保险制度。2015 年 2 月,《存款保险条例》公布。2015 年 5 月 1 日,存款保险制度正式在中国实施,其实施对于维护贫困地区金融稳定、保护贫困地区存款人权益具有重要作用。另一方面是对申请借款的贫困户提供的保险。《关于创新发展扶贫小额信贷的指导意见》指出,地方政府可以探索小额保险与小额信贷结合,通过农产品保险、人身意外伤害险、保证保险为贫困户增信,对贫困户的信用贷款发生不能到期偿还的情况,由放贷银行与保险公司共同分担违约的借款本息,具体分担比例由地方自行协商确定。

为缓解贫困户生产中存在的自然风险,雷山县政府大力支持种植户参加政策性种植保险,并对购买保险的贫困户给予保费补贴。例如,水稻、玉米、马铃薯的种植保险费率分别为 6%、6%、5%,其中农户承担 20%,其余部分由中央、省、州、县级财政按照 40%、25%、4.5%、10.5%的比例承担;上述三种农产品的种植保险保额分别为 300 元/亩、300 元/亩、350 元/亩。[①]另一方面,为避免贫困户出现意外风险无法按时还贷,雷山信用社引入中国人寿保险股份有限公司,在借款贫困户自愿的基础上,设计一款"安贷宝"人身意外险,由贷款贫困户与中国人寿保险公司签订保险合同,设第一受益人为雷山信用社,保费为贷款金额的 5‰;当贫困户发生人身意外而无法还款时,保险机构将优先理赔雷山信用社,保单最高金额为贷款金额,赔付限额以保险金额为限。

---

① 资料来源为雷山县政策性水稻、玉米、马铃薯种植保险实施方案。

2.3.3　利用风险补偿与分担机制撬动金融扶贫资金

风险补偿与分担机制是扶贫贷款的最后一道防线，为最终产生的坏账损失兜底。2014 年和 2017 年的中央一号文件鼓励地方建立健全风险补偿机制，撬动金融机构资本更多投向农村地区。《国务院关于印发"十三五"脱贫攻坚规划的通知》《关于切实做好 2019—2020 年金融精准扶贫工作的指导意见》等文件则对贫困地区设立贷款风险补偿金给予支持。2017 年 7 月发布的《关于促进扶贫小额信贷健康发展的通知》首次明确了扶贫小额信贷"县建风险补偿金"的政策要点。《关于进一步规范和完善扶贫小额信贷管理的通知》指出，风险补偿金应存放在共管账户，专款专存、专账管理、封闭运行。

2013 年，内蒙古自治区科尔沁右翼中旗推出以中国农业银行为承贷主体的"金穗富农贷"，为了调动农业银行放贷的积极性，旗扶贫办、旗财政部门将风险补偿资本金存入农业银行进行专户管理，专款专用，当借款人不能到期偿还贷款时，在农业银行无道德风险及管理责任的情况下，由金融机构和风险补偿金共同分担损失。2015 年 8 月，贵州省雷山县出台《扶贫小额贷款风险补偿金实施建议方案》，设立 500 万小额贷款风险补偿基金，以 5% 的年损失率计算，计划带动金融扶贫信贷 1 亿元支持 2 000 户，确保农村精准建档立卡扶贫户贷款运转正常。对贷款损失代偿设置严格的条件，主要针对贫困信用户因自然灾害、疾病、伤残、死亡等原因无法按期归还贷款本息时，经乡镇政府、扶贫部门和农村信用社清收，逾期贷款 1 个月以上，由贫困户申请、村两委审查、信用社审核、扶贫办审核、县财政局审批。由信用联社通过"专项资金转化划出资金代偿贷款损失"核实代偿资金到户，并由乡镇政府、扶贫办和信用社共同负违约贷款的追偿，将追回资金转入专项账户循环使用。

2.4　采取货币政策为扩大信贷投放提供流动性支持

在中国扶贫的整个历史进程中，货币政策发挥着不可或缺的作用，通过支农再贷款、扶贫再贷款、再贴现等方式为贫困地区金融机构扩大信贷投放提供流动性支持。

2.4.1　对符合条件的农村金融机构提供支农再贷款

支农再贷款是中国人民银行对各类农村金融机构发放的再贷款。20 世纪末，国有商业银行的城市化改革使得大量金融机构从农村地区撤出。为满足农村地区涉农信贷需求，支持农村信用社壮大支农资金规模，改善支农信贷服务。1999 年，中国人民银行开始对农村信用社发放再贷款，按照农业生产周期和农村信用社的实际需要确定贷款期限。此后，中国人民银行出台文件增加支农再贷款额度、降低支农再贷款利率。2014 年 4 月，《关于全面做好扶贫开发金融服务工作的指导意见》，首次要求"贫困地区支农再贷款额度占所在省的比重高于上年同期水平"，对贫困地区符合条件的金融机构增加支农再贷款额度，并对新增额度实行再降 1 个百分点的利率优惠政策。同年 12 月，《关于创新发展扶贫小额信贷的指导意见》要求"引导金融机构扩大对建档立卡贫困户的信贷投放"。2019 年，中共中央办公厅、国务院办公厅印发《关于促进小农户和现代农业发展有机衔接的意见》，肯定了支农再贷款对提高建档立卡贫困户信贷可得性、降低建档立卡贫困户融资成本的积极作用。

支农再贷款从 1999 年开始发放发展到 2019 年，其内涵与外延不断突破，主要体现在两个方面。第一，早期的支农再贷款"扶贫"功能尚未明确，贷款的发放针对的是农村地区农业生产这个"面"，后期开始强调对建档立卡贫困户这个"点"的精准投放。第二，支农再贷款早期是为了支持农村信用社扩大涉农贷款规模而专门设立的，后期支持对象扩大到包括设立在村镇、县域和市区的农商银行、农村合作银行、农村信用社和村镇银行等各类涉农金融机构，支农再贷款目前已经成为中国人民银行支持农村金融发展、助力脱贫攻坚的重要货币政策工具。2020 年 7 月 1 日起，支农再贷款利率下调 25 个基点，调整后 3 个月、6 个月、1 年期支农再贷款利率分别为 1.95％、2.15％和 2.25％。截至 2019 年第一季度末，全国村镇银行支农再贷款余额为 265 亿元。①截至 2020 年第二季度末，全国支农再贷款余额

---

① 资料来源：《中国银保监会对十三届全国人大二次会议第 2353 号建议的答复》。

为 3 372 亿元,比上年同期增长 1 050 亿元。①

2.4.2 扶贫再贷款扩大贫困地区金融机构涉农信贷的投放

扶贫再贷款是在支农再贷款下设立的一种货币政策工具,专门为贫困地区地方法人金融机构扩大涉农信贷投放提供的流动性支持,其作用在于积极推动贫困地区发展特色产业和贫困人口创业就业,促进贫困人口脱贫致富。根据国务院《关于打赢脱贫攻坚战的决定》要求,2016 年 3 月,中国人民银行等七部委发布《关于金融助推脱贫攻坚的实施意见》,指出扶贫再贷款的利率要低于同期支农再贷款利率 1 个百分点,合理确定扶贫再贷款使用期限,为地方法人金融机构支持脱贫攻坚提供较长期资金来源;同月,中国人民银行发布《关于开办扶贫再贷款业务的通知》,开始正式设立扶贫再贷款,对扶贫再贷款的发放对象、投向用途、使用期限、利率水平、规范管理等进行了明确规定。2016 年 6 月 16 日,中国人民银行印发的《扶贫再贷款管理细则》对扶贫再贷款的利率水平进行了补充规定,明确借款人运用扶贫再贷款资金发放的贷款利率不能超过一年以内(含)贷款基准利率。扶贫再贷款特点如表 2.1 所示。

表 2.1　扶贫再贷款特点

发放对象	中国的 832 个贫困县及省级扶贫开发重点县的农村商业银行、农村合作银行、农村信用社和村镇银行
投向用途	必须将扶贫再贷款全部用于扩大贫困地区的信贷投入,并优先支持贫困户和能够带动贫困户就业的企业、农村合作社
使用期限	分为 3 个月、6 个月和 1 年三个档次,累计展期次数最多可达 4 次(即实际使用期限最长可达 5 年)
利率水平	各档次的利率低于同期支农再贷款利率,中国人民银行可适时调整扶贫再贷款利率(之后出台的《扶贫再贷款管理细则》明确利率不能超过一年以内(含)贷款基准利率)
规范管理	中国人民银行在向辖区内地市中心支行下达支农再贷款限额时明确其中包含的扶贫再贷款限额,地市中心支行根据当地实际金融需求向辖区内贫困县(市)支行下达扶贫再贷款限额

资料来源:作者整理。

---

① 资料来源:中国人民银行官网《2020 年第二季度中国货币政策执行报告》。

2016 年 11 月,国务院在《关于印发"十三五"脱贫攻坚规划的通知》中进一步突出强调扶贫再贷款的设立对引导金融机构扩大贫困地区涉农贷款投放、降低社会融资成本的促进激励作用。在《关于打赢脱贫攻坚战三年行动的指导意见》《关于切实做好 2019—2020 年金融精准扶贫工作的指导意见》等文件中强调,要加强扶贫再贷款使用管理,引导金融机构合理合规增加对带动贫困户就业的企业和贫困户生产经营的信贷投放。为了优化利用扶贫再贷款发放贷款的定价机制,2018 年 9 月 4 日,中国人民银行发布《关于优化扶贫再贷款管理有关事项的通知》,选择河南、云南等 12 个省(区、市)开展优化运用扶贫再贷款发放贷款定价机制试点。经过几个月的试点后,2019 年 5 月,中国人民银行提出要将优化运用扶贫再贷款发放贷款定价机制试点推向全国。截至 2020 年第二季度末,中国扶贫再贷款余额达 1 537 亿元,比上年同期增加 45 亿元。[1]截至 2019 年第一季度末,中国精准扶贫贷款余额为 7 126 亿元,为 1 938 万贫困人口提供信贷支持;产业精准扶贫贷款余额为 1.17 万亿元,带动贫困人口 797 万人次。[2]

2.4.3　通过再贴现引导金融机构扩大对贫困户的信贷投放

再贴现是商业银行持有已贴现但并未到期的商业票据,到中央银行申请提前获得资金融通的行为。2013 年起,涉农再贴现业务的目标群体开始关注贫困地区企业。2014 年 4 月,《关于全面做好扶贫开发金融服务工作的指导意见》首次提出,要利用再贴现业务"支持贫困地区农村企业尤其是中小企业获得再融资",放宽监管条件,提出"对贫困地区金融机构在存贷比、不良贷款率、资本充足率等方面实施差异化监管。如对于符合条件的贫困地区金融机构发行金融债券募集资金发放的涉农、小微企业贷款,以及运用再贷款再贴现资金发放的贷款,不纳入存贷比考核"。近年来发布的相关文件都强调了再贴现业务对引导金融机构扩大对建档立卡贫困户信贷投放、降低贫困农户融资成本的重要作用,要求加大再贴现支持力度。《乡村振兴战略规划(2018—2022 年)》中再次提出,要继续发挥再贷

① 资料来源:中国人民银行官网《2020 年第二季度中国货币政策执行报告》。
② 资料来源:中国人民银行官网《聚焦脱贫攻坚　优化资源配置　切实做好今明两年金融精准扶贫工作》。

款、再贴现等货币政策工具的引导作用,"将乡村振兴作为信贷政策结构性调整的重要方向"。2018年6月,中国人民银行印发《关于进一步深化小微企业金融服务的意见》,宣布增加支小支农再贷款和再贴现额度共1 500亿元,其中再贴现限额500亿元。2020年6月,增加再贴现额度2 000亿元。自2020年7月1日起,再贴现利率下调至2%。截至2019年3月末,中国村镇银行再贴现余额为3亿元。[①]

2.4.4　对农村地区金融机构进行定向降准

定向降准政策对农村地区法人金融机构实施较低的存款准备金率要求,其目的在于提高农村地区涉农银行的流动性,从而向农村地区尤其是贫困地区释放更多可贷资金。2004年,中国开始实行差别存款准备金率制度,其实施对象为所有存款类金融机构,根据各金融机构上年季度平均资本充足率和不良贷款比率等指标确定其存款准备金率。经过一段时间的调整,该政策逐渐演变成对中小型商业银行、县域农村金融机构实行比大型商业银行更为优惠的存款准备金率。

2008年1月,《中国人民银行关于改善农村金融服务支持春耕备耕　增加"三农"信贷投入的通知》首次公开提出专门针对农村合作银行、农村信用社两类农村金融机构进行定向降准。2008年4月,《关于村镇银行、贷款公司、农村资金互助社、小额贷款公司有关政策的通知》又进一步规范了农村资金互助社和村镇银行的存款准备金率,提出农村资金互助社暂不向中国人民银行交存存款准备金,村镇银行比照当地农村信用社交存存款准备金。2014年4月,《国务院办公厅关于金融服务"三农"发展的若干意见》提出,对符合"三农"金融服务要求的县域农村商业银行、农村合作银行进行定向降准。至此,农村地区的农村信用社、农村合作银行、村镇银行、农商银行、中小银行都开始实行定向降准。2019年发布的中央一号文件和《关于切实做好2019—2020年金融精准扶贫工作的指导意见》强调了差

[①]　资料来源于《中国银保监会对十三届全国人大二次会议第2353号建议的答复》。

别化存款准备金率和差异化监管对鼓励金融机构加大对乡村振兴和脱贫攻坚中长期信贷支持力度的重要作用。

自 2014 年 4 月开始，央行多次针对农村地区法人金融机构实施定向降准政策，尤其是 2015 年，中国人民银行进行了五次定向降准（见表 2.2）。截至 2018 年 7 月，近 90％的非县域农商银行享受了此优惠政策，近 80％的机构执行的存款准备金率低于基准档 1.5 个百分点。2018 年 4 月，中国人民银行下调部分金融机构存款准备金率，非县域农商行降准 1 个百分点，直接释放资金近 760 亿元。[①]2019 年 5 月 15 日起，将服务县域的农村商业银行和农村信用社存款准备金率并档，简化准备金率档次。目前，中国的存款准备金制度基本已经形成清晰简明的"三档两优"基本框架。三档指的是，大型商业银行交存 13.5％的存款准备金，中小型商业银行交存 11.5％的存款准备金，农村商业银行、农村合作银行、农村信用社、村镇银行等县域农村金融机构交存 8％的存款准备金。"两优"是指在"三档"基础上实行的两个优惠：一是达到标准的大中型银行可享受 0.5 个或 1.5 个百分点的存款准备金率优惠；二是服务县域的银行达到新增存款一定比例用于当地贷款考核标准的，可享受 1 个百分点的存款准备金率优惠。享受"两优"后，金融机构实际的存款准备金率水平要比基准档更低一些，对激励农村地区尤其是贫困地区贷款的发放具有积极促进作用。

表 2.2　2014—2020 年存款准备金率定向调整幅度

开始时间	定向调整幅度
2014 年 4 月 25 日	下调县域农村商业银行人民币存款准备金率 2 个百分点，下调县域农村合作银行人民币存款准备金率 0.5 个百分点
2014 年 6 月 16 日	对符合审慎经营要求且"三农"和小微企业贷款达到一定比例的商业银行（不含 2014 年 4 月 25 日已下调过准备金率的机构）下调人民币存款准备金率 0.5 个百分点。"三农"和小微企业贷款达到一定比例是指：上年新增涉农贷款占全部新增贷款比例超过 50％，且上年末涉农贷款余额占全部贷款余额比例超过 30％；或者，上年新增小微贷款占全部新增贷款比例超过 50％，且上年末小微贷款余额占全部贷款余额比例超过 30％

---

① 　资料来源为 2018 年 7 月 17 日中国银行保险监督管理委员会发布的《中国银保监会对十三届全国人大一次会议第 1232 号建议的答复》。

续表

开始时间	定向调整幅度
2015 年 2 月 5 日	下调金融机构人民币存款准备金率 0.5 个百分点,并对小微企业贷款占比达到定向降准标准的城市商业银行、非县域农村商业银行额外降低人民币存款准备金率 0.5 个百分点,对中国农业发展银行额外降低人民币存款准备金率 4 个百分点
2015 年 4 月 20 日	对农村信用社、村镇银行等农村金融机构额外降低人民币存款准备金率 1 个百分点,并统一下调农村合作银行存款准备金率至农村信用社水平;对中国农业发展银行额外降低人民币存款准备金率 2 个百分点;对符合审慎经营要求且"三农"或小微企业贷款达到一定比例的国有银行和股份制商业银行可执行较同类机构法定水平低 0.5 个百分点的存款准备金率
2015 年 6 月 28 日	对"三农"贷款占比达到定向降准标准的城市商业银行、非县域农村商业银行降低存款准备金率 0.5 个百分点;对"三农"或小微企业贷款达到定向降准标准的国有大型商业银行、股份制商业银行、外资银行降低存款准备金率 0.5 个百分点
2015 年 9 月 6 日	下调金融机构人民币存款准备金率 0.5 个百分点,并额外降低县域农村商业银行、农村合作银行、农村信用社和村镇银行等农村金融机构准备金率 0.5 个百分点
2015 年 10 月 24 日	下调金融机构人民币存款准备金率 0.5 个百分点,并对符合标准的金融机构额外降低存款准备金率 0.5 个百分点
2018 年 1 月 1 日	凡前一年普惠金融业务(包括单户授信 500 万元以下的小微企业贷款、个体工商户和小微企业主经营性贷款,以及农户生产经营、创业担保、建档立卡贫困人口、助学等贷款)贷款余额或增量占比达到 1.5% 的商业银行,存款准备金率可在人民银行公布的基准档基础上下调 0.5 个百分点;前一年上述贷款余额或增量占比达到 10% 的商业银行,存款准备金率可按累进原则在第一档基础上再下调 1 个百分点
2019 年 5 月 15 日	对聚焦当地、服务县域的中小银行,分三次实行定向降准,于 5 月 15 日、6 月 17 日分别下调县域农商行人民币存款准备金率 1 个百分点,于 7 月 15 日下调其存款准备金率至 8%
2020 年 4 月 15 日	对农村信用社、农村商业银行、农村合作银行、村镇银行和仅在省级行政区域内经营的城市商业银行定向下调存款准备金率 1 个百分点,于 4 月 15 日和 5 月 15 日分两次实施到位

资料来源:中国人民银行官网。

2.5 财税扶持政策引导金融资源倾斜配置

2.5.1 设立扶贫贴息贷款降低贫困户融资成本

由政府主导、财政贴息的扶贫贴息贷款是迄今为止最重要、持续时间最长的金融扶贫信贷产品。1986 年 11 月,中国人民银行联合中国农业银行颁布了《扶持贫困地区专项贴息贷款管理暂行办法》,扶贫贴息贷款正式在中国设立,迄今为止已实行 30 多年。随着中国经济社会的发展和实践中发现的问题,扶贫贴息贷款政策经历了多次调整。

早期的扶贫贴息贷款的支持主体是贫困户。在计划实施的第一年,92% 的扶贫贴息贷款都直接或间接分配给贫困户(杨穗、冯毅,2018)。然而,重点针对贫困户的扶贫贴息贷款成效甚微,这是因为贫困户缺乏必要的生产技术和经营能力。为提高扶贫效率,1987 年,国务院发布《关于加强贫困地区经济开发工作的通知》,提出要"把解决温饱问题与发展商品经济结合起来",扶贫贴息贷款的支持对象开始由贫困户转向有一定的生产经营水平和管理能力、能够带动贫困户就业脱贫的企业等经济实体。1989 年至 20 世纪 90 年代中期,70% 左右的扶贫贴息贷款都用来支持贫困地区企业等经济实体(杨穗、冯毅,2018)。为完成《国家八七扶贫攻坚计划(1994—2000 年)》提出的扶贫目标,1996 年 9 月,中央扶贫工作会议决定,扶贫贴息贷款的支持对象要重新回归贫困户,扶贫贴息贷款应着重用来支持贫困户种养殖业。2001 年,中国人民银行联合财政部、国务院扶贫办等机构联合发布《扶贫贴息贷款管理实施办法》,指出扶贫贴息贷款主要用于支持能够带动低收入贫困人口增加收入的种养业、劳动密集型企业、农产品加工企业和市场流通企业,以及基础设施建设项目。为完善信贷扶贫新机制,提高扶贫贴息贷款的运行效率与扶贫效益,2006 年 7 月,国务院扶贫办发布《关于深化扶贫贴息贷款管理体制改革的通知》,决定将扶贫贷款由中国农业银行统一下达指导性计划并发放贷款改为两部分运作:到户贷款和项目贷款。到户贷款的贴息资金下放到县,由县选择金融机构发放;项目贷款资金下放到试点省,由省选择金融机构发放。

表 2.3　1986 年、2001 年、2008 年中国扶贫贴息贷款的政策比较

	1986 年	2001 年	2008 年
管理权限	中央	中央	省,其中到户贷款和贴息资金管理权限下放到县
承贷主体	中国农业银行	中国农业银行	银行业金融机构自愿参与
本金筹集方式	由中国人民银行专项安排	农业银行在系统内统一调度,资金有困难可申请再贷款	金融机构自行筹集
贷款利率	月息 6.1 厘,对借款户收取 2.1 厘	统一执行 3% 年利率的优惠利率	根据人民银行的利率管理规定和贷款利率定价要求自主决定
贷款期限	一般为 1—3 年,最长不超过 5 年	一年为主,最长不超过 3 年	根据农业生产季节性特点、项目生产周期、还款能力灵活确定
贷款投向	主要贷给贫困户或联户;由贫困户承贷,带资直接参加联合体、乡镇企业;能为农户提供服务或能为贫困户安排劳力就业的独立核算的各种经济组织或企业;少数具有法人地位,组织生产开发经营服务的经济实体	主要用于国家扶贫开发工作重点县,支持能够带动低收入贫困人口增加收入的种养业、劳动密集型企业、农产品加工企业和市场流通企业,以及基础设施建设项目	集中用于国家和省扶贫开发重点县及非重点县贫困村,重点投向贫困户;支持通过能人(大户)带动贫困户共同致富的项目、扶贫龙头企业、农村中小型基础设施及社会事业项目
贴息资金安排	大部分由中央财政补贴利息	财政部根据国务院扶贫开发领导小组审定的扶贫贴息贷款总量及期限结构,安排贴息资金,纳入当年的财政预算	国务院扶贫办会同财政部和中国人民银行,根据财政贴息预算资金规模确定当年扶贫贴息贷款的指导性总量计划,并于年初下达各省财政贴息资金及对应引导的扶贫贴息贷款的指导计划

续表

	1986 年	2001 年	2008 年
贴息利率	中央财政补贴 4 厘	优惠利率与中国人民银行公布的同期同档次贷款利率之间的利差,由中央财政贴息	到户贷款按年利率 5%,项目贷款按年利率 3% 贴息
贴息方式	半年结算一次,财政部直接拨补到中国农业银行总行	贴息资金按季据实结算,财政部直接拨补到中国农业银行总行	可采取直接或通过金融机构间接补贴给贫困户或项目实施单位两种方式,由省、县自行决定
贴息年限	—	—	1 年

资料来源:作者整理。

表 2.4　2014 年前后中国扶贫贴息贷款制度比较

	2014 年之前	2014 年之后
承贷银行	农村信用社,资金不足时首先由县级信用社联社调剂解决,资金仍有不足的,可向当地人民银行申请再贷款	由各地政府自行确定,原则上凡愿意参与脱贫攻坚工作的农村正规金融机构均可作为贷款发放
期限	3 年以内	3 年以内
抵押担保方式	一般性种养殖业生产不需要抵押担保,超过限额需要提供有效抵押、担保;若无法提供,信用社可采取 3—5 户农民联保的办法	参考信用评级对农户授信,面抵押免担保
还款方式	整贷零还	整贷零还
额度	因地制宜,不搞"一刀切",未规定最高额度	5 万元以下
贷款对象	社区内的农户或个体经营户,具有完全民事行为能力;信用观念强、资信状况良好;从事土地耕作或其他符合国家产业政策的生产经营活动,并有可靠收入;家庭成员中必须有具有劳动生产或经营管理的劳动力	有贷款意愿、就业创业潜质、技能素质和一定还款能力的建档立卡贫困户

续表

	2014 年之前	2014 年之后
贷款投向	东北、西北及农业比重较大的地区，小额信贷要重点解决农民种地的资金需要，如资金有余，可支持农民扩大再生产和消费方面的资金需求。中部地区要确保农民简单再生产资金需要，在此前提下，小额信用贷款的用途可灵活掌握，可以支持种养专业户，支持农民发展多种经营，也可以支持农民住房、助学等消费需求。东部沿海和大中城市郊区，农民简单再生产的资金基本可以自给，对农民从事农业产业结构调整和农产品加工、运输等经营活动，在保证资金安全前提下，也可以采用小额信用贷款的方式	重点支持建档立卡贫困户发展扶贫特色优势产业，增加收入
贷款利率	按中国人民银行公布的贷款基准利率和浮动幅度适当优惠	鼓励金融机构参照贷款基础利率自主确定。对符合条件的贫困户给予贴息支持

资料来源：作者整理。

表 2.3 和表 2.4 分析了 1986 年至今中国扶贫贴息贷款的三次重大改革及制度变化。由此可看出，扶贫贴息贷款在改革过程中市场化特征渐趋明朗，这表明扶贫贴息贷款管理体制改革赋予地方政府更大的自主权，使扶贫贴息贷款具有更高的灵活性和可持续性，有助于激活农村金融市场，为贫困地区提供更多更贴近贫困农户生产需求的信贷供给，逐渐形成了以中国农业银行为发放主体、按到户贷款和产业化扶贫龙头企业与基础设施等项目贷款两部分进行操作的扶贫贴息贷款体系，扶贫贴息贷款的总额逐年上升降。

2.5.2 完善涉农贷款税收优惠政策

2008 年的中央一号文件提出，要"加强财税、货币政策的协调和支持，引导各类金融机构到农村开展业务"。该文件颁布后，中国开始了利用税收优惠政策引导更多信贷资金投向"三农"领域,解决农村地区贫困地区融资难的探索。此后,2009—2019 年的中央一号文件连续提到,要完善涉农贷款税收激励政策,以此拓宽"三农"投入资金渠道,引导更多金融资源向农村倾斜。国务院发布的《关于打赢脱贫攻坚战的决定》指出,国家开发银行、中国农业发展银行要各自设立"扶贫金融事业部"并依法享受税收优惠。《关于金融助推脱贫攻坚的实施意见》指出,"扶贫金融事业部"业务符合条件的,可享受有关税收优惠政策。

财税部门也颁布了相关文件,对不同金融机构涉农贷款的税收优惠政策作出明确规定。财政部、国家税务总局发布的《关于农村金融有关税收政策的通知》《财政部国家税务总局关于中国扶贫基金会小额信贷试点项目税收政策的通知》宣布自 2009 年 1 月 1 日至 2013 年 12 月 31 日,分别对金融机构农户小额贷款取得的利息收入和中和农信项目管理有限公司、中国扶贫基金会举办的农户自立服务社(中心)从事农户小额贷款取得的利息收入免征营业税。随后,《关于延长农村金融机构营业税政策执行期限的通知》延长了免征期限,并规定自 2009 年 1 月 1 日至 2015 年 12 月 31 日,对农村信用社、村镇银行、农村资金互助社、由银行业机构全资发起设立的贷款公司、法人机构所在地在县(含县级市、区、旗)及县以下地区的农村合作银行和农村商业银行的金融保险业收入按 3％的税率征收营业税。2016 年 4 月,《营业税改征增值税试点过渡政策的规定》规定,2016 年 12 月 31 日前,对金融机构农户小额贷款的利息收入免征增值税。自 2009 年 1 月 1 日至 2016 年 12 月 31 日,对金融机构农户小额贷款的利息收入,在计算应纳所得额时,按 90％计入收入总额。2017 年,财政部、税务总局文件《关于支持小微企业融资有关税收政策的通知》规定,自 2017 年 12 月 1 日至 2019 年 12 月 31 日,对金融机构向农户、小型企业、微型企业及个体工商户发放小额贷款取得的利息收入,免征增值税。2017 年 6 月,针对小额贷款公司的税收优惠政策也得到明确。财政部、国家税务总局发布的《关于小额贷款公司有关税收政策的通知》指出,自 2017 年 1 月 1 日至 2019 年 12 月 31 日,对经省级金融管理部门(金融办、局等)批准成立的小额贷款公司取得的农户小额贷款利息收入,免征增值税,在计算应纳税所得额时,按 90％计入收入总额。2018 年 9 月,财政部、税务总局进一步明确了中国邮政储蓄银行"三农"金融事业部涉农贷款的税收优惠办法。《关于中国邮政储

蓄银行三农金融事业部涉农贷款增值税政策的通知》决定，自 2018 年 7 月 1 日至
2020 年 12 月 31 日，对中国邮政储蓄银行纳入三农金融事业部改革的各省、自治
区、直辖市、计划单列市分行下辖的县域支行，提供农户贷款、农村企业和农村
各类组织贷款取得的利息收入，可以选择适用简易计税方法按照 3% 的征收率
计算缴纳增值税。中国人民银行发布的《关于切实做好 2019—2020 年金融精
准扶贫工作的指导意见》中明确了对金融机构农户小额贷款利息收入免征增值
税。2013—2018 年，中央财政对金融机构向农户发放 100 万元以下小额贷款取
得的利息收入，免征增值税；对村镇银行提供金融服务收入，可以选择适用简易
计税方法按照 3% 的征收率计算缴纳增值税；对村镇银行农户小额贷款的利息
收入，在计算应纳税所得额时，按 90% 计入收入总额；对无息、贴息贷款合同免
征印花税。

2.5.3　对符合条件的金融机构提供定向费用补贴

定向费用补贴是指财政部对符合规定条件的新型农村金融机构和服务薄弱
地区的银行业金融机构（网点），给予一定财政补贴的政策工具。2009 年中央一号
文件首次提出，要抓紧出台对涉农贷款实行定向费用补贴的具体办法。为贯彻落
实党中央的号召，2009 年 4 月，财政部印发了《中央财政新型农村金融机构定向费
用补贴资金管理暂行办法》的通知，针对涉农贷款定向费用补贴的补贴对象、补贴
条件和标准等进行了详细规定（如表 2.5）。此后，财政部门开始积极落实金融机
构定向费用补贴政策，扩大金融机构对薄弱地区金融支持力度，并对 2008 年 1 月
1 日—2010 年 12 月 31 日年均贷款平均余额同比增长且达到银监会监管要求的
三类新型金融机构（村镇银行、贷款公司、农村资金互助社）进行了补贴，额度为年
均贷款余额的 2%，补贴资金全部由中央财政承担。根据银保监会的统计数据，截
至 2009 年末，全国共设立 172 家新型农村金融机构，较上年末增加 65 家，年末存
款余额 269 亿元，贷款余额 181 亿元，分别较上年末增长 315.70% 和 429.86%。
2009 年，中央财政共对符合条件的新型农村金融机构拨付了补贴资金 4 189
万元。

表 2.5　财政部定向费用补贴管理办法

	2009 年文件	2010 年文件	2014 年文件
补贴对象	符合规定条件的经银监会批准设立的村镇银行、贷款公司、农村资金互助社	符合规定条件的经银监会批准设立的村镇银行、贷款公司、农村资金互助社和基础金融服务薄弱地区的银行业金融机构(网点)	
补贴条件和标准	(1) 贷款公司、农村资金互助社:上年贷款平均余额同比增长且达到银监会监管指标要求 (2) 村镇银行:上年贷款平均余额同比增长、上年末存贷比高于 50% 且达到银监会监管指标要求 (3) 按其上年贷款平均余额的 2% 给予补贴	(1) 贷款公司、农村资金互助社:当年贷款平均余额同比增长的且达到银监会监管指标要求;村镇银行:当年贷款平均余额同比增长、年末存贷比高于 50% 且达到银监会监管指标要求。按当年贷款平均余额的 2% 给予补贴 (2) 银行业金融机构(网点):按当年贷款平均余额的 2% 给予补贴	(1) 新型农村金融机构:当年贷款平均余额同比增长;村镇银行的年均存贷比≥50%;当年涉农贷款和小微企业贷款平均余额占全部贷款平均余额的比例≥70%;其他条件。按当年贷款平均余额的 2% 给予补贴 (2) 银行业金融机构(网点):按当年贷款平均余额的 2% 给予补贴
补贴资金来源	由中央财政全部承担		东、中、西部地区的中央地方分担比例分别为 7∶3、8∶2、9∶1
2014 年补充规定	不予补贴的贷款: (1) 当年单户贷款余额超过 500 万元的贷款;(2)注册地位于县级(含)以下区域的新型农村金融机构,其在注册地所属县级区域以外发放的贷款;(3)注册地位于县级以上区域的新型农村金融机构,其网点在所处县级区域以外发放的贷款;(4)西部基础金融服务薄弱地区的银行业金融机构(网点)在其所在乡(镇)以外发放的贷款		
	享受补贴的期限:东、中、西部地区分别为自该机构开业当年(含)起的 3、4、5 年内。农村金融机构开业超过享受补贴政策的年数后不再享受补贴		

资料来源:作者整理。

2010 年中央一号文件提出,抓紧出台对偏远地区新设农村金融机构涉农贷款定向实行费用补贴的具体办法,确保 3 年内消除基础金融服务空白乡镇。为了加大政策的实施力度,财政部 2010 年印发《中央财政农村金融机构定向费用补贴资金管理暂行办法》(简称《暂行办法》)鼓励扩大定向费用补贴实施范围,并对定向费用补贴的具体实施办法,包括补贴范围、补贴条件、补贴标准、预算管理、办理流程等进行了明确规定。2013 年中央一号文件进一步强调了落实和完善涉农贷款定向费用补贴政策、加强财税杠杆与金融政策有效配合的重要性。2014 年 3 月,财政部印发了《农村金融机构定向费用补贴资金管理办法》对 2010 年《暂行办法》的有关内容进行了完善,补充了不予补贴的贷款,并规定了享受补贴政策的期限。除了上述文件外,《国务院办公厅关于金融服务"三农"发展的若干意见》《关于金融助推脱贫攻坚的实施意见》等多份文件强化了定向费用补贴的作用,将其作为引导更多金融资源投向贫困地区、健全和完善贫困地区金融服务正向激励、增强金融机构财务可持续性的重要政策工具。截至 2017 年末,中国共设立 1 625 家新型农村金融机构,其中包括 1 564 家村镇银行、48 家资金互助社,以及 13 家贷款公司,定向降准政策得到有序落实。2013—2017 年,超过 2 万家(次)金融机构获得约 700 亿元的定向费用补贴,惠及数十万家(次)小微企业和超过 1 500 万人(次)就业人员。[①]

2.5.4 实施奖励政策鼓励涉农贷款的投放

涉农贷款增量奖励是指财政部门对年度涉农贷款平均余额增长幅度超过一定比例,且贷款质量符合规定条件的县域金融机构,对余额超增的部分给予一定比例的奖励。2010 年中央一号文件首次提出要落实和完善涉农贷款增量奖励等政策。为了贯彻落实党中央的号召,2010 年 9 月,《财政县域金融机构涉农贷款增量奖励资金管理办法》发布,对涉农增量奖励条件、奖励比例、奖励流程,以及中央与地方分担奖励资金的比例和监管办法等方面进行了明确规定。此后多年,一系列文件的发布逐步明确了涉农贷款增量奖励对引导金融资源投向贫困地区的正向激励作用,并逐步明确了该政策的奖励办法:对符合条件的县域金融机构当年

---

① 资料来源:银保监会官网。

涉农贷款平均余额同比增长超过 13％的部分，财政部门可按照不超过 2％的比例给予奖励，实施范围为河北、山西等 25 个省（区、市）。2019 年 3 月，《关于做好2019 年中央财政普惠金融发展专项资金管理工作的通知》宣布，自 2019 年起不再执行县域金融机构涉农贷款增量奖励政策。2013—2018 年，中央财政累计对3 600 多家次新型农村金融机构的 7 200 亿元涉农贷款增量给予奖励，[①]解决了部分地区金融供给不足的问题。

2.6　小结

全球贫困治理历史和经验表明，金融扶贫历来是各国扶贫的重要政策手段，但究竟是选择政府主导的补贴性金融政策还是市场化的金融政策，各国存在较大差异，学界对不同范式下的金融扶贫政策效应也存在较大分歧。20 世纪 80 年代以来兴起的微观金融革命对全球金融扶贫范式产生了很大影响。中国从早期的金融扶贫政策政府主导逐渐向政府引导商业化经营转变，并建立了完整的金融扶贫政策体系。政府通过对金融机构支农再贷款、扶贫再贷款、再贴现、降准等货币政策释放流动资金并扩大对贫困地区信贷规模，通过金融债券等方式拓展融资渠道，为农村地区基础设施减少提供资金支持。同时，创新小额信贷扶贫、农业保险机制为小农户提供融资通道，稳定了农村地区金融发展和农业生产。但从历史和现实来看，如何提高金融政策扶贫效率仍需要进一步完善。

---

① 资料来源：《中国银保监会对十三届全国人大二次会议第 2353 号建议的答复》。

第3章

农村金融对农户收入贫困与多维贫困影响的比较研究

3.1 引言

　　农村金融作为现代农村经济的核心,在拉动农村经济增长、促进农户脱贫增收以及优化资源配置方面发挥着重要作用。金融扶贫已经成为助推中国脱贫攻坚进程的重要手段之一,其主要作用在于为农户提供金融服务,增加农户信贷可得性。经过多年改革与发展,中国农村正规金融机构在涉农贷款投入规模上不断扩大,农户向正规金融机构融资的可能性不断提高。据中国人民银行发布的《2020 年金融机构贷款投向统计报告》显示,截至 2020 年末,中国涉农贷款余额为38.95 万亿元,同比增长 10.7%;农户贷款余额为 11.81 万亿元,同比增长 14.2%;农业贷款余额为 4.27 万亿元,同比增长 7.5%。

表 3.1　正规金融机构涉农贷款情况

年份	涉农贷款(万亿元)	农业贷款(万亿元)	农村贷款(万亿元)	农户贷款(万亿元)
1978	—	0.01	0.01	0.001
1985	—	0.04	0.08	0.02
1995	—	0.15	0.61	0.08
2000	—	0.49	1.20	0.11
2007	—	1.54	6.12	1.07
2013	20.89	3.00	17.30	4.50

续表

年份	涉农贷款(万亿元)	农业贷款(万亿元)	农村贷款(万亿元)	农户贷款(万亿元)
2017	30.45	3.00	25.10	8.10
2018	32.68	3.00	26.64	9.23
2019	35.19	3.97	28.84	10.34
2020	38.95	4.27	32.27	11.81

资料来源：中国人民银行历年《金融机构贷款投向报告》。

但中国农村金融抑制现象依然存在，农村地区资金外流现象严重，农村正规金融难以满足农户全部资金需求。长期以来，以亲友与民间借贷形式为主的农村非正规金融成为农村地区农户融资渠道之一。在"二元制"背景条件下，中国农村金融是否如政策所期望那样促进了农户脱贫增收、带来农户福利改善？农村金融是否有效发挥了对农户的减贫效应？基于中国农村地区金融现实情况，本章从农户微观视角切入，一是分别就单一收入角度和非收入多维角度两方面来对农户贫困进行识别与测度，并进行比较分析；二是分析农村正规金融与非正规金融对农户收入贫困以及多维贫困的影响，并考察农村正规金融与非正规金融对不同收入水平农户增收效果的影响差异、对不同多维贫困程度农户总剥夺的影响差异；三是进一步探讨农村正规金融与非正规金融对农户不同单个维度贫困的影响，最后根据研究结论提出建议。

与大多数发展中国家一样，中国农村金融市场结构呈现出典型的正规金融与非正规金融并存的二元性基本特征(朱信凯、刘刚，2009；宋坤，2016)。正规金融主要以农业银行、农业发展银行、农村信用社、农村合作银行、农村商业银行、邮政储蓄银行和村镇银行等为组织形态；非正规金融主要是指为解决自身融资困难或出于互助而开展的小规模金融活动(杜金向、董乃全，2013)，其主要包括民间借贷、集资、典当、银背、私人钱庄、民间合会、互助基金会等形式(鲁钊阳，2016)，非正规金融部门游离于正规金融之外，不易受监管当局控制(井深、肖龙铎，2017)。

国内学者就农村非正规金融存在的原因，或者说农村正规与非正规金融共存的原因进行了一系列探讨。马鑫媛和赵天奕(2016)认为，由于中国金融体制改革相对滞后以及城乡二元经济体制的存在,中国正规金融部门不能有效满足个体经济、农村经济以及农户的融资需求,在此背景下,非正规金融逐渐形成与发展,其组织规模不断壮大,借贷形式也愈加丰富。孙玉奎和冯乾(2014)指出,中国农村正规金融在过去的几十年里取得快速发展,已初步建立了多层次多功能的农村正规金融服务体系,农村存贷款大幅增加,但仍存在正规金融机构覆盖面不广、贷款服务积极性不高、信贷供给不足、农村资金外流等现象,农村正规金融不能满足农村发展的需要,因此,农村非正规金融一直具有较大生存空间。刘丹等(2017)基于"农户"这个基本单位,就中国农户的特殊性进行了阐述,指出要想深刻理解中国农村的借贷制度,就必须理解中国农村的家庭特征,中国农村一般是以家庭为单位的经济结合体(费孝通,2008),在这个关系网中信息传递十分便捷且具有社会联系纽带的作用,中国社会的"圈层结构"特点是以农户为中心,依次向具有血缘关系的家庭扩散,再按人际关系的亲疏远近向外扩散,这种特殊性决定了农户的信贷行为,也成了农村非正规金融存在的基础。许月丽等(2020)通过既有的四种理论归纳解释了农村正规与非正规金融的共存:第一种观点认为,农村金融市场存在严重的信息不对称问题,使部分农户因道德风险和逆向选择而遭受正规金融机构信贷配给,从而不得不转向非正规金融寻求借贷支持;第二种观点认为,农户因不能接受正规金融高借款交易成本,基于成本优化决策结果转向非正规金融借款;第三种观点认为,相较于正规金融机构,非正规金融机构更了解借款农户的生产与消费相关信息,因而其借款合约更具状态依赖性,其风险定价信息对农户更具针对性;第四种观点认为,正规金融因有着广泛的储蓄网络而在资金成本方面更为便宜,非正规金融在信息搜寻与监督方面更具优势,农户利用其各自优势同时向正规金融与非正规金融借款。

此外,就农村正规金融与非正规金融的关系而言,两者既具有替代性又具有互补性(Madestam,2012)。大量研究发现,非正规金融具有"本土化"性质,能充分利用地缘、人缘、亲缘等关系,在信息获取上相较于正规金融具有更大优势,且贷款期限往往较短,更为灵活、手续便捷(林毅夫、孙希芳,2005;谭燕芝等,2017),已逐步成为农村地区贫困农户的主要融资渠道(鲁钊阳、李树,2015;王汉杰等,2018)。具体而言,刘丹(2017)认为,相比正规金融机构,非正规金融部门拥有一定的地缘人际关系,具有低成本监督、高效力执行优势,但这种优势并不具有规模效应,无法对资金进行充分扩张,从而不能满足高端市场融资需求。沈红丽(2016)同样认为,非正规金融多为零星的小额分散资金,基本上很难形成大额资金积累。刘丹(2017)通过进一步研究发现,非正规金融借款在中低收入农户中占据主导地位,对正规金融借贷具有替代性,而在高收入农户中,其与正规金融借贷之间存在互补性。殷浩栋等(2017)发现,非正规金融凭借自身成本和信息优势在一定程度上代替了正规金融,其在农户信贷市场中占据主导地位,挤占了正规金融借贷。殷浩栋等(2018)基于山东、河南、湖南、甘肃、四川五省十县三年的农户调查数据,研究发现农户获得贷款的主要来源渠道为非正规金融,非正规金融借贷的主要方式为私人无息借款,也是农户首选的贷款渠道;信用社是正规金融借贷的主要渠道。综上,本章将立足于农村金融市场体系的"二元性"基本特征,将农村金融分为农村正规金融与农村非正规金融两个方面,进行农村金融的相关研究。

3.2　数据来源

本章运用中国家庭追踪调查(China Family Panel Studies,CFPS)进行研究。CFPS 是由北京大学中国社会科学调查中心主持的一项全国性、大规模、多学科的社会跟踪调研项目。该研究采用分层抽样调查方式,跟踪收集了全国各地区居民的经济与非经济福利信息,主要形成了家庭成人调查问卷库、家庭儿童调查问卷库以及家庭经济调查问卷库。前两者包含个体层面的受教育程度、健康状况、就业情况、养老与医疗保险参与情况等信息,后者主要涉及家庭生活条件、各项收入与支出、住房资产及金融资产与债权债务等方面信息;样本范围覆盖了中国除香港、澳门、台湾、西藏、新疆、内蒙古、青海与宁夏之外的 26 个省、直辖市、自治区,目标样本规模约为 16 000 户家庭。CFPS 数据库克服了大部分微观调研数据所存在的调查对象单一、调查样本量小以及调查内容具有局限性的问题。

CFPS 每两年开展一次,迄今为止一共开展了 5 轮全国调查,分别为 2010 年、2012 年、2014 年、2016 年与 2018 年。由于各年统计数据在相关指标上存在一定出入,本章研究最终选取了 CFPS2016 年数据和 2018 年数据对农户的收入贫困与多维贫困进行测度。我们按照以下方法对数据库进行处理:首先,将成人、儿童与家庭经济数据库三个自数据库进行合并,保留"urban"为"乡村"字样的样本,得到农户家庭原始数据。然后,对于农户家庭原始数据,通过家庭财务回答人,即最熟悉家庭财务的人,来判定事实户主,作为家庭的代表性个体,保留户主年龄在 16 岁以上的农户家庭。最后,通过对重要变量缺失值和异常值作直接删除处理,考虑到农村金融对农户贫困的影响可能具有滞后性以及二者间可能存在的反向因果关系,本章在 CFPS2016 年数据的基础上匹配了 CFPS2018 年农户收入相关指标数据,最终获得农户样本 5 345 户。本章将以 5 345 户农户家庭数据为基础,对农户贫困进行测度。

在测度农户家庭收入贫困方面,CFPS2016 年数据和 CFPS2018 年数据涵盖农户收入等方面信息。在考察农村金融这一信息时,直接通过 2016 年家庭经济问卷中"除房贷外的待偿银行贷款额""除购房或建房借款外的待偿亲友借款额"和"除购房或建房借款外的待偿民间借贷额"等信息来考量,前者为正规金融,后两者之和为非正规金融。此外,CFPS 数据库还包含农户个人特征、家庭特征和所属地区特征等信息。

3.3　收入贫困测度

3.3.1　识别标准与测度方法

收入贫困的识别标准,即收入贫困线的确定,一般分为绝对贫困线与相对贫困线。中国目前用以确定精准识别帮扶对象的国家贫困标准依然以绝对贫困线作为判别方式,即 2 300 元(2010 年不变价格)的农村贫困标准。政界与学界近年来对确定新的贫困标准,即相对贫困线的设定也作了相关探讨。本章采用绝对贫困线(即 2 300 元)再综合考虑物价水平和其他因素后逐年更新按现价计算的标准,对农户收入贫困进行测算。如表 3.2 所示,调整后的 2016 年收入贫困线为 3 146 元,本章将收入贫困定义为 0—1 虚拟变量,以农户家庭人均纯收入作为其衡量指标,若农户家庭人均纯收入低于 3 146 元,则该变量取值为 1,表明该农户家庭处于收入贫困;否则为 0,表明该农户家庭非收入贫困。收入贫困发生率即为收入贫困农户家庭占总样本的比值。

表3.2　各年收入贫困线

年份	中国国家贫困标准(元/年)
2014	2 800
2015	2 968
2016	3 146
2017	3 335
2018	3 535
2019	3 747
2020	4 000

注:综合考虑物价水平和其他因素,将国家现行贫困标准即人均可支配收入 2 300 元(2010 年不变价格)逐年更新按现价计算,得到调整后的各年份国家贫困标准。

3.3.2　收入贫困测算结果分析

基于上述收入贫困线标准与测度方法对样本农户收入贫困状况进行测度。结果显示,在 5 345 户总样本农户家庭中,有 686 户农户家庭处于收入贫困状态,即其 2016 年家庭人均纯收入低于 3 146 元,收入贫困发生率为 12.8%。中国不同地区经济发展水平不同,农村家庭脱贫进程也不尽相同,表 3.3 统计了 2016 年样本农户在各省份的分布情况,以及各省份的收入贫困发生率。从表 3.3 中可以看出,样本农户主要集中于河北、山西、辽宁、山东、河南、广东、四川、甘肃等省份。

具体来看,北京、天津、上海、海南的收入贫困发生率为0,绝对贫困基本消除;在黑龙江、江苏、浙江、安徽等地,收入贫困发生率较低,在5%以下;而在山西、河南、广西、四川、贵州、陕西、甘肃等中西部地区,收入贫困发生率较高,高于全国收入贫困发生率12.8%。图3.1直观地显示了各省份的收入贫困发生率。

表3.3 收入贫困发生率分省统计(2016年)

省　份	样本农户分布(户)	收入贫困农户(户)	收入贫困发生率(%)
北　京	4	0	0
天　津	25	0	0
河　北	385	47	12.2
山　西	316	51	16.1
辽　宁	506	51	10.1
吉　林	86	9	10.5
黑龙江	86	4	4.7
上　海	46	0	0
江　苏	56	2	3.6
浙　江	89	1	1.1
安　徽	77	1	1.3
福　建	73	7	9.6
江　西	147	14	9.5
山　东	312	44	14.1
河　南	700	99	14.1
湖　北	59	3	5.1
湖　南	99	10	10.1
广　东	352	34	9.7
广　西	132	25	18.9
海　南	1	0	0
重　庆	59	3	5.1
四　川	307	67	21.8

续表

省　份	样本农户分布(户)	收入贫困农户(户)	收入贫困发生率(%)
贵　州	200	45	22.5
云　南	213	22	10.3
陕　西	127	22	17.3
甘　肃	888	125	14.1
合　计	5 345	686	12.8

注:CFPS2016 年数据中的东部地区包括北京、天津、河北、辽宁、上海、江苏、浙江、福建、山东、广东、海南 11 个省市;中部地区包括山西、吉林、黑龙江、安徽、江西、河南、湖北、湖南 8 个省份;西部地区包括广西、重庆、四川、贵州、云南、陕西、甘肃 7 个省市自治区。

资料来源:根据 CFPS2016 年数据测算。

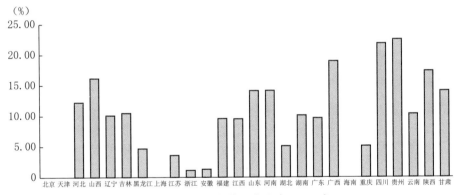

图 3.1　分省份收入贫困发生率(2016 年)

资料来源:根据 CFPS2016 年数据测算。

3.4　多维贫困测度

3.4.1　多维贫困指标

收入贫困测度是基于基本需求法展开的,反映了贫困的货币短缺;而多维贫困测度是根据可行能力方法展开的,反映了贫困非货币方面的剥夺状况(张全红等,2019)。就收入贫困与多维贫困关系的研究,目前国内学术界主要持两种观点:一种观点认为,从收入角度来对贫困进行衡量是不可或缺的。如潘文轩和阎新奇(2020)认为,在中国现行贫困标准下(2010年不变价2 300元)已经脱贫的农户家庭,大多数依旧处于低收入水平状态,仅仅能够勉强维持生计。在这种情况下,绝对贫困线优势依然明显,不应抛弃按基本需求法测算收入贫困线的方法。他表示,多维贫困是对传统收入维度的补充而非替代,尽管今后对于贫困的考察将更重视非收入的多维层面,但测度贫困的基础性指标仍然是收入,贫困标准应该同时包含收入与多维标准。王小林和冯贺霞(2020)基于基本需求理论与可行能力理论,分别从"贫"与"困"的角度界定了收入贫困和多维贫困的关系;其中,"贫"反映的是货币层面的资源匮乏,主要指收入不能满足基本需要;"困"反映的是非货币层面的基本服务不足,主要指没有能力获得教育、医疗、饮水等公共服务,他认为,贫困标准应包含"贫"和"困"两个方面。另一种观点认为,可以将收入维度指标直接纳入多维贫困指标体系,从多维角度来测度贫困。如杨艳琳和付晨玉(2019)认为,从收入标准而不是能力标准来对贫困进行识别,不能够直接体现出贫困人口的贫困状况和能力,因此其将贫困标准从单一收入维度拓展到多维贫困,将多维贫困界定为经济能力、身体机能、学习能力、抵御风险能力与生存发展能力5个维度能力的被剥夺,其中经济能力即为收入维度。孙玉环等(2021)通过研究发现,在后精准扶贫时代,收入已不再是识别贫困的唯一标准,农村地区贫困人口在健康、教育、就业和生活水平等方面仍遭受着剥夺,其将收入与这些维度共同纳入多维贫困指标体系构建,以此来全面反映贫困人口的贫困状况。

目前,大多数国内学者在对中国多维贫困状况进行研究时,在维度与指标选取上存在较大差异,尤其是在是否涵盖收入维度指标上分歧明显(侯亚景,2017;杨艳琳、付晨玉,2019;沈扬扬等,2018;程晓宇等,2019)。将收入维度纳入多维贫困指标体系虽然可以更加全面地考察低收入群体生活状况,但容易直接导致多维贫困率高于收入贫困发生率,使得两者之间的比较失去了意义(李东、孙东琪,2020),若将收入指标纳入多维贫困测度,则测算出的多维贫困容易受到市场价格、汇率变动的影响,从而导致不同地区多维贫困无法进行比较(冯贺霞等,2015)。

综上所述,收入贫困能够很好地捕获贫困的货币方面,但不能全面反映贫困的非货币方面,收入水平的提高并不一定伴随着非货币福利的改善,非货币福利的改善需要公共产品和公共服务(例如教育、健康、社会保障、就业等)的改善。因此,收入贫困能够反映贫困的经济层面,多维贫困能够反映贫困的社会层面,两者具有互补性。鉴于此,本章将收入贫困与多维贫困纳入统一研究框架,对制定更加全面精准的扶贫战略和政策体系具有重要的政策意义。

3.4.2　多维贫困指标测度

根据"可行能力剥夺"理论,参考联合国千年发展目标,借鉴国内外相关研究(如 Alkire and Foster,2011；Alkire and Seth,2015；杨艳琳、付晨玉,2019),同时考虑到数据可得性,本章从教育、健康、生活水平、就业以及社会保障 5 个维度来测度农户家庭的多维贫困状况。具体各维度指标的选取如表 3.4 所示。

表 3.4　多维贫困指标与测度

维度	指　标	指标解释	临界值(低于临界值的视为受剥夺,赋值为 1)
教育 (1/5)	成人受教育程度 (1/10)	家中 16 岁及以上成员最高受教育水平	初中(法定 9 年义务教育)
	儿童入学 (1/10)	家中 6—16 岁子女无失学或辍学比例	100%
健康 (1/5)	成人 BMI 指数 (1/15)	成人 BMI 指数小于 18.5 或大于等于 27.9,视为贫困	定性变量,贫困赋值为 1,否则为 0
	成人慢性疾病 (1/15)	家中 16 岁及以上成员未患有慢性病比例	100%
	儿童营养 (1/15)	家中儿童无轻度及以下营养不良或发育迟缓比例	100%
生活水平 (1/5)	做饭用水 (1/15)	若家庭无清洁饮用水(自来水/矿泉水/纯净水/过滤水),视为贫困	定性变量,贫困赋值为 1,否则为 0
	生活燃料 (1/15)	若家庭以"柴草"为生活燃料,视为贫困	定性变量,贫困赋值为 1,否则为 0
	住房条件 (1/15)	若家庭人均住房面积小于 12 平方米,视为贫困	定性变量,贫困赋值为 1,否则为 0

维度	指 标	指标解释	临界值(低于临界值的视为受剥夺,赋值为1)
就业(1/5)	当前工作状态(1/10)	家中成年劳动力(16—65岁)至少有一人失业或退出劳动力市场,视为贫困	定性变量,贫困赋值为1,否则为0
	正规就业(1/10)	家中成年就业人口(16—65岁)至少有一人在正规单位工作	定性变量,贫困赋值为1,否则为0
社会保障(1/5)	养老保险(1/10)	家庭成年人口中至少有一人有养老保险	定性变量,贫困赋值为1,否则为0
	医疗保险(1/10)	家庭成员中至少有一人有医疗保险	定性变量,贫困赋值为1,否则为0

注:(1)BMI指数,即体质指数,用体重公斤数除以身高米数的平方得出,是国际上常用的衡量人体胖瘦程度以及是否健康的一个标准。此处的指数参照标准采用的是中国卫生部疾病控制司的建议,而不是世界卫生组织(WHO)制定的国际通用标准。(2)儿童营养的衡量指标主要参照儿童BMI指数,结合调查中过去12个月因病就医次数得出。(3)住房条件主要参照房屋面积,在房屋面积数据缺失的条件下,结合是否另有房产、房屋类型两者来判断,其中12平方米人均住房面积借鉴郭熙保和周强(2016)的采用标准。(4)将调查问卷中雇主性质为事业单位、国有企业、政府部门/党政机关/人民团体、外商/港澳台商企业等单位就业人口界定为正规就业。(5)社会保障中的养老保险和医疗保险主要包括:新型农村社会养老保险(新农保)、农村养老保险(老农保)、基本养老保险、商业养老保险、新型农村合作医疗、公费医疗、补充医疗保险等。

本章研究采用 A-F 双界线方法对农户家庭的多维贫困状况进行测度。第一步,定义多维贫困测度指标集合,构造样本福利矩阵 X。以家庭为单位定义样本福利指标,假设样本由 n 个个体组成,每个个体的福利水平由 d 个指标来评估,x_{ij} 表示第 i 个样本在第 j 个福利指标上的取值。第二步,确定指标剥夺临界向量 Z,$Z=(z_1, z_2, \cdots, z_d)$。其中,用 z_j 表示第 j 个指标上的剥夺临界值,将样本 i 在每一福利指标上的得分与对应福利指标上的剥夺临界值对比,从而比较其在各福利指标上的剥夺情况。如果 $x_{ij} < z_j$,则该样本 i 在第 j 个指标上处于剥夺或贫困状态。第三步,根据福利矩阵 X 和剥夺临界向量 Z 确定剥夺矩阵 G。该矩阵中元素为 g_{ij},表示第 i 个样本在第 j 个指标上的剥夺得分,如果在第 j 个指标上处于剥夺状态,则 $g_{ij}=1$,否则 $g_{ij}=0$。第四步,确定指标权重向量 W,$W=(w_1,$

w_2，…，w_d），其中 w_j 为第 j 个指标权重，满足 $\sum\limits_{j=1}^{d} w_j = 1$。第五步，构造加权剥夺矩阵 C 并计算样本的总剥夺得分 c_i。其中 $c_i = \sum\limits_{j=1}^{d} w_j g_{ij} \in [0,1]$，$c_i$ 越大表示样本 i 被剥夺程度越深。第六步，确定多维贫困临界值 k，其意义为当所有指标均被剥夺时，样本被剥夺程度占其剥夺得分的比重。其中，$k \in (0,1]$，若 $c_i \geqslant k$ 则样本 i 被界定为多维贫困，否则为非多维贫困。本章采用等权重方法，使用 $k = 0.33$ 的通用阈值（Alkire and Seth，2015），对农户多维贫困状态进行判定，若农户家庭贫困总剥夺得分 $c_i \geqslant 0.33$，则该农户家庭处于多维贫困，取值为 1；否则处于非多维贫困，取值为 0。

3.4.3　多维贫困测算结果分析

基于上述多维贫困指标选取与 A-F 双界线方法对样本农户的多维贫困状况进行测度，结果发现，在 5 345 户总样本农户中，有 2 926 户农户家庭处于多维贫困状态，即其计算出的家庭贫困总剥夺得分在 0.33 以上，多维贫困发生率为 54.7%，处于较高水平；此外，该结果与国内相关研究不完全吻合，原因在于所选取的样本、多维贫困指标体系构建所选取的维度以及指标剥夺临界值可能都有所不同。从分省数据来看，如表 3.5 所示，北京的多维贫困发生率为 0，一方面可能与其作为政治中心，精准扶贫、精准脱贫理念深入人心，扶贫行动深入贯彻落实有关；另一方面可能由于样本农户分布数较少（仅为 4 户）所致。浙江、上海、江苏等地的多维贫困发生率相对较低，分别为 21.3%、30.4% 和 39.3%，均在 40% 以下。可以看出，多维贫困发生率与当地经济发展水平密切相关，经济发展水平高的地区多维贫困发生率一般也低。吉林、黑龙江、江西、湖南、广东、广西、海南、四川、陕西等地区的多维贫困发生率较高，在 60% 以上，其中以海南、江西、四川为最，分别为 100%、72.8% 和 70.4%，而海南因为样本农户分布数为 1，代表性不强，故其参考意义不大。图 3.2 直观地显示了各地区的多维贫困发生率。总体而言，多维贫困发生率较高的省份多集中于中西部地区，东部地区省份多维贫困发生率相对较低。

表 3.5　多维贫困发生率分省统计（2016 年）

省　份	样本农户分布（户）	多维贫困农户（户）	多维贫困发生率（％）
北　京	4	0	0
天　津	25	14	56.0
河　北	385	188	48.8
山　西	316	130	41.1
辽　宁	506	291	57.5
吉　林	86	60	69.8
黑龙江	86	54	62.8
上　海	46	14	30.4
江　苏	56	22	39.3
浙　江	89	19	21.3
安　徽	77	43	55.8
福　建	73	38	52.1
江　西	147	107	72.8
山　东	312	148	47.4
河　南	700	387	55.3
湖　北	59	28	47.5
湖　南	99	69	69.7
广　东	352	212	60.2
广　西	132	89	67.4
海　南	1	1	100.0
重　庆	59	33	55.9
四　川	307	216	70.4
贵　州	200	108	54.0
云　南	213	94	44.1
陕　西	127	83	65.4
甘　肃	888	478	53.8
合　计	5 345	2 926	54.7

资料来源：根据 CFPS2016 年数据测算。

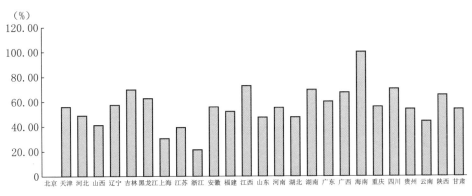

图 3.2　分省份的多维贫困发生率(2016 年)

资料来源:根据 CFPS2016 年数据测算。

3.5　收入贫困与多维贫困的比较分析

　　根据对农户贫困的测算结果,样本农户多维贫困发生率为 54.7%,远高于收入贫困发生率 12.8%,分省份来看,各省市自治区多维贫困发生率同样远远高于其收入贫困发生率,说明中国农村地区农户家庭面临的非收入福利剥夺现象严重,包括教育、健康、生活水平、就业、社会保障等方面的福利剥夺。为了更深入地分析收入贫困与多维贫困农户分布特征,本节就收入贫困与多维贫困两者间的重合与遗漏展开进一步分析,研究结果见表 3.6。在总样本农户中,以 2016 年 3 146 元/年的收入贫困线和 0.33 的通用阈值计算出收入贫困发生率和多维贫困发生率分别为 12.8%、54.7%,差距较大。就两者贫困覆盖与分布来看,2016 年,收入贫困农户中有 20.3%(=139/5 345/12.8%)的农户处于非多维贫困状态,同时收入贫困农户中遗漏了 3.5 倍(=2 379/5 345/12.8%)的多维贫困农户;同样,多维贫困农户中有 81.4%(=2 379/5 345/54.7%)的农户处于非收入贫困,即非中国现行农村贫困标准下的扶贫对象,同时遗漏了 4.75%(=139/5 345/54.7%)的收入贫困农户。参考张全红等(2019)的做法,即运用集合方法,测算出 2016 年农户收入贫困与多维贫困重合度仅达17.8％,这表明收入贫困农户中遗漏的多维贫困农户和多维贫困农户中遗漏的收入贫困农户加总合计达82.2％。可以发现,按照收入贫困标准与多维贫困标准对贫困农户进行识别,两者间存在很大差异,若仅以收入贫困标准对贫困农户进行识别,则会遗漏大量处于多维贫困但非收入贫困的农户,且单方面提高收入水平并不一定能带来多维贫困中教育、健康、生活水平、就业与社会保障等福利指标的改善。

表3.6　农户收入贫困与多维贫困的比较(2016年)

省　份	收入贫困但非多维 贫困农户(户)	多维贫困但非收入 贫困农户(户)	收入贫困且多维 贫困农户(户)	收入贫困与多维 贫困重合度(％)
北　京	0	0	0	—
天　津	0	14	0	0
河　北	11	152	36	18.1
山　西	12	91	39	27.5
辽　宁	7	247	44	14.8
吉　林	1	52	8	13.1
黑龙江	0	50	4	7.4
上　海	0	14	0	0
江　苏	1	21	1	4.3
浙　江	1	19	0	0
安　徽	0	42	1	2.3
福　建	1	32	6	15.4
江　西	0	93	14	13.1
山　东	12	116	32	20.0
河　南	18	306	81	20.0
湖　北	0	25	3	10.7
湖　南	2	61	8	11.3
广　东	12	190	22	9.8
广　西	2	66	23	25.3

省　份	收入贫困但非多维 贫困农户(户)	多维贫困但非收入 贫困农户(户)	收入贫困且多维 贫困农户(户)	收入贫困与多维 贫困重合度(%)
海　南	0	1	0	0
重　庆	0	30	3	9.1
四　川	3	152	64	29.2
贵　州	17	80	28	22.4
云　南	9	81	13	12.6
陕　西	6	67	16	18.0
甘　肃	24	377	101	20.1
合　计	139	2 379	547	17.8

注:参考张全红等(2019)的做法,收入贫困与多维贫困重合度=收入贫困且多维贫困农户户数/(收入贫困农户户数+多维贫困农户户数-收入贫困且多维贫困农户户数)。

资料来源:根据 CFPS2016 年数据测算。

从分省数据来看,天津、上海、浙江(海南除外,样本量为 1,不具代表性)三个省市的收入贫困与多维贫困重合度为 0,原因在于这三个省市现行贫困标准下的收入贫困基本消除,贫困大多以多维形式而存在,即主要面临着非收入福利剥夺;山西、山东、河南、广西、四川、贵州、甘肃七个省市自治区的收入贫困与多维贫困重合度较高,均为 20% 及以上,其中四川为最,重合度为 29.2%,山西次之,重合度为 27.5%,广西为 25.3%。这表明相较于东部地区,经济发展水平较为落后的中西部地区的农户家庭更容易陷入收入与多维双重贫困,贫困程度较深(见表 3.6)。

3.6　正规金融与非正规金融对农户收入影响

3.6.1　变量选取

1.因变量

农户家庭的收入、收入贫困与收入贫困差距是本章研究的因变量。其中:收入用农户家庭人均纯收入来衡量;收入贫困为 0—1 虚拟变量,以农户家庭人均纯收入作为其衡量指标,若农户家庭人均纯收入低于调整后的国家贫困标准(2016年为 3 146 元/年;2018 年为 3 535 元/年),则该农户家庭处于收入贫困,取值为1,否则取值为 0;收入贫困差距是相对于贫困线的贫困差距,计算方法如下:

$$SPC_i = (z - v_i)/z \qquad (3.1)$$

其中,z 表示贫困线,v_i 表示家庭人均纯收入。收入高于贫困线的家庭,其收入贫困差距 SPC_i 将自动赋予 0 值,它是一个介于 0 和 1 之间的连续变量(Ogutu,2019)。

2. 核心自变量

(1) 农村金融:将农村金融界定为农村正规金融和农村非正规金融两个方面。

(2) 农村正规金融:0—1 变量,用有无农村正规金融借贷来衡量,将农户借贷来源为银行的界定为农村正规金融借贷,以作为农村正规金融的代理变量。

(3) 农村非正规金融:0—1 变量,用有无农村非正规金融借贷来衡量,将农户借款来源为亲友或民间借贷的界定为农村非正规金融借贷,用以作为农村非正规金融的代理变量。

3. 控制变量

参考郭熙保和周强(2016)的研究,选取了个人特征、家庭特征、社区特征和地区特征作为控制变量。其中,户主在家庭活动中扮演重要的主导者角色,其性别、年龄、婚姻状况、教育水平、政治关系以及工作性质都可能影响家庭的收入及收入贫困状况。由于 CFPS 数据库没有给出家庭户主的直接信息,选取"财务回答人",即最熟悉这个家庭财务状况的人作为事实户主的代理变量,并观察其个人特征。家庭特征是影响家庭收入及收入贫困状况的重要因素,因此本节引入了家庭规模、老年人占比、儿童占比、女性成员占比和家庭社会关系五个特征变量,其中家庭社会关系用人均礼金支出来表示(苏静等,2019)。在社区特征方面,基于数据可得性,选取了农户对于小区内公共设施评价这一变量。此外,不同地区之间经济发展水平与金融发展水平不同,通过引入地区哑变量控制这一层面的影响。

表3.7 变量含义及描述性统计

变量名称	变量代码	含义及赋值	均值	标准差
因变量				
人均纯收入	*RJCSR*	农户家庭人均纯收入取对数	9.089	0.934
收入贫困	*SP*	农户家庭收入贫困状况,贫困=1,非贫困=0	0.128	0.335
收入贫困差距	*SPC*	农户家庭收入贫困差距,取值范围为0—1	0.049	0.155
核心自变量				
农村正规金融	*FF*	有无正规金融借贷,有=1,无=0	0.077	0.267
农村非正规金融	*INFF*	有无非正规金融借贷,有=1,无=0	0.175	0.380
控制变量				
性别	*Gender*	财务回答人的性别,男性=1,女性=0	0.561	0.496
年龄	*Age*	财务回答人的年龄(岁)	51.342	13.459
婚姻状况	*Mar*	财务回答人的婚姻状况,在婚=1,未婚/丧偶/离婚=0	0.872	0.334
受教育程度	*Edu*	财务回答人未受教育或小学=1;初中=2;高中或中专=3;大专及以上=4	1.515	0.755
工作性质	*Work*	财务回答人的主要工作性质,无工作=0,从事农业工作=1,从事非农工作=2	1.135	0.545
政治面貌	*Party*	财务回答人是否为中共党员,是=1,否=0	0.079	0.270
家庭规模	*FSIZE*	家庭规模,即家庭成员的总人口数(人)	4.460	2.094
老年人占比	*Elder_r*	65岁及以上老年人人数/家庭规模	0.166	0.273
儿童占比	*Child_r*	16岁以下儿童人数/家庭规模	0.174	0.177
女性成员占比	*Female_r*	女性成员人数/家庭规模	0.481	0.171
社会关系	*SR*	用人均礼金支出的对数来表示	5.991	1.914
小区公共设施状况	*Facilities*	很差=1,较差=2,一般=3,好=4,很好=5	3.191	0.955
地区变量	*Region*	东部=1,中部=2,西部=3	1.014	0.840

主要变量的含义、赋值以及描述性统计结果如表 3.7 所示。

(1) 总样本农户数量为 5 345 户,农户家庭人均纯收入的均值为 14 611.67 元,取对数为 9.089。处于收入贫困状态的农户家庭有 686 户,占总样本比为 12.8%,收入贫困差距平均值为 0.049。

(2) 在总样本农户中,有正规金融借贷的农户家庭为 414 户,占比 7.7%;有非正规金融借贷的农户家庭有 933 户,占比 17.5%,是有正规金融借贷农户的 2 倍多,这表明农村非正规金融市场在农村占重要地位。

(3) 在控制变量中,较为突出的特征有以下几点:财务回答人的性别平均值为 0.561,年龄平均值为 51.342,表明受访者中熟悉家庭财务的人男性多于女性,且整体年纪偏大;婚姻情况与政治面貌统计结果表明熟悉家庭财务的人为在婚者居多,且大多数为普通群众,较少存在政治关系带来生活便利的情况;受教育程度平均值为 1.515,表明总体而言,农户的受教育水平偏低,大多为小学或初中,这也与财务回答人的年龄情况相匹配;家庭人均礼金支出的平均值为 1 073.1 元,取对数为 5.991;小区公共设施状况平均值为 3.191,表明大多数农户对社区内公共设施的满意度有待提升。此外,地区虚拟变量平均值为 1.014,表明农户样本均匀分布在东中西部地区。

3.6.2　模型构建

为了确定农村正规金融和非正规金融对农户家庭收入及收入贫困的影响,本节估计了以下基准回归:

$$RJCSR_i = \alpha_0 + \alpha_1 FF + \alpha_2 INFF + \alpha_3 X_i + \vartheta_i \tag{3.2}$$

$$Prob(SP_i = 1 \mid FF/INFF, \ X_i) = \beta_0 + \beta_1 FF + \beta_2 INFF + \beta_3 X_i + \varepsilon_i \tag{3.3}$$

$$SPC_i = \gamma_0 + \gamma_1 FF + \gamma_2 INFF + \gamma_3 X_i + \mu_i \tag{3.4}$$

其中,在式(3.2)中,被解释变量 $RJCSR_i$ 表示农户家庭 i 的人均纯收入,解释变量 FF 和 $INFF$ 分别表示农村正规金融和农村非正规金融;X_i 是控制变量,包括个人特征、家庭特征、社区特征以及省份哑变量;β_0、β_1、β_2、β_3 是待估参数,ϑ_i 是随机扰动项。

在式(3.3)中,被解释变量为农户家庭 i 是否处于收入贫困的家庭,$SP_i=1$ 表示家庭 i 是处于收入贫困的家庭,$SP_i=0$ 则表示家庭 i 不是处于收入贫困状态的家庭;β_0、β_1、β_2、β_3 是待估参数,ε_i 是随机扰动项,其他变量及字母含义同上。

在式(3.4)中,被解释变量 SPC_i 表示农户家庭收入贫困差距;γ_0、γ_1、γ_2、γ_3 为待估参数,μ_i 是随机扰动项,其他变量及字母含义同上。

3.6.3　实证结果与分析

1. 基准回归结果分析

根据前文的变量选择和模型构建,本节利用 Stata15.1 软件进行回归分析,回归结果如表 3.8 所示:

表 3.8　农村金融对农户收入和收入贫困的影响——基准回归结果

变量	(1) OLS 回归 RJCSR	(2) Probit 回归 SP	(3) OLS 回归 SPC
FF	0.120*** (0.043 6)	−0.015 6 (0.017 0)	−0.006 29 (0.007 79)
INFF	−0.138*** (0.030 6)	0.045 4*** (0.011 0)	0.016 2*** (0.005 48)
Gender	−0.037 6 (0.024 8)	0.033 5*** (0.009 49)	0.004 92 (0.004 43)
Age	−0.004 62*** (0.001 06)	0.001 45*** (0.000 392)	0.000 551*** (0.000 190)
Mar	−0.008 42 (0.035 7)	−0.025 9** (0.012 4)	−0.015 4** (0.006 39)
Edu	0.170*** (0.016 2)	−0.038 1*** (0.007 20)	−0.013 6*** (0.002 89)
Work	0.228*** (0.022 8)	−0.052 6*** (0.009 09)	−0.018 4*** (0.004 07)

续表

变量	(1) OLS 回归 RJCSR	(2) Probit 回归 SP	(3) OLS 回归 SPC
Party	0.124 *** (0.043 7)	−0.032 5 * (0.017 4)	−0.013 5 * (0.007 81)
FSIZE	−0.006 75 (0.006 50)	−0.003 17 (0.002 36)	−0.001 62 (0.001 16)
Elder_r	−0.473 *** (0.050 2)	0.105 *** (0.017 5)	0.054 7 *** (0.008 98)
Child_r	−0.836 *** (0.077 2)	0.147 *** (0.028 3)	0.066 7 *** (0.013 8)
Female_r	−0.413 *** (0.068 9)	0.149 *** (0.025 4)	0.066 0 *** (0.012 3)
SR	0.099 3 *** (0.006 15)	−0.022 4 *** (0.001 98)	−0.010 9 *** (0.001 10)
Facilities	−0.001 63 (0.012 2)	0.003 11 (0.004 47)	0.001 22 (0.002 17)
Region	−0.150 *** (0.014 2)	0.031 6 *** (0.005 42)	0.013 8 *** (0.002 54)
Constant	8.859 *** (0.100)		0.073 9 *** (0.017 9)

注：*、**、*** 分别表示在 10%、5% 和 1% 的统计水平上显著；括号内的数值为标准误差。

表 3.8 汇报了农村正规金融与非正规金融对农户收入、收入贫困以及收入贫困差距影响的回归结果。其中，第（1）列显示了农村金融对农户家庭人均纯收入的影响。鉴于人均纯收入的标准差较大，本节对其进行了取对数处理。结果发现，农村正规金融对农户家庭人均纯收入具有正向影响，而农村非正规金融对农户家庭人均纯收入具有负向影响，两者系数均在 1% 的统计水平上显著。这意味着农村正规金融具有促进农户增收的效果，而农村非正规金融对农户家庭的收入增长具有抑制作用。这可能是由于农户进行正规金融借贷之后，具有还款积极

性,其贷款主要用于发展生产,带来收入增长;而从非正规金融渠道获得的贷款主要用于家庭日常消费,且其利率一般较高,在此双重作用下,对农户的收入增长带来了抑制作用。

第(2)列显示了农村正规金融与非正规金融对农户收入贫困的影响。由于Probit 模型为非线性模型,因此,需要通过求边际效应来具体分析农村正规金融与非正规金融对农户收入贫困的影响。第(2)列给出了 Probit 模型边际效应回归结果。结果显示,农村正规金融的边际效应为 -0.0156,但不显著,说明农村正规金融对农户收入贫困具有负向影响,但影响不显著;农村非正规金融的边际效应为0.0454,并且在 1% 水平上显著,说明农村非正规金融对农户收入贫困具有显著正向影响,即农户存在非正规金融借贷,其陷入收入贫困的可能性提高了 4.54%。

第(3)列显示了农村正规金融与非正规金融对农户收入贫困差距的影响。可以看出,农村正规金融对农户收入贫困差距的影响为负但不显著,而农村非正规金融显著拉大了收入贫困差距,在保持其他因素不变的情况下,有非正规金融借贷的农户家庭,其收入贫困差距增加了 1.62%。

结合表 3.6 中的第(1)—(3)列来看,农村正规金融对农户家庭人均纯收入有显著正向影响,即增加了农户收入,但对缓解农户收入贫困以及收入贫困差距却没有影响,说明通过正规金融借贷增加的收入不足以让农户摆脱收入贫困,缩小贫困差距。而农村非正规金融对农户家庭人均纯收入有显著负向影响,对农户收入贫困和收入贫困差距有显著正向影响,说明农村非正规金融减少了农户家庭的收入,加剧了收入贫困,拉大了收入贫困差距。

从控制变量来看,财务回答人(家庭中最熟悉财务的人)的年龄与农户家庭人均纯收入显著负相关,与收入贫困、收入贫困差距显著正相关,这可能是由于样本中财务回答人的整体年龄偏大,而随着年龄增长,体力脑力有所衰退,家庭收入有所减少,可能陷入收入贫困,贫困差距加大。财务回答人的受教育程度和工作性质与农户收入显著正相关,与农户收入贫困、收入贫困差距显著负相关,这说明受教育水平越高,从事非农工作越容易赚取收入,从而缓解收入贫困,缩小贫困差距。家庭特征中,家庭规模对农户收入、收入贫困以及收入贫困差距没有影响,但老人、儿童、妇女占比与农户收入显著负相关,与收入贫困、收入贫困差距显著正相关,说明老人、儿童、妇女是贫困中的弱势群体,是脱贫进程中需要关注的重点对象。此外,家庭社会关系对收入的影响系数为0.099 3,对收入贫困与收入贫困差距的影响系数分别为−0.022 4和−0.010 9,且均在1%的水平上显著,说明家庭强社会关系能够增加收入,缓解收入贫困,缩小贫困差距。同时,地区虚拟变量显著。

2. 稳健性检验及内生性处理

● 稳健性检验。

为了考察基准回归模型估计结果的可靠性,本节选取农村正规金融借贷额和农村非正规金融借贷额作为农村正规金融和农村非正规金融的代理变量,并对其进行了取对数处理,替代了前文作为核心自变量的有无正规金融借贷和有无非正规金融借贷的0—1变量,以对模型进行稳健性检验。回归结果见表3.9。

表3.9　农村金融对农户收入与收入贫困影响的稳健性分析

变量	(1) OLS 回归 RJCSR	(2) Probit 回归 SP	(3) OLS 回归 SPC
FF1	0.015 2*** (0.004 22)	−0.001 64 (0.001 66)	−0.000 701 (0.000 755)
INFF1	−0.011 1*** (0.003 06)	0.003 87*** (0.001 12)	0.001 25** (0.000 547)
Gender	−0.038 0 (0.024 8)	0.033 4*** (0.009 49)	0.004 88 (0.004 44)
Age	−0.004 50*** (0.001 06)	0.001 43*** (0.000 392)	0.000 542*** (0.000 190)
Mar	−0.007 57 (0.035 8)	−0.026 0** (0.012 4)	−0.015 4** (0.006 39)
Edu	0.171*** (0.016 2)	−0.038 5*** (0.007 21)	−0.013 8*** (0.002 89)
Work	0.229*** (0.022 8)	−0.052 7*** (0.009 09)	−0.018 5*** (0.004 07)
Party	0.124*** (0.043 7)	−0.032 5* (0.017 4)	−0.013 5* (0.007 82)

续表

变量	(1) OLS 回归 RJCSR	(2) Probit 回归 SP	(3) OLS 回归 SPC
FSIZE	−0.006 99 (0.006 50)	−0.003 18 (0.002 36)	−0.001 60 (0.001 16)
Elder_r	−0.471*** (0.050 3)	0.105*** (0.017 5)	0.054 5*** (0.008 99)
Child_r	−0.835*** (0.077 2)	0.147*** (0.028 3)	0.066 7*** (0.013 8)
Female_r	−0.412*** (0.068 9)	0.149*** (0.025 4)	0.065 7*** (0.012 3)
SR	0.099 0*** (0.006 15)	−0.022 3*** (0.001 99)	−0.010 9*** (0.001 10)
Facilities	−0.001 10 (0.012 2)	0.002 97 (0.004 48)	0.001 16 (0.002 17)
Region	−0.151*** (0.014 2)	0.031 7*** (0.005 42)	0.013 8*** (0.002 54)
Constant	8.845*** (0.100)		0.075 5*** (0.017 9)

注：*、**、*** 分别表示在 10%、5% 和 1% 的统计水平上显著；括号内的数值为标准误差。

表 3.9 中第(1)—(2)的回归结果表明，农村正规金融对农户家庭人均纯收入有显著正向影响，影响系数为 0.015 2，且在 1% 水平上显著，对农户收入贫困与收入贫困差距没有影响，说明在其他条件不变的情况下，正规金融信贷规模每增加 1 个单位，收入增加 1.52%，但这部分收入的增加不足以让农户摆脱收入贫困，缩小贫困差距。农村非正规金融对农户家庭人均纯收入有显著负向影响，系数为 −0.011 1，对收入贫困有显著正向影响，边际效应为 0.003 87（在 1% 水平上显著），对收入贫困差距有显著正向影响，系数为 0.001 25（在 5% 水平上显著），说明农村非正规信贷规模每增加 1 个单位，农户家庭收入减少 1.11%，陷入收入贫困的概率增加 0.387%，收入贫困差距拉大 0.125%。这与表 3.8 呈现的结果基本保

持一致,说明了模型回归结果的稳健性。

● 内生性处理。

内生性问题一般主要源于测量误差、变量遗漏、互为因果、模型误设与选择性偏误五个方面。在分析农村金融对农户收入及收入贫困影响的过程中,可能存在的内生性问题主要源于互为因果,即农村正规金融借贷与非正规金融借贷可能与农户家庭收入、收入贫困、收入贫困差距之间存在反向因果关系,也就是说,低收入或者处于收入贫困、收入贫困差距大的农户家庭越不容易通过正规金融渠道或非正规金融渠道获得贷款。基于此,本节借鉴吴本健等(2019)做法,引入滞后两期变量作为工具变量 IV 来对内生性问题进行纠正。将被解释变量滞后两期,即选取样本农户家庭 2018 年收入与收入贫困指标作为被解释变量,作为解释变量的农村正规金融与非正规金融继续使用了 2016 年的数据,以对回归结果进行验证,从而解决农村金融与农户收入、收入贫困可能互为因果关系的内生性问题,回归结果见表 3.10。

表 3.10　农村金融对农户收入贫困影响——滞后两期的内生性检验

变量	(1) OLS 回归 $RJCSR18$	(2) Probit 回归 $SP18$	(3) OLS 回归 $SPC18$
FF	0.154 *** (0.046 0)	−0.015 2 (0.017 8)	−0.011 2 (0.007 94)
$INFF$	−0.127 *** (0.032 3)	0.026 1 ** (0.011 6)	0.012 4 ** (0.005 58)
$Gender$	−0.081 9 *** (0.026 2)	0.011 7 (0.009 68)	−0.000 549 (0.004 52)
Age	−0.007 31 *** (0.001 12)	0.002 82 *** (0.000 412)	0.001 25 *** (0.000 194)
Mar	0.063 7 * (0.037 7)	−0.036 0 *** (0.012 7)	−0.027 1 *** (0.006 51)
Edu	0.224 *** (0.017 1)	−0.034 2 *** (0.007 25)	−0.010 8 *** (0.002 95)
$Work$	0.155 *** (0.024 0)	−0.032 3 *** (0.009 29)	−0.011 9 *** (0.004 15)

续表

变量	(1) OLS 回归 RJCSR18	(2) Probit 回归 SP18	(3) OLS 回归 SPC18
Party	0.183*** (0.046 1)	−0.036 6** (0.017 9)	−0.024 0*** (0.007 96)
FSIZE	−0.018 1*** (0.006 85)	−0.001 28 (0.002 43)	−0.001 12 (0.001 18)
Elder_r	−0.435*** (0.053 0)	0.113*** (0.017 8)	0.065 7*** (0.009 15)
Child_r	−0.746*** (0.081 4)	0.155*** (0.029 4)	0.079 5*** (0.014 1)
Female_r	−0.290*** (0.072 6)	0.060 3** (0.025 7)	0.024 2* (0.012 5)
SR	0.086 5*** (0.006 48)	−0.012 6*** (0.002 13)	−0.006 41*** (0.001 12)
Facilities	−0.003 66 (0.012 8)	0.003 90 (0.004 61)	0.002 12 (0.002 21)
Region	−0.125*** (0.015 0)	0.023 3*** (0.005 51)	0.009 06*** (0.002 59)
Constant	9.113*** (0.106)		0.030 9* (0.018 3)

注：*、**、*** 分别表示在 10%、5% 和 1% 的统计水平上显著；括号内的数值为标准误差。

表 3.10 中第(1)—(3)列的回归结果表明，农村正规金融对农户家庭滞后两期人均纯收入具有显著正向影响，对滞后两期收入贫困和收入贫困差距影响为负但均不显著；农村非正规金融对农户家庭滞后两期人均纯收入具有显著负向影响，对滞后两期的收入贫困和收入贫困差距具有显著正向影响。这与基准回归结果保持一致性。

进一步，结合表 3.10 和表 3.9 的结果可以发现：(1)就收入而言，农村正规金融对农户当期收入的影响系数为 0.12，小于对农户滞后两期收入的影响系数 0.154；农村非正规金融对农户当期收入的影响系数为 −0.138，对农户滞后两期收

入的影响系数为 -0.127，$|-0.138|>|-0.127|$。这意味着在其他因素不变的情况下，农村正规金融对农户增收的效果具有长期性，且增收效果随着时间推移有所增强；农村非正规金融对农户收入增长的抑制性同样具有长期性，但抑制性随着时间推移有所放缓。(2)就收入贫困而言，农村正规金融对其没有影响；农村非正规金融对农户当期收入贫困边际效应为 0.045 4，并在 1% 的水平上显著，对农户滞后两期的收入贫困边际效应为 0.026 1，并在 5% 的水平上显著，这意味着随着时间推移，农村非正规金融使农户陷入收入贫困的概率有所降低。此外，对收入贫困差距的影响及影响变化与其具有一致性。

3. 异质性检验与分析

● 分位数回归。

基于表 3.6 中的基准回归结果(1)，为了检验农村正规金融与非正规金融对农户收入的影响是否存在异质性，本节采用分位数回归法，选取了五个比较具有代表性的分位点：QR_10、QR_25、QR_50、QR_75、QR_90，分别代表低收入组别、中低收入组别、中等收入组别、中高收入组别及高收入组别五个组别，从而便于研究农村正规金融与非正规金融对处于不同收入水平的农户的收入影响是否存在明显差异。回归结果见表 3.11。

表 3.11　农村金融对农户人均纯收入——分位数回归

变量	RJCSR				
	QR_10	QR_25	QR_50	QR_75	QR_90
FF	0.051 0	0.006 90	0.059 3	0.108 **	0.339 ***
	(0.085 3)	(0.058 5)	(0.049 6)	(0.045 2)	(0.072 3)
INFF	-0.279 ***	-0.167 ***	-0.128 ***	-0.120 ***	-0.123 **
	(0.059 9)	(0.041 1)	(0.034 9)	(0.031 8)	(0.050 8)

注：*、**、*** 分别表示在 10%、5% 和 1% 的统计水平上显著；括号内的数值为标准误差。相关控制变量已控制。

在人均纯收入变量中，0.10 分位数代表低收入组农户，而 0.90 分位数代表了高收入组人群。从表 3.11 可以看出，对于处于 0.75 和 0.90 分位的农户样本，农村正规金融对农户家庭人均纯收入具有显著正向影响，影响系数分别为 0.108（在

5%水平上显著)和 0.339(在 1%水平上显著),而对于处于 0.50 及以下分位的农户样本,农村正规金融对其没有影响,这可能是由于农村正规金融存在精英俘获现象。农村非正规金融对于所有分位数的农户家庭人均纯收入均具有显著负向影响,且总体而言对于低分位农户样本的影响更大。

● 地区分组回归。

为了进一步分析不同地区农村金融对农户收入、收入贫困和收入贫困差距的影响,本节继续将样本按区域划分为东部、中部、西部三组,分别对三组样本进行回归。回归结果见表 3.12。

表 3.12　农村金融对农户收入、收入贫困和收入贫困差距——地区分组回归

变量	(1) RJCSR		
	东部	中部	西部
FF	−0.005 12	0.200**	0.136**
	(0.093 9)	(0.089 5)	(0.058 0)
INFF	−0.268***	−0.061 8**	−0.119
	(0.057 5)	(0.052 9)	(0.048 8)
变量	(2) SP		
	东部	中部	西部
FF	0.040 7	−0.022 7	−0.039 1
	(0.029 2)	(0.038 9)	(0.026 1)
INFF	0.065 5***	0.047 5**	0.029 0
	(0.016 7)	(0.019 7)	(0.020 3)
变量	(3) SPC		
	东部	中部	西部
FF	0.015 2	−0.006 65	−0.014 0
	(0.014 3)	(0.016 0)	(0.011 8)
INFF	0.024 6***	0.021 3**	0.009 75
	(0.008 77)	(0.009 45)	(0.009 94)

注:*、**、***分别表示在 10%、5%和 1%的统计水平上显著;括号内的数值为标准误差。相关控制变量剔除地区变量后均已控制。

表 3.12 中第(1)—(3)栏分别显示了不同地区农村正规金融与非正规金融对农户收入、收入贫困和收入贫困差距的影响。从第(1)栏中可以看出,农村正规金融对农户收入增长的影响在东部地区为负,但不显著,而在中部和西部地区均为正效应,系数分别为 0.2 和 0.136,且均在 1% 水平上显著。农村非正规金融对农户收入增长的抑制性作用在东部和中部地区更显著,系数分别为 −0.268(在 1% 水平上显著)、−0.061 8(在 5% 水平上显著),而在西部地区不显著。

从第(2)栏和第(3)栏可以看出,农村正规金融对收入贫困和收入贫困差距影响在各地区都不显著,结果与总样本保持一致;农村非正规金融显著增加了东部和中部地区农户的收入贫困和收入贫困差距,而在西部地区对农户收入贫困和收入贫困差距的影响不显著。

通过实证研究发现,农村正规金融增加了农户的人均收入,但对收入贫困和收入贫困差距没有影响;农村非正规金融减少了农户的人均收入,增加了收入贫困和收入贫困差距。进一步通过分位数回归发现,农村正规金融对农户的增收效果具有异质性特征,其对于中等及以下收入的农户家庭没有影响,对于中等以上收入的农户家庭具有显著正向影响,且对于收入越高的农户,农村正规金融对其家庭人均收入水平的正向促进作用就越明显。农村非正规金融对于各收入水平农户家庭的人均收入均具有抑制性作用,且对于收入越低的农户,抑制性效果越明显,拉大了收入贫困差距。通过地区分组回归发现,农村正规金融增加了中部和西部地区的农户家庭人均收入,对东部地区没有影响。农村非正规金融减少了东部和中部地区的农户家庭人均收入,显著加剧了东部和中部地区的收入贫困,拉大了收入贫困差距,而对于西部地区没有影响。

3.7 正规与非正规金融对农户多维贫困的影响

3.7.1 数据来源与变量选取

1. 因变量

农户的多维贫困状况为 0—1 变量,根据第 3.4 节构建的多维贫困指标体系与介绍的 A-F 方法测算所得。本研究使用 $k=0.33$ 的通用阈值(Alkire and Suman, 2015),若农户家庭贫困总剥夺得分 $c_i \geqslant 0.33$,则判定该家庭处于多维贫困状态,取值为 1;否则处于非多维贫困状态,取值为 0。

根据 A-F 方法,还可以计算出农户家庭多维贫困强度。即:若农户家庭处于多维贫困状态,则其多维贫困强度等于其贫困总剥夺得分 c_i,否则,取值为 0。多维贫困强度的解释类似于贫困差距,因为它衡量的是相对于贫困线的家庭贫困程度(Ogutu, 2019)。

2. 核心自变量和控制变量的选取

本部分核心变量与控制变量的选取方法参照第 3.6.1 节,本研究将农村金融划分为农村正规金融和非正规金融两个维度;控制变量参考郭熙保和周强(2016)的研究。主要变量的含义、赋值以及描述性统计结果如表 3.13 所示。

表 3.13　变量及描述性统计

变量名称	变量代码	含义及赋值	均值	标准差
因变量				
多维贫困	*MP*	农户家庭的多维贫困状况,贫困=1,非贫困=0	0.547	0.498
多维贫困强度	*MPC*	若家庭为多维贫困($MP=1$),则该贫困强度=总剥夺得分,否则为 0	0.235	0.223
核心自变量				
农村正规金融	*FF*	有无正规金融借贷,有=1,无=0	0.077	0.267
农村非正规金融	*INFF*	有无非正规金融借贷,有=1,无=0	0.175	0.380
控制变量				
性别	*Gender*	财务回答人的性别,男性=1,女性=0	0.561	0.496
年龄	*Age*	财务回答人的年龄(岁)	51.342	13.459
婚姻状况	*Mar*	财务回答人的婚姻状况,在婚=1,未婚/丧偶/离婚=0	0.872	0.334
受教育程度	*Edu*	财务回答人的未受教育或小学=1;初中=2;高中或中专=3;大专及以上=4	1.515	0.755

变量名称	变量代码	含义及赋值	均值	标准差
工作性质	Work	财务回答人的主要工作性质,无工作=0,从事农业工作=1,从事非农工作=2	1.135	0.545
政治面貌	Party	财务回答人是否为中共党员,是=1,否=0	0.079	0.270
家庭规模	FSIZE	家庭规模,即家庭成员的总人口数(人)	4.460	2.094
老年人占比	Elder_r	65岁及以上老年人人数/家庭规模	0.166	0.273
儿童占比	Child_r	16岁以下儿童人数/家庭规模	0.174	0.177
女性成员占比	Female_r	女性成员人数/家庭规模	0.481	0.171
社会关系	SR	用人均礼金支出的对数来表示	5.991	1.914
小区公共设施状况	Facilities	很差=1,较差=2,一般=3,好=4,很好=5	3.191	0.955
地区变量	Region	东部=1,中部=2,西部=3	1.014	0.840

3.7.2 模型构建

为了探讨农村正规金融和非正规金融对农户家庭多维贫困的影响,本节估计了以下基准回归:

$$Prob(MP_i = 1 | FF/INFF, X_i) = a_0 + a_1 FF + a_2 INFF + a_3 X_i + \rho_i \quad (3.5)$$

$$MPC_i = b_0 + b_1 FF + b_2 INFF + b_3 X_i + \sigma_i \quad (3.6)$$

其中,在式(3.5)中,被解释变量是农户家庭 i 是否是处于多维贫困状态的家庭, $MP_i = 1$ 表示家庭 i 是处于多维贫困状态的家庭, $MP_i = 0$ 则表示家庭 i 不是处于多维贫困状态的家庭;FF 和 $INFF$ 分别表示农村正规金融和农村非正规金融; X_i 是控制变量,包括个人特征、家庭特征、社区特征以及省份哑变量;a_0、a_1、a_2、a_3 是待估参数,ρ_i 是随机扰动项。

在式(3.6)中,被解释变量 MPC_i 表示农户家庭多维贫困强度,衡量了农户家庭多维贫困程度。b_0、b_1、b_2、b_3 为待估参数,σ_i 是随机扰动项,其他变量及字母含义同上。

考虑到农村正规金融和非正规金融对不同特质农户家庭多维贫困的影响可能不同,而上述等式中的模型估计基准回归结果,无法估计影响异质性。因此,本节进一步使用分位数回归来检验农村正规金融与非正规金融的潜在影响异质性。分位数回归允许研究者检验特定回归变量的影响是否在因变量的条件分布上发生了变化,而不是仅分析回归变量的基本影响。

给定回归向量 X_i(包括农村正规金融与非正规金融,即本节的核心自变量),多维贫困指标(y_i)的条件分位数函数可以表示为:

$$y_i = X'_i\beta_\tau + \epsilon_{\tau i}, \ (y_i \mid X_i) = X'_i\beta_\tau \tag{3.7}$$

其中,$Q_\tau(y_i \mid X_i)$ 为在分位数 τ 的条件分位数,$0 < \tau < 1$。β_τ 是要估计的参数的向量。以线性编程解决,通过以下最小化等式获得参数:

$$\min_{\beta_\tau} \frac{1}{n}\left\{ \sum_{i:y_i \geqslant X'_i\beta_\tau} \tau \mid y_i - X'_i\beta_\tau \mid + \sum_{i:y_i < X'_i\beta_\tau} (1-\tau) \mid y_i - X'_i\beta_\tau \mid \right\} \tag{3.8}$$

式(3.8)可以通过最小化非对称加权绝对残差之和来估计参数的不同点或因变量的分位数。

本节估计关键连续因变量的分位数回归,即多维贫困强度和家庭贫困总剥夺得分,以评估农村正规金融与非正规金融对不平等的潜在影响。

3.7.3　实证结果与分析

1. 基准回归结果分析

根据前文的变量选择和模型构建,本节应用 Stata15.1 软件进行回归分析。回归结果如表 3.14 所示。

表 3.14 农村金融对农户多维贫困影响——基准回归结果

变量	(1) MP	(2) MPC
FF	−0.002 76 (0.023 7)	−0.007 37 (0.010 6)
INFF	0.057 3*** (0.016 7)	0.031 0*** (0.007 5)
Gender	0.036 3*** (0.013 6)	0.020 3*** (0.006 0)
Age	0.001 95*** (0.000 6)	0.000 992*** (0.000 3)
Mar	−0.077 4*** (0.020 4)	−0.034 5*** (0.008 7)
Edu	−0.145*** (0.008 5)	−0.071 3*** (0.003 9)
Work	−0.117*** (0.012 4)	−0.054 8*** (0.005 6)
Party	0.004 93 (0.024 3)	0.001 21 (0.010 7)
FSIZE	−0.005 17 (0.003 6)	−0.002 40 (0.001 6)
Elder_r	0.260*** (0.028 3)	0.113*** (0.012 2)
Child_r	0.401*** (0.041 8)	0.195*** (0.018 8)
Female_r	0.112*** (0.039 1)	0.049 6*** (0.016 8)
SR	−0.014 6*** (0.003 5)	−0.006 8*** (0.001 5)
Facilities	−0.027 2*** (0.006 7)	−0.011 4*** (0.003 0)

续表

变量	(1) MP	(2) MPC
Region	0.013 2* (0.007 8)	0.005 02 (0.003 5)
Constant		0.374*** (0.024 5)

注：*、**、***分别表示在10%、5%和1%的统计水平上显著；括号内的数值为标准误差。

在表 3.14 中，第(1)列估计了农村正规金融与非正规金融对农户多维贫困的边际效应影响。从回归结果可以发现，农村正规金融对农户多维贫困的影响为负，但不显著，说明农村正规金融对农户多维贫困没有影响。农村非正规金融对农户多维贫困的影响为正，且通过1%的显著性统计检验，农户存在非正规金融借贷，其陷入多维贫困的可能性提高了5.73%。

第(2)列估计了农村正规金融与非正规金融对农户多维贫困强度的影响。可以看出，农村正规金融对农户多维贫困强度没有影响，而农村非正规金融对农户多维贫困强度在1%的显著性水平下存在正向影响，即非正规金融借贷加深了农户的多维贫困程度。在保持其他因素不变的情况下，有非正规金融借贷的农户家庭，其多维贫困强度增加了3.1%。

从控制变量来看，财务回答人（家庭中最熟悉财务的人）的性别、年龄与农户多维贫困和多维贫困强度显著正相关。这可能是由于女性相较于男性更加耐心细致、持家有道，能更好地安排家庭财务，从而改善多维贫困状况。样本中财务回答人的整体年龄偏大，而随着年龄增长，体力、脑力有所衰退，多维贫困程度加深。财务回答人的婚姻状况、受教育程度和工作性质与农户多维贫困和多维贫困强度显著负相关，这说明受教育水平越高，越容易改善多维贫困，从事非农工作也有利于改善家庭多维贫困状况。在家庭特征中，家庭规模与多维贫困和多维贫困强度没有关系，而老人、儿童、妇女占比与多维贫困显著正相关；家庭社会关系对多维贫困和多维贫困强度的影响系数分别为－0.014 6 和－0.006 8，均在1%水平上显著，这说明家庭社会关系能够有效缓解家庭多维贫困，降低多维贫困程度。社区内的公共设施对多维贫困具有显著负向影响,社区内公共设施越好,农户越有可能从中获得便利,从而使多维贫困状况得到改善。

2. 稳健性检验与内生性处理

● 稳健性检验。

为了考察前文模型估计结果的可靠性,本节选取农村正规金融借贷额和农村非正规金融借贷额作为农村正规金融和农村非正规金融的代理变量,并对其进行了取对数处理,替代了前文作为核心自变量的有无正规金融借贷和有无非正规金融借贷的0—1变量,以对模型进行稳健性检验,回归结果见表3.15。表3.15呈现的结果与表3.14呈现的结果基本保持一致,说明了模型回归结果的稳健性。

表3.15　农村金融对农户多维贫困影响分析——稳健性检验

变量	（1） MP	（2） MPC
FF1ds	−0.000 892 (0.002 29)	−0.001 06 (0.001 03)
INFF1ds	0.005 91*** (0.001 66)	0.003 15*** (0.000 746)
Gender	0.036 4*** (0.013 6)	0.020 4*** (0.006 04)
Age	0.001 94*** (0.000 585)	0.000 986*** (0.000 259)
Mar	−0.077 7*** (0.020 4)	−0.034 7*** (0.008 71)
Edu	−0.145*** (0.008 46)	−0.071 4*** (0.003 94)
Work	−0.117*** (0.012 4)	−0.054 9*** (0.005 55)
Party	0.005 23 (0.024 3)	0.001 36 (0.010 7)
FSIZE	−0.005 27 (0.003 58)	−0.002 45 (0.001 58)

续表

变量	(1) MP	(2) MPC
Elder_r	0.261*** (0.028 3)	0.113*** (0.012 2)
Child_r	0.401*** (0.041 8)	0.196*** (0.018 8)
Female_r	0.112*** (0.039 0)	0.049 6*** (0.016 8)
SR	−0.014 7*** (0.003 50)	−0.006 80*** (0.001 50)
Facilities	−0.027 2*** (0.006 74)	−0.011 4*** (0.002 96)
Region	0.013 4* (0.007 80)	0.005 16 (0.003 47)
Constant		0.375*** (0.024 4)

注：*、**、***分别表示在 10%、5% 和 1% 的统计水平上显著；括号内的数值为标准误差。

● 内生性处理。

在分析农村金融对农户多维贫困的影响过程中，可能存在的内生性问题同样主要源于互为因果，因此本节进一步选取滞后两期指标，即农户家庭 2018 年多维贫困状况作为被解释变量，作为解释变量的农村正规金融和农村非正规金融继续使用了 2016 年的数据，以对回归结果进行验证，解决农村金融与农户贫困可能互为因果关系的内生性问题。回归结果见表 3.16。

表 3.16　农村金融对农户滞后两期多维贫困影响的估计结果

变量	(1) MP18	(2) MPC18
FF	−0.008 59 (0.024 0)	−0.005 48 (0.011 1)

续表

变量	(1) MP18	(2) MPC18
INFF	0.088 4 ***	0.046 7 ***
	(0.017 0)	(0.007 80)
Gender	0.027 4 **	0.013 3 **
	(0.013 7)	(0.006 32)
Age	0.001 49 **	0.000 895 ***
	(0.000 581)	(0.000 271)
Mar	−0.077 0 ***	−0.040 7 ***
	(0.020 6)	(0.009 10)
Edu	−0.097 4 ***	−0.055 6 ***
	(0.008 46)	(0.004 12)
Work	−0.088 3 ***	−0.043 7 ***
	(0.012 4)	(0.005 80)
Party	−0.033 0	−0.021 2 *
	(0.023 7)	(0.011 1)
FSIZE	−0.014 4 ***	−0.007 32 ***
	(0.003 54)	(0.001 65)
Elder_r	0.019 9	−0.012 2
	(0.029 2)	(0.012 8)
Child_r	−0.222 ***	−0.111 ***
	(0.041 8)	(0.019 7)
Female_r	0.140 ***	0.059 3 ***
	(0.039 1)	(0.017 5)
SR	−0.007 98 **	−0.003 52 **
	(0.003 52)	(0.001 57)
Facilities	−0.006 05	−0.002 31
	(0.006 78)	(0.003 10)
Region	0.010 7	0.003 84
	(0.007 86)	(0.003 62)
Constant		0.443 ***
		(0.025 6)

注：*、**、***分别表示在 10%、5%和 1%的统计水平上显著；括号内的数值为标准误差。

在表 3.16 中,第(1)列估计了农村正规金融与非正规金融对农户滞后两期多
维贫困的边际效应影响。回归结果表明,农村正规金融对农户滞后两期多维贫困
的影响为负,但不显著,即农村正规金融对农户滞后两期多维贫困没有影响。农
村非正规金融对农户滞后两期多维贫困具有显著正向影响,且通过 1% 显著性统
计检验,农户家庭存在非正规金融借贷,其陷入多维贫困的可能性提高了 8.84%。

第(2)列估计了农村正规金融与非正规金融对农户滞后两期多维贫困强度的
影响。可以看出,农村正规金融对农户滞后两期多维贫困强度没有影响,而农村
非正规金融对农户滞后两期多维贫困强度具有正向影响,且在 1% 的水平上显著。
这说明农户家庭存在非正规金融借贷,该家庭多维贫困强度增加了 4.67%。这与
前文结果保持一致性。

进一步,结合表 3.16 和表 3.15 的结果可以发现,农村非正规金融对农户滞后
两期多维贫困边际效应(系数为 0.088 4)大于对农户当期多维贫困边际效应(系数
为 0.057 3),对农户滞后两期多维贫困强度(系数为 0.046 7)大于对农户当期多维
贫困强度影响(系数为 0.031)。这意味着农村非正规金融对于农户多维贫困的正
向效应具有长期性。

3. 异质性检验与分析

● 对不同多维贫困强度农户的影响。

对于贫困程度不同的群体,农村正规金融与非正规金融对其影响可能具有异
质性。因此,本研究以多维贫困强度为五分位点,用分位数回归估计异质性处理
效果,回归结果见表 3.17。

表 3.17　农村金融对农户多维贫困强度——分位数回归

	MPC				
	QR_10	QR_25	QR_50	QR_75	QR_90
FF	0 (0)	0 (0)	−0.002 8 (0.020 3)	−0.013 3 (0.011 8)	−0.016 2 (0.011 5)
INFF	0 (0)	0 (0)	0.045 0*** (0.014 2)	0.032 4*** (0.008 3)	0.027 0*** (0.008 1)

注:*、**、*** 分别表示在 10%、5% 和 1% 的统计水平上显著;括号内的数值为标
准误差。相关控制变量已控制。

表 3.17 显示了农村金融对农户多维贫困强度的分位数效应。需要强调的是，这里因变量的值越大，即多维贫困强度越高，表示贫困程度越高，因此分位数的解释是相反的：最低分位数表示多维贫困程度最低的农户家庭。可以看出，农村正规金融对所有分位数农户家庭均没有影响，这与前文的基准回归结果相一致。农村非正规金融对 0.50 及以上分位的农户多维贫困强度具有显著正向影响，且分位越高，影响系数越小（系数分别为 0.045、0.032 4、0.027 0），且均在 1% 水平上显著，说明对于多维贫困程度深的家庭，农村非正规金融对其贫困程度影响越小；对于较低的分位数，无法估算影响，因为低分位的农户家庭的多维贫困强度为零。

● 对不同家庭贫困总剥夺得分的农户的影响。

就个别指标而言，许多未归于多维贫困强度（即多维贫困强度为零）的家庭仍然遭受着贫困的剥夺。因此，本节还使用农户家庭贫困总剥夺得分作为因变量来进行分位数回归。回归结果如表 3.18 所示。同样，最低分位数代表了多维贫困程度低的农户家庭，即受不同剥夺影响最小的家庭。可以看出，农村正规金融对所有分位数农户样本的家庭贫困总剥夺均没有影响，农村非正规金融大大加剧了除多维贫困程度最低的农户家庭（0.10 分位数）外所有分位数的家庭贫困总剥夺。

表 3.18　农村金融对农户家庭贫困总剥夺得分——分位数回归

变量	C				
	QR_10	QR_25	QR_50	QR_75	QR_90
FF	−0.009 7	−0.014 0	−0.008 3	−0.012 8	−0.015 6
	(0.009 4)	(0.009 0)	(0.007 9)	(0.009 2)	(0.011 6)
INFF	0.005 6	0.012 6**	0.022 3***	0.028 2***	0.026 7***
	(0.006 6)	(0.006 3)	(0.005 5)	(0.006 4)	(0.008 2)

注：*、**、*** 分别表示在 10%、5% 和 1% 的统计水平上显著；括号内的数值为标准误差。相关控制变量已控制。

● 对不同地区农户多维贫困的影响。

为了进一步分析农村正规金融与非正规金融对不同地区农户多维贫困的影响，本研究将样本按区域划分为东部、中部、西部三组，分别对三组样本进行回归。回归结果见表 3.19。

表 3.19　农村金融对农户多维贫困和贫困强度的影响——地区分组回归

变量	(1) MP		
	东部	中部	西部
FF	0.029 2 (0.049 8)	0.013 1 (0.049 8)	−0.015 5 (0.031 7)
INFF	0.083 9*** (0.030 2)	0.052 1* (0.029 6)	0.046 0* (0.026 7)
变量	(2) MPC		
	东部	中部	西部
FF	0.019 3 (0.022 1)	−0.004 9 (0.022 9)	−0.014 7 (0.014 2)
INFF	0.047 8*** (0.013 6)	0.030 2** (0.013 5)	0.021 0* (0.011 9)
观察值	1 849	1 570	1 926

注：*、**、*** 分别表示在 10%、5% 和 1% 的统计水平上显著；括号内的数值为标准误差。相关控制变量剔除地区变量后均已控制。

表 3.19 显示了农村正规金融与非正规金融对不同地区农户多维贫困和多维贫困强度的影响。回归结果表明,农村正规金融对农户多维贫困的影响在各地区都不显著,与总样本保持一致。农村非正规金融对东部、中部和西部地区的农户多维贫困和多维贫困强度均具有显著正向影响,其对农户多维贫困的边际效应在东部地区最大(系数为 0.083 9,在 1% 水平上显著),中部地区次之(系数为0.052 1,在 10% 水平上显著),西部地区最小(系数为 0.046 0,在 10% 水平上显著);对农户多维贫困强度的边际效应在东部、中部、西部地区分别为 0.047 8(在1% 水平在显著)、0.030 2(在 5% 水平上显著)和 0.021 0(在 10% 水平上显著)。这说明农村非正规金融加剧了各地区农户家庭的多维贫困。

● 对农户不同维度贫困的影响。

前文表明,农村正规金融对农户多维贫困没有影响,而农村非正规金融非但不能帮助农户家庭脱贫,反而加剧了农户家庭的贫困程度,这可能意味着这些家庭的一些脱贫机会由于农村金融借贷而遭到了挤占和剥夺。如前文所示,多维贫困由教育、健康、生活水平、就业和社会保障五个维度构成,这也为进一步分析农村金融对农户不同维度贫困的影响提供了便利。

参考前文的变量选择与模型构建,本节分别以教育贫困、健康贫困、生活水平贫困、就业贫困和社会保障贫困作为因变量(各维度在其任一衡量指标上遭受剥夺即视为该维度贫困,取值为1,否则为0),以农村正规金融与农村非正规金融作为核心自变量,以前文相关变量为控制变量,进行 Probit 模型回归,得到边际效应回归结果,见表 3.20。

表 3.20　农村金融对农户不同维度贫困的影响

变量	(1) 教育贫困	(2) 健康贫困	(3) 生活水平贫困	(4) 就业贫困	(5) 社会保障贫困
FF	−0.073 4*** (0.020 6)	0.005 7 (0.020 3)	−0.013 5 (0.023 1)	−0.000 3 (0.014 3)	−0.055 1** (0.022 7)
INFF	0.003 0 (0.013 5)	0.046 8*** (0.014 8)	0.037 3** (0.016 5)	0.002 6 (0.010 5)	0.007 6 (0.014 9)
Gender	0.074 2*** (0.011 0)	−0.012 1 (0.011 4)	0.059 0*** (0.013 0)	0.029 6*** (0.008 4)	0.014 4 (0.012 0)
Age	−0.003 4*** (0.000 5)	0.001 4*** (0.000 5)	0.002 62*** (0.000 6)	−0.001 7*** (0.000 4)	0.002 7*** (0.000 5)
Mar	−0.138*** (0.016 2)	0.060 0*** (0.015 5)	−0.023 8 (0.019 3)	−0.004 2 (0.012 8)	−0.070 0*** (0.016 4)
Edu	−0.454*** (0.010 0)	−0.010 7 (0.007 3)	−0.054 2*** (0.008 3)	−0.039 3*** (0.004 9)	−0.021 8*** (0.008 0)
Work	−0.036 9*** (0.010 8)	−0.012 7 (0.010 3)	−0.090 2*** (0.011 6)	−0.095 1*** (0.008 1)	−0.022 0** (0.011 0)
Party	0.004 0 (0.023 0)	−0.002 8 (0.020 3)	−0.016 0 (0.023 1)	−0.031 5** (0.013 2)	−0.005 7 (0.021 6)
FSIZE	−0.039 2*** (0.002 8)	0.039 2*** (0.003 4)	0.010 0*** (0.003 5)	−0.014 3*** (0.002 2)	−0.041 8*** (0.003 2)
Elder_r	0.331*** (0.022 9)	0.120*** (0.022 5)	−0.015 8 (0.027 0)	0.001 7 (0.017 8)	0.322*** (0.022 6)

变量	(1) 教育贫困	(2) 健康贫困	(3) 生活水平贫困	(4) 就业贫困	(5) 社会保障贫困
Child_r	0.354 ***	0.146 ***	−0.070 9 *	0.151 ***	0.304 ***
	(0.033 4)	(0.035 8)	(0.041 0)	(0.028 0)	(0.036 0)
Female_r	−0.007 1	0.093 8 ***	0.063 2 *	0.021 1	0.018 6
	(0.032 4)	(0.030 4)	(0.036 6)	(0.024 4)	(0.032 9)
SR	−0.008 1 ***	−0.006 0 **	−0.005 4	−0.008 0 ***	−0.005 9 **
	(0.002 8)	(0.002 8)	(0.003 3)	(0.002 4)	(0.002 9)
Facilities	−0.006 0	−0.018 0 ***	−0.022 2 ***	0.003 0	−0.004 3
	(0.005 2)	(0.005 4)	(0.006 4)	(0.004 0)	(0.005 6)
Region	0.011 5 *	0.011 2 *	0.065 4 ***	−0.006 6	−0.028 9 ***
	(0.006 4)	(0.006 5)	(0.007 4)	(0.004 9)	(0.006 9)

注：* 、** 、*** 分别表示在 10%、5% 和 1% 的统计水平上显著；括号内的数值为标准误差。

从表 3.20 中可以发现，农村正规金融对教育贫困和社会保障贫困的边际效应分别为 −0.073 4 和 −0.055 1，并分别在 1% 和 5% 的水平上显著，说明农村正规金融能够有效缓解教育贫困和社会保障贫困，而对于健康贫困、生活水平贫困和就业贫困，农村正规金融所产生的影响并不显著。结合前文的实证结果与理论分析，农村正规金融信贷服务有效增加了农户家庭的收入，而收入的增长可能刺激了积极的教育需求，使家庭不需要通过变卖财产、减少储蓄或让子女辍学等方式来平滑消费，与此同时，信贷服务还可以增强贫困家庭抵御风险的能力，从而降低其贫困脆弱性，起到社会保障效果。同时，农村正规金融对于农户家庭收入增长具有异质性作用，但并不能有效缓解收入贫困。这说明对于低收入群体，农村正规金融机构的信贷服务是存在门槛制约的，缺乏实物抵押和担保将导致贫困者难以跨越信贷服务的门槛，使贫困者不能通过信贷来缓减健康、就业等维度贫困。

农村非正规金融对于健康和生活水平维度上的贫困具有显著正向影响，而对于教育、就业和社会保障维度上的贫困没有影响。一方面，可能是由于农村非正规金融以小额信贷服务为主，期限短，利率高，且更多地用于非生产用途，这些抑制了农户家庭的收入增长，从而降低了农户家庭生活水平；另一方面，农户可能因为不能及时还款产生心理压力,不利于健康,对于缓解教育、就业、社会保障等维度贫困也不能产生影响。

3.8 小结

本章从农村正规金融和农村非正规金融两个角度,分别探究其对农户收入贫困和多维贫困的影响。以CFPS2016年数据为基础,分别从单一收入角度和多维角度(教育、健康、生活水平、就业、社会保障五个维度)对农户收入贫困与多维贫困进行测算并进行比较分析;在此基础上采用CFPS 2016年和CFPS 2018年数据,使用Probit模型、分位数回归和分组回归等方法,研究农村金融对于农户收入贫困与多维贫困的影响,研究结论如下:

第一,从单一收入角度和多维角度对农户贫困进行衡量和测度,发现2016年,中国样本农户家庭收入贫困发生率为12.8%,多维贫困发生率为54.7%,且两者间的整体重合度仅为17.8%。这说明,从收入和多维两个角度来测量的贫困结果之间存在较大偏差,中国农户处于多维贫困现象较为普遍。分地区来看发现,相较于东部地区而言,中西部地区农户贫困程度更深,更容易同时陷入收入贫困与多维贫困。

第二,中国农村正规金融有效促进了农户收入增长,但这一增收效应具有明显的收入异质性特征和地区性差异,具体表现为对于中等以上收入组农户有显著增收效应,且收入越高的农户,增收效应越大,对于中等及以下收入组农户没有影响,这也在一定程度上验证了正规金融资本存在"嫌贫爱富"和"精英俘获"的现象。就地区差异而言,在东部地区,农村正规金融对农户收入没有影响,而在中部和西部地区,农村正规金融有效促进了农户收入增长。

第三,中国农村非正规金融对农户收入增长具有抑制作用,这种抑制作用在低收入农户群体中表现更明显。同样,这一抑制作用具有明显的地区性差异,即在东部和中部地区,农村非正规金融显著抑制了农户收入增长,而在西部地区,农村非正规金融对农户收入没有影响。

第四,中国农村正规金融不能有效缓解农户收入贫困和缩小收入贫困差距,对于农户多维贫困状况也没有起到很好的改善作用。但涉及农户单个维度的教育贫困和社会保障贫困,农村正规金融对其具有缓解作用。对于农户单个维度的健康贫困、生活水平贫困和就业贫困,农村正规金融对其影响不显著。

第五,中国农村非正规金融加剧了农户收入贫困,拉大了收入贫困差距,这种作用在东部和中部地区更显著,而在西部地区,这种作用不明显。从多维贫困角度来看,农村非正规金融使农户多维贫困状况恶化,多维贫困程度加深,且对于多维贫困程度深,即家庭贫困总剥夺得分高的农户,这种负面影响更显著,这说明贫困农户容易陷入“贫困恶性循环”。就地区差异性而言,农村非正规金融对农户多维贫困的这种负面影响在东部地区更显著,中部地区次之,西部地区最低。涉及农户单个维度的贫困,农村非正规金融加剧了农户健康贫困和生活水平贫困,而对教育贫困、就业贫困和社会保障贫困的影响不显著。

第六,农户家庭户主的受教育水平和工作性质对农户收入贫困和多维贫困有显著负向影响,即受教育水平越高、从事非农工作有助于农户收入贫困和多维贫困状况得到改善。

根据上述研究结论,本章提出相应政策建议:

一是贫困人口的识别标准要从单一的收入衡量标准向收入和多维并重的标准转变。当前,中国对贫困人口的识别仍主要以收入为衡量标准,而农户在教育、健康、生活水平、就业、社会保障等方面遭受福利剥夺,农村居民存在着普遍的多维贫困,未来若继续仅从收入方面衡量贫困人口,则大量收入已达标,但仍处于多维贫困的人口会被遗漏。在中国的反贫困实践中,为适应经济发展水平,收入贫困线应作出相应调整,同时也要建立起涵盖教育、健康、生活水平、就业、社会保障等非收入福利指标的多维标准,以精准识别贫困户,同时互补地反映贫困的经济和社会方面。

二是深化农村金融体系改革。一方面,促进农村正规金融发展,开展针对中国农村地区的普惠金融服务,使每个农民都能享有平等的金融权利,对于部分初始财富低、有劳动能力的农户家庭,有条件地开展低息贷款以降低贷款门槛;另一方面,逐步将农村非正规金融纳入与正规金融的统一监管框架之下,引导和鼓励民间资本积极主动参与,以增加农村金融供给,拓宽农户融资渠道。同时对其经营风险进行严格把控,以期培育出适合中国国情、更大程度上满足农户贷款需求的自下而上的内生性农村金融体系。

三是促进农村金融减贫的有效性。在中国农村地区,贫困农户大多具有文化水平低下、劳动技能匮乏、初始资金不足的特点,因此,农村正规金融机构要积极主动担负金融精准扶贫重任,积极服务于农村、农业与农户。为此,各金融机构可以在农村地区积极向农户宣传并普及金融知识,从而使农户全面了解国家的金融扶贫政策与信贷条件,诱发农户金融需求。在金融产品与服务供给方面,积极探索符合当地实情的扶贫贷款方式,充分发挥支农贷款促进农户增收的作用。

四是有关农村金融扶贫政策的制定与实施要充分考虑到中国区域经济发展水平的差异性。不同地区的经济发展水平与金融发展水平不同,要统筹均衡,持续推进中西部地区农村金融服务的覆盖面,引导东部地区农村金融健康发展,积极服务于"三农",从而推动农村经济发展,优化农业产业布局,促进农户增收,进而实现减贫。

五是重视发挥农村金融的政策性功能。通过发展政策性金融,如开发性金融,加强农村地区道路交通等基础设施建设,改善农户生活水平,为农户提供教育支持、开展技能培训,进而提高农户人力资本积累,激发农户的内生脱贫能力。

第 4 章

社会互动下的农户信贷行为研究

4.1 引言

21 世纪以来,中国政府主要从顶层设计和制度供给角度促进农村金融发展,但金融抑制问题依然存在。想要解决中国的金融抑制问题,不仅需要不断提升政策供给和金融服务条件,还需要解决农户作为金融需求方存在的自我金融抑制问题。因此,立足农户研究其金融行为,探究如何激发农户参与农村金融的主动性和积极性,对实现金融供需匹配、解决中国农村金融抑制、盘活"三农"资金、提升农村金融对脱贫攻坚和全面建设小康社会的支持效果具有重要意义。

对于农户而言,金融是他们发展生产、改善生活的不可或缺的部分。当存在金融抑制时,农户无法有效利用各种资源进行金融行为决策。在这种情况下,无论是微观层面还是宏观层面的经济发展都会受到制约。从农户自身发展方面来看,金融抑制会影响农户对生产经营、消费投资等机会的把握及对生产资源的配置,甚至影响家庭短期内的消费平滑,进而削减农户福利。从农村金融发展方面,金融抑制无法实现农村金融服务的供需匹配,甚至会浪费金融资源配置,对农民增收、农村经济提升和乡村振兴产生不利影响。农户是否借贷受到多种因素的影响,本章从社会互动视角,研究其对农户信贷行为的影响。

4.2 文献回顾

4.2.1 社会互动理论与发展

Schönherr 和 Westra(2019)在对社会互动的定义进行三次修改后,最终得到"最小的社交互动"的定义:当两个或多个有意识的人类相互并且有意识地影响彼此的行为时,他们就是处于社会互动中。

事实上,早在 20 世纪,Veblen(1899)和 Leibenstein(1950)便开始研究社会互动。他们的研究强调的是消费者意识到其他人的消费选择。经典的关于社会互动与经济学结合的探索,已经从对居住区隔离模式(Schelling, 1971)和种族不平等(Loury,1976)的分析,扩展到教育成果(Bernheim,1994)、金融市场的动荡(Brock,1993)、犯罪中的跨城市变异(Glaeser et al.,1995)以及劳动力市场与福利依赖(Lindbeck et al.,1999;Nechyba,2001)等方面。这些社会学前辈关于社会经济的研究,证明了在某些情况下,个体行为依赖于参考群体中其他成员的行为。除社会学家外,经济学家对社会互动对个人决策的影响也越来越感兴趣。后续研究中,学者们在经济学中将社会互动定义为:个体所享受到的效用或利得的多寡,会受到该个体所属参考群体中他人行为的影响(Ryley and Zanni,2013;潘驰、郭志达,2017)。当一个人的行为受到其参考群体成员的行为或特征的影响时,就会发生社会互动。

在社会互动计量模型与理论框架方面,许多社会学、经济学学者在基础效用模型的基础上进行了深入研究和拓展。加里·贝克尔(Gary Becker)早在1973 年的工作论文集中构建了社会互动下的消费选择模型,将个人的消费选择与环境及他人因素相结合,构建"社会环境"变量,用来捕获非个人特质带来的影响。

Akerlof(1997)构建了一个社会距离模型,通过距离来衡量社会个体间的社会互动强度,研究表明距离和社会互动程度呈反比。此外,Akerlof 进一步探究了距离、社会互动强度以及个体行为决策之间的关系。Glaeser 和 Scheinkman(2001)将社会互动分为全局互动和互补互动,并对社会互动的估计问题进行深入探究。Krauth(2005)将简单的决策问题化简为一个二元选择模型,并且通过这一模型对社会互动进行估计。而社会互动模型的权威学者不得不提威廉·A.布罗克(William A.Brock)和史蒂文·N.杜尔劳夫(Steven N.Durlauf)。这两位学者从 20世纪 90 年代至今,发表了一系列关于社会互动识别与改进模型,为众多学者的研究奠定了基础。Manski(1993)研究了社会互动中的邻里效应,并且认为邻里效应在理论和实践中可以通过三个效应发挥作用,其分别是内生效应(endogenous effect)、外生效应(exogenous effect)和关联效应(correlated effect):

(1)如果一个人的行为随其小组的行为而变化,则存在内生效应;当发生内源性影响时,个体行为之间就会产生反馈,从而产生社会乘数。

(2)如果一个人的行为随其小组的外在特征而变化,则表示外生效应。

(3)当群体因为他们的个体特征相似或面临相似的环境,而产生个体趋于类似行为时,这称其为关联效应。

Manski(1993)认为,当社会互动模型为线性模型时,则很难区别这三种影响;但 Brock 和 Durlauf(2001a,2001b)提出了二元选择的社会互动模型,并指出二元选择模型可以通过群体行为和群体特征之间的非线性关系来区分两种社会效应。

随着国外学者对社会互动效应的研究逐步深入,对社会互动的研究更加细化。在社会互动这一总框架下,学者们主要从三个方面对社会互动进行了更加细致的研究,如表 4.1 所示。第一,根据参考群体不同对社会互动进行定义,可以细分为邻里效应和同伴效应;第二,根据社会互动内部作用机制的差异,可以细分为同伴效应、榜样效应、信息效应和社会规范效应;第三,根据产出结果的正负性,可以分为隧道效应①和"跟上琼斯"效应。

---

① 这里的隧道效应(tunnel effect)与公司金融中的隧道效应(tunneling)不同。后者指的是首次将控股股东(controlling shareholders)基于金字塔式(pyramidal)的股权结构,通过证券回购、资产转移、转移定价等方式将公司的资金转移到自己手中,从而使得公司小股东(minority shareholders)的利益受到侵害的行为。

表 4.1   社会互动分类表

分类依据		类　型
参考群体不同	参考群体＝居住区	邻里效应（neighborhood effect）
	参考群体＝同伴群	同伴效应（peer effect）
作用机制不同	由于直接效用模仿他人	同伴效应（peer effect）
	由于先前行为影响选择	榜样效应（model learning effect）
	由于他人行为提供信息	信息效应（information-Content Effect）
	由于规则出现形成规范	社会规范效应（collective efficacy）
产出结果不同	产生积极结果	隧道效应（tunnel effect）
	产生消极结果	"跟上琼斯"效应（keeping up with the Joneses effect）

资料来源：由多篇外文期刊梳理得出。

尽管可以根据已有研究整理出如上分类，但学者们仍未形成统一概念。因此，存在以下两点问题：（1）参考群体无法明确区分。以农户举例，同村农户同时具备空间地理上的邻近特征，又具备工作、生活习俗上的相似特征，因此，农户间的互动无法明确指出应归于邻里效应还是同伴效应。例如，国内学者姚瑞卿和姜太碧（2015）对邻里效应的介绍中，既包含模仿、跟随邻居行为的含义，也包含跟随、模仿高质量农业大户行为的含义。（2）无法将内部作用机制从某一种社会互动效应种剥离开来。以邻里效应举例，Friedrichs 等（2003）认为，社区资源、榜样效应、社会规范效应以及居民对异常活动的看法是邻里效应的作用机制。因此，出现了榜样效应、社会规范效应、信息效应和邻里效应相互杂糅的情况，容易产生概念模糊不清的现象。同理，隧道效应和"跟上琼斯"效应中也可能出现概念杂糅的情况。

出于对这两点问题的思考，本章在后续研究中将明确两点内容：本章研究信贷行为时，直接采用社会互动（效应）来代表通常国内外所定义的邻里效应和同伴效应；以 Brock 和 Durlauf（2001a，2001b）的二元选择社会互动模型作为研究基础，进行机理探究和实证研究。

4.2.2　社会互动与农户金融行为研究

早在 1985 年马克·格兰诺维特(Granovetter)就肯定了社会互动在约束个体不良行为、促进经济活动规范化方面的积极作用。国外学者就社会互动对家庭信贷行为的影响研究主要集中在家庭财务/金融决策中。而信贷和债券投资当作家庭金融/财务决策的两个子内容,被纳入统一框架中分析,但重点更加偏向证券投资(Bikhchandani and Sharma,2008;Brown et al.,2016;Lieber and Skimmyhorn,2018)。Georgarakos 等(2009,2014)则开始将信贷从家庭财务/金融决策中剥离开来,单独研究社会互动对家庭信贷的影响。Georgarakos 认为,当家庭社交范围越大,与朋友之间的交流互动越多,那么该家庭发生信贷行为的倾向和信贷规模就越大。同时,Georgarakos 发现,在社会互动环境下,存在抵押贷款的家庭,其对家庭下一时期最低收入的预期在统计学上具有显著意义,这表明存在隧道效应。

国内学者对信贷行为的研究比较丰富,但从社会互动角度切入是近年来研究信贷行为的新思路(童馨乐等,2011;张珩等,2018;李庆海等,2018)。就社会互动对农户信贷行为的影响方面,国内学者的研究是一个不断丰富的过程。(1)学者早期主要关注社会互动中的关系网络,强调资源关系与社会规范。社会互动成员一般为关系比较密切的群体,如亲戚、同事、邻居和朋友等。一方面,社交圈间成员彼此的熟悉与认知,可以互相提供担保,降低了银行等金融机构因信息不对称带来的信用风险,并且基于社交圈的经济情况,可以对借款人是否能按时按量还款存在较好的预期。即社会互动中的关系网络可以作为借贷合同的约束机制,通过资源关系来评判借款人还款能力,具有类似抵押品的担保功能(林建浩等,2016;尹志超等,2020)。另一方面,社会互动中社交圈的存在可以作为一种非正式的约束机制会制约个体行为,使得群体内的成员在作出行为决策时受到影响和约束(马光荣、杨恩艳,2011;王宇、王士权,2019)。通过农户团体内部的关系、亲情、名声、家族声誉、社会规范等,对农户信贷行为形成制约,从而提高农户的还款率,降低金融机构对农户贷款的风险(杨贺,2015)。(2)后来,学者们开始意识到关系网络中的互动性,研究越来越接近社会互动的定义,强调社交圈中行为间的相互影响,比如沟通交流、行为示范等。在社会互动中,参考群体成员的行为或特征对个体投资决策的影响更多直接通过个体之间的互动来实现(李涛,2006)。中国农村地区,亲缘关系密切,各农户之间走家串户现象普遍。此种相对集聚,家庭信息和关系网络相对公开的情况下,农户能够拥有的资本和能力更加清晰,联系和互助也更加紧密。因此,金融机构基于农户关系网络而进行的信贷审批,可以有效降低金融机构所需的信息搜寻成本(杨贺,2015)。信贷农户可以通过与亲戚、朋友等的沟通交流来了解信贷等金融产品的具体信息,从而进一步进行信贷决策,同时,群体内成员的交流互动和观察学习为个体的投资决策提供参考依据,降低了信息获取成本(马宏、张月君,2019;杨海燕等,2019;杨明婉、张乐柱,2019;王宇、王士权,2019)。总而言之,国内学者普遍认为,社会互动对家庭信贷行为存在显著影响。饶育蕾等(2016)从多渠道探究了社会互动对家庭信贷行为的影响。研究表明,社会互动能正向推动家庭信贷行为的发生,同时,社会互动对农村家庭正规信贷的激励作用大于对非正规信贷的激励作用。

本章基于前人研究,从人与人、行为与行为间关系(即社会互动)来探究农户信贷行为,并将农户信贷行为定义为由"有效信贷需求""有效信贷机会"和"实际信贷规模"共同组成的多阶段信贷申请行为。同时,本章构建了 Triple-hurdle 模型将信贷行为三阶段纳入统一框架进行实证研究。

4.3 社会互动效应效用函数理论模型

依据 Brock 和 Durlauf(2001a,2001b)所提出的社会互动模型理论,基于随机效用理论,本章构建导入信贷的社会互动二元选择模型。因为在二元选择和纵向数据环境下,因变量和解释变量的非线性能充分打破内生效应和外生效应的共线性问题,因此,当因变量信贷为二元选择变量时,Manski(1993)所提出的识别问题

是不存在的。基于前人研究,本节作出如下假设:

(1)假设共有一组有限且不重复的村落 $i=1,2,3\cdots,a$,每个村落 i 中存在农户家庭 $r=1,2,3\cdots,b$,则 $M_{i,r}$ 表示第 i 个村落中的第 r 个农户家庭;$M_{i,-r}$ 表示同村除了该家庭以外的其他农户家庭。

(2)农户的信贷总效用由三个部分组成,分别为个体信贷效用 $V_{i,r}$、信贷社会互动效用 $S_{i,r}$ 和无法观测的随机效用 $\varepsilon_{i,r}$。

(3)$D_{i,r}$ 表示农户家庭 $M_{i,r}$ 的信贷情况,$\overline{D}_{i,r}$ 表示同村其他农户家庭 $M_{i,-r}$ 的信贷情况,且 $\overline{D}_{i,r} = 1/(b-1) \times \sum M_{i,-r}$;$\varphi(\cdot)$ 代表农户家庭 $M_{i,r}$ 的外源异质性,这种异质性来自不同家庭的人口组成特征、户主特征、家庭资产特征等特质。

(4)个人效用 $V_{i,r}$ 由家庭信贷情况 $D_{i,r}$ 和家庭特质 $\varphi_{i,r}$ 决定,即 $V_{i,r}(D, \varphi)$。社会互动常常因相互比较而发挥作用,故社会互动效用 $S_{i,r}$ 由个人信贷行为与同村其他人信贷行为的差值表示,包含社会互动效用中的内生效应和外生效应。

(5)假设所有的农户家庭 $M_{i,r}$ 在本节的理论框架中只存在一期,并且所有的农户家庭 $M_{i,r}$ 在给定的效用函数下对贷款存在相同无偏差的偏好,即有:

$$U_{i,r}=V_{i,r}(D)+S_{i,-r}(D-\overline{D})+\varepsilon_{i,r} \tag{4.1}$$

其中,$U(\cdot)$ 代表农户家庭由于参与信贷获得的总效应,$V(\cdot)$ 是传统效用函数,满足 $V'(\cdot)>0$。本节中,社会比较效用 $S(\cdot)$ 是由于社会互动带来的寻求身份的行为或效仿他人而产生的效用。根据 Corneo(2000)以及 Clark 和 Oswald(1998)等研究,寻求身份的行为或效仿他人而产生的效用表示人们享受自己超越别人水平的状态。在社会比较中,其边际效用是递减的,即效用曲线的函数图像呈凹形。具体来说,即假设 $S'(\cdot)>0$,并且 $S''(\cdot)<0$。所以,当某一农户家庭第一次赶超或者等于同村平均家庭生活水平时,带来的效用最大;随着相对地位的提高和差距逐渐减小,家庭福利的增加为农户家庭带来效用的增加逐渐减小。

具体来说,同伴信贷行为对农户信贷行为的影响可能存在三种结果:一是同伴信贷行为会对农户信贷行为产生积极影响,促进农户参与信贷。二是同伴信贷行为会对农户信贷行为产生消极影响,抑制农户信贷参与率。三是同伴信贷行为对农户信贷行为没有影响。

为了探究同伴信贷行为对农户信贷行为的影响结果究竟如何,本节根据Roychowdhury(2019)的研究探索同伴平均信贷情况如何影响农户信贷情况。在没有具体函数形式的情况下,需要首先满足农户信贷效用最大化的条件,进一步确定影响结果,即:

$$\frac{\alpha U_{i,r}}{\alpha D_{i,r}} = \frac{\alpha V(D_{i,r}, \psi)}{\alpha D_{i,r}} + \frac{\alpha S(D_{i,r} - \overline{D}_{i,r})}{\alpha D_{i,r}} = 0 \tag{4.2}$$

$$\frac{\alpha U_{i,r}}{\alpha D_{i,r}} = V' + S'\left(1 - \frac{\alpha \overline{D}}{\alpha D}\right) = 0 \tag{4.3}$$

$$\frac{\alpha \overline{D}}{\alpha D} = \frac{V' + S'}{S'} \tag{4.4}$$

由于效用函数 $V(\cdot)$ 和 $S(\cdot)$ 为边际递减函数,$V'(\cdot) > 0$ 且 $S'(\cdot) > 0$,故等式右侧大于零,得到式(4.5),即农户家庭 $M_{i,r}$ 的信贷情况会随着同村其他农户家庭 $M_{i,-r}$ 平均信贷参与水平的提升而提升,信贷行为中的社会互动存在:

$$\frac{\alpha \overline{D}}{\alpha D} > 0 \tag{4.5}$$

采用效用函数图,参考李国武(2020)的说法,就社会互动对农户信贷行为影响进行解释。在图 4.1 中,纵轴 Debt Y 表示农户家庭 $M_{i,r}$ 的贷款情况 Y,横轴 Debt X 表示同村其他农户家庭 $M_{i,-r}$ 的贷款情况 X;U_1 和 U_2 表示农户家庭 $M_{i,r}$ 的贷款情况 Y 和同村其他农户家庭 $M_{i,-r}$ 的贷款情况 X 带来的效用的无差异曲线,在同一条无差异曲线上的 (X, Y) 组合给农户家庭 $M_{i,r}$ 带来的效用相等;且 $U_1 > U_2$。

在图 4.1 中,当农户家庭 $M_{i,r}$ 的初始信贷情况为 Y_1,同村其他农户家庭 $M_{i,-r}$ 的初始信贷情况为 X_1 时,其效用采用无差异曲线 U_1 表示。在农户家庭 $M_{i,r}$ 的信贷情况仍然为 Y_1,但是同村其他农户家庭 $M_{i,-r}$ 的信贷情况增长至 X_2

时,农户家庭 $M_{i,r}$ 的效用从 U_1 下降至 U_2。为了改变同村其他农户信贷增加而导致自身信贷效用下降的情况,农户家庭 $M_{i,r}$ 通过主动积极申请信贷,从而提升自身信贷情况。当农户家庭 $M_{i,r}$ 的信贷情况从 Y_1 上升至 Y_2 后,农户家庭 $M_{i,r}$ 的信贷效用则从 U_2 又提高至 U_1。总而言之,以农户信贷效用最大化为目标,在社会互动作用下,农户的信贷行为会受到同村其他农户信贷行为的正向积极影响。

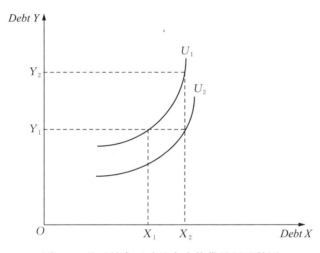

图 4.1　基于社会互动的农户信贷效用函数图

4.4　社会互动对农户信贷行为的影响机理

生活在乡村的农户与外界沟通能力有限,获取信息的渠道较少,接受新事物的能力较弱,部分农户对信贷等相对高风险的产品持保留态度。但是,由于中国村落具有乡土社会的"关系型"特征,农户间的互动性更强,更容易受到相互行为影响,从而形成相对一致的价值观(史雨星等,2018),故农户间会存在社会互动效应。从影响机理来看,社会互动效应作用于农户信贷行为,主要通过两个渠道,一是行动直接观察的内生效应,二是与信息交流有关的外生效应(见图4.2)。

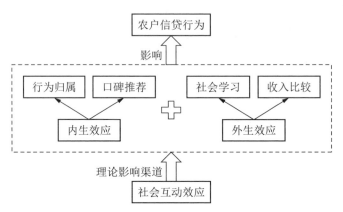

图4.2 社会互动对农户信贷行为的作用机制

4.4.1 内生效应作用机制

内生效应主要强调的是行为间的互动,可能通过行为归属和口碑传播两个方面来扩散影响:

第一,通过村落间行为归属,形成相对一致的信贷选择行为,从而提升农户信贷参与情况。在一定社会规范下,社会群体产生趋同行为的现象即为行为归属。以传统文化为背景,中国农村以氏族和关系为纽带,形成相互依赖、彼此支持的群体。这种村落间依托空间凝聚和氏族血缘形成的群体结构,使得农户之间存在情绪上的依赖和心理上的归属感(Yu et al.,2018)。所以,为了获得村落成员的认可与支持、保持自身的关系不受群体排斥、满足自身归属感的心理需求,农户会选择与群体期望相一致的行为(霍金斯、马瑟斯博,2011)。因此,当村落中出现一定数量的农户,特别是"德高望重"的农户,积极参与信贷时,其余农户出于个体和他人间的依赖关系,也会产生参与信贷的想法,在一定程度上模仿和跟随其他农户的信贷行为(盛光华、葛万达,2019)。

第二,通过邻里间口碑推荐,提高农户对信贷的认同度,从而提升信贷参与度。口碑是人们决策行为后的有效反馈,也为他人的决策行为提供了信息与参考。正面的口碑推荐行为既可以帮助其他个体作出信贷抉择,也可以通过口碑推荐行为来帮助金融企业树立正面形象。此外,由于村落关系的存在,农户会在其他参与信贷农户的口碑推荐行为的示范作用下,形成纽带联结、参与口碑推荐,进而产生乘数效应,扩大行为影响效果(张德鹏等,2019)。具体而言,农户受到个人教育、地区发展的制约,对信贷等金融产品持保留态度。尽管地方政府不断加强对金融服务的宣传力度,但是农户仅仅认为这是政府、银行联合起来的"自卖自夸"行为,实际上难以有效说服农户主动参与信贷。而农户对处于同一村落的其他农户存在群体认同、信任等态度,更容易肯定同村其他农户的行为及行为背后的含义。在"观望"过程中,同村其他农户是否参与信贷以及参与信贷后的效果更容易被农户感知。同村农户对信贷的行为支持和言语肯定是对信贷金融服务的有力推荐,从而降低农户对信贷等金融产品的抵触情绪,潜移默化地改变农户对信贷等金融服务的看法,提高农户对信贷的认同度,愿意去主动尝试并参与信贷。

4.4.2　外生效应作用机制

外生效应强调的是信息的传递与转化,可能通过社会学习和收入比较两个方面来扩散影响:

第一,社会学习(Bursztyn et al.,2014)。人们普遍存在作出正确行为决策的期待和渴望,而知识和信息是人们判断预期和作出决策的前提。但是,知识并不是彼此直接可得,因此,人们会选择借鉴来间接获取知识与信息。当某些个体缺乏知识或者信息时,将从其他社会成员那里获取的信息作为决策判断的依据,这种行为即社会学习(Manski,2000;张天宇、钟田丽,2019)。Hong 等(2005)的研究表明,热衷参加社区活动并与邻居交流的家庭,金融市场参与度更高。具体就信贷市场而言,不是所有的农户都具备金融素养进而有能力进行信贷融资的(何学松、孔荣,2019),当某个农户依赖同村其他农户具备的金融知识进行决策时,就会产生知识溢出,形成社会学习。金融知识在社群言语和行动中的传递,降低了农户因缺乏金融知识形成的认知偏差导致的信贷行为偏差(王冀宁、赵顺龙,2007)。通过社会学习,丰富了农户的金融知识、矫正了农户的信贷行为偏差,进一步影响农户金融风险偏好水平和家庭资产配置选择,让农户对参与信贷的未来预期有了更加准确的判断,提高了农户作出合理、有效信贷决策的能力,从而提升了农户在信贷服务方面的参与程度。

第二,收入比较激励。在社会群体中,由于上行比较的存在,个体会选择优于自己的个体进行观察和比较,以获得自我提升的方法进行自我完善。当个体认为自己可以通过努力达到更优水平时,会进一步累积积极情绪体验和增加积极行为(陈鑫、杨红燕,2020)。在村落中,部分参与信贷的农户通过信贷获得资金流以投资于生产、生活,提高了收入水平,改善了生活质量,拉大了与原有阶层的经济差距。在观察到其他人在收入和地位方面的改善后,未参与信贷的农户产生羡慕、渴望等情绪(Akay et al., 2012),产生改变现有状态的想法。为了追赶经济提升的其他农户,效仿他们的成功,农户会模仿他们的成功的行为与渠道,产生信贷需求,进一步影响信贷行为。所以,收入比较能够激发农户的学习和模仿信贷成功人士的行为,从而带动村落中借贷行为的发生。

4.5　实证研究

4.5.1　数据来源

中国家庭金融调查(China Household Finance Survey, CHFS)是最早开展全国大型中国家庭金融调查的研究,该研究采用分层、三阶段与规模度量成比例(PPS)的抽样设计方法,收集了全国各地区家庭的收入与消费、住房资产与金融财富、负债与信贷约束、保险与保障、人口与就业等方面信息,可以充分反映中国家庭的金融行为状态。CHFS 数据库中包含了本章研究所需要的农户信贷及家庭特征等相关数据,数据范围与研究内容相契合。

在 CHFS 众多正规信贷数据中,本章采用农业和工商业等生产经营的正规信贷数据。选择生产经营贷款的原因有二:一是基于作者在宿迁、兰考、凉山州等地区的调研经验,近年来农村地区消费贷款比重依旧占比较低。因此,农户基于生产经营需求去银行借贷的可能性更高。二是从银行角度来看,农户收入微薄,基于生产经营需要进行申请,其违约概率更低。因此,农户更容易通过银行审批从而获得贷款。

由于 CHFS2017 年的数据相对于往年数据,简化了农业正规信贷选择的部分,所以与本章研究内容存在一定出入。①出于数据可得性考虑,本章最终采用了CHFS2015 年的数据就社会互动对农户信贷行为的影响进行研究。

首先,对 CHFS2015 年三个子数据库进行合并后,可获得 133 183 条原始数据。其次,根据户口性质,剔除 85 218 条非农业家庭数据,得到 47 965 条农户家庭数据。再次,在农户家庭数据中,仅保留具有主要决断权的户主个人信息,得到11 654 条农户数据。最后,通过对剩余数据进行数据清洗和缺失值处理,获得11 652 条最终数据。本章将以 11 652 条农户数据为基础,进行实证检验。

4.5.2　变量说明与统计

1. 因变量

农户信贷行为是本章研究的因变量。②由于本章将农户行为定义为由三个阶段构成的时序性行为,所以因变量为三个,分别为有效信贷需求(Act_need)、有效信贷机会($Credit$)与实际信贷规模($Credit\_amout$)。有效信贷需求衡量农户是否存在有效信贷需求,通过 DEM(direct elicitation methodology)方法筛选得出,用 0—1 变量表示;有效信贷机会衡量农户是否成功申请到贷款,用 0—1 变量表示;实际信贷规模衡量农户实际获得的贷款金额,若农户没有成功申请到贷款,则为 0,若农户成功申请到贷款,则为大于 0 的自然数。

---

① CHFS2017 年数据库省略了农业生产正规信贷的问卷部分,仅仅提供农户农业正规信贷金额。因此,本章无法获得农业有效信贷需求数据。而农业正规信贷是农户的主要生产正规信贷,故本章选择农业与工商业正规信贷数据更健全的 CHFS2015 年数据库。
② 本研究农户信贷行为的详细定义见 3.3.2 节模型构建的内容。

其中,有效信贷需求的识别与构建,借鉴 Boucher 等(2006)识别信贷配给的DEM 方法。本章通过两个问题识别出具有有效信贷需求的农户。针对第一个问题"为以上农业或工商业等生产经营活动,目前您家有银行贷款吗",回答"有"的农户直接被归类为有信贷需求的群体。针对第二个问题"为什么没有贷款",选择回答"不需要"的农户直接归类为没有信贷需求的群体;选择回答"申请但被拒绝"、回答"需要但没申请过"与回答"正在申请"的农户被归类为具有信贷需求的群体。详情见图4.3。

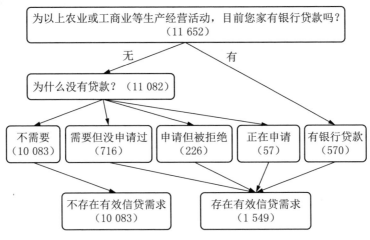

图 4.3　DEM 有效需求问题筛选

注:存在有效需求的农户为 1 549 户而非 1 569 户的原因是,正在申请的 57 户与有银行贷款的 570 户中存在 20 户重合。

2. 核心自变量

社会互动效应是本章影响农户信贷行为的核心自变量。依据 Brock 和Durlauf(2007),在通过二元选择模型解决关联效应后,社会互动效应可以简化为内生效应和外生效应两个部分。所以,本章的社会互动效应由两部分组成,即内生效应和外生效应。

第一部分为内生效应,反映了行为间的直接相互影响,Brock 和 Durlauf(2007)指出,直接代表行动间相互影响的内生效应参数特别有意义,是社会互动的基础。本章采用同伴信贷行为(*Peer_credit*)来衡量内生效应。由于乡土社会的特征,村落间人际交往频繁、信息交流紧密，在社会互动中能够清楚地了解邻居亲朋是否借贷及借贷后生活水平的改变。同伴信贷行为参考 Brown 等（2008）的做法，采用剔除农户 i 信贷行为后，同村其他村民的有效信贷机会平均值来表示。

第二部分为外生效应，反映了他人具备的知识、能力等素质对农户行为的影响。此处的社会学习主要学习的即为金融知识，因此选择同伴金融知识（$Peer\_inform$）作为外生效应指标。当农户本身对信贷服务了解程度不深入时，同伴的金融知识水平可以为农户提供信息，从而影响农户的信贷行为选择。同伴金融水平采用剔除农户 i 的金融知识水平后，同村其他村民的金融知识水平的平均值来表示。

3. 排除性限制变量

本章的排除性限制变量为收入比较变量（$Income\_gap$）。收入比较变量表示农户和同村其他农户的收入差距，收入差距越大，农户期望通过信贷改变现有状态的需求越强烈（Georgarakos and Haliassos，2014；Christen and Morgan，2005），因此对第一阶段有效需求存在直接影响；但第二阶段有效信贷机会与收入差距不存在直接影响，因此收入比较变量作为排除性限制变量符合要求。

在变量处理中考虑到家庭规模因素，本章将家庭收入依据 OECD 平方根等价量表①进行调整，得到农户家庭人均收入。首先求出同伴收入，即剔除农户 i 后，同村落其他农户家庭人均收入的平均值。由于收入比较更多体现了农户 i 家庭和同伴收入的差距，因此采用同伴家庭人均收入和农户 i 家庭人均收入的差值来体现收入比较变量这一特征。

4. 控制变量

借鉴程恩江和刘西川（2010）的模型设计，本章的控制变量主要包括户主特征、家庭特征和地区特征。户主在家庭决策中扮演主导者的角色，其年龄、性别、政治关系、受教育程度、婚姻状况、金融知识水平以及风险偏好都影响着家庭信贷行为的发生。家庭特质是影响家庭经济决策和资源配置的重要因素，因此有必要

---

① 由于不同年龄人口对物质、资金的需求不相同，能够赚取收入的能力也存在差异，因此，人均家庭收入也应该考虑家庭内部成员的年龄异质性。故采用 OECD 平方根等价量表（由"老 OECD 等价量表"和"OECD 修正等价量表"发展而来）对家庭人均收入进行处理，OECD 的等价因子等于家庭人口的平方根数。举例说明，当家庭规模为 2 人时，等价因子近似为 1.4；当家庭规模为 3 人时，等价因子近似为 1.7；当家庭规模为 4 人时，价价因子为 2；以此类推。

引入家庭资产规模和家庭幸福感两个变量(李江一、李涵,2017)。此外,不同地区之间经济发展水平和信贷发展水平等存在明显差异,通过引入地区虚拟变量控制这一层面的影响。主要变量的含义、赋值以及描述性统计结果如表4.2所示。

表4.2 主要变量及描述性统计分析

	变量名称	变量代码	含义及赋值	均值	标准差
因变量	有效信贷需求	Act_need	经过 DEM 方法筛选,存在有效需求为1,否则为0	0.133	0.340
	有效信贷机会	Credit	申请并成功获得信贷为1,其余为0	0.048 9	0.216
	实际信贷规模	Credit_amout	获得的贷款金额(对数值),若未申请,取值为0	0.493	2.246
核心自变量	同伴信贷行为	Peer_credit	剔除农户 i 外,同村落其他农户的信贷申请率	0.049	0.085
	同伴金融知识	Peer_inform	剔除农户 i 外,同村落其他农户的平均金融知识水平	4.146	0.330
控制变量	户主年龄	Age	2018一出生年份+1(岁)	56.69	12.54
	户主性别	Male	男性=1,女性=0	1.122	0.327
	户主婚姻状况	Marry	未婚=1,已婚=2,同居=3,分居=4,离婚=5,丧偶=6	2.315	1.111
	户主政治面貌	Party	共青团员=1,中共党员=2,民主及其他党派=3,群众=4	1.889	0.314
	户主受教育程度	Edu	文盲=1,小学=2,初中=3,高中=4,中专=5,大专=6,大学=7,硕士=8,博士=9	2.482	0.981
	户主金融知识	Inform	非常关注=1,很关注=2,一般=3,很少关注=4,从不关注=5	4.146	1.044
	户主风险偏好	Risk	高风险=1,略高风险=2,平均风险=3,略低风险=4,风险规避=5	4.520	1.204
	家庭总资产	Asset	家庭非金融资产+金融资产,取对数值	11.81	1.446
	家庭幸福感	Happiness	非常幸福=1,幸福=2,一般=3,不幸福=4,非常不幸福=5	2.414	0.886
	地区变量	Region	东部=1,中部=2,西部=3	1.924	0.809
	排除性限制收入比较	Income_gap	同伴家庭人均收入(对数值)一农户家庭人均收入(对数值)	1.309	2.885

（1）总样本农户数量为 11 652 户，经过 DEM 方法进行有效需求筛选后，有 1 549 名农户存在有效需求，占总样本比为 13.29%。其中，有效信贷机会的均值为 0.048 9，即有 570 名农户成功申请到信贷。成功申请信贷的农户在具有有效信贷需求的农户中占比为 36.80%；实际借贷额度的平均值为 0.493。

（2）同伴信贷行为的均值与有效信贷机会的均值近似，为 0.049，标准差为 0.085，低于有效信贷机会标准差 0.216。同伴金融知识和同伴家庭资产与总样本均值差异较小，数据更加稳健。

（3）在控制变量中，户主年龄平均值为 56.67，性别平均值为 1.122，表明被调查农户整体年纪偏大，男性户主多于女性户主；婚姻情况与政治面貌的统计结果表明，被调查农户已婚者居多，且大多数为普通群众，较少存在政治关系带来生活便利的情况；受教育程度平均值为 2.482，表明农户总体文化水平偏低，为小学或初中，这也与调查对象的年龄情况相匹配；金融知识平均值为 4.146，风险偏好平均值为 4.520，表明样本农户对金融信息关注较少且厌恶风险；家庭总资产平均值为 11.81，家庭幸福感为 2.414，表明大多数农户基本满意现状。此外，地区虚拟变量平均值为 1.924，表明调查对象集中在中西部地区。

4.5.3　模型构建

传统农户信贷行为是指农户参与信贷的一个经济决策行为，通常以是否借贷来衡量（张晓琳、董继刚，2017；杨汝岱等，2011）。考虑到农户的信贷行为不是某一时刻的单一行为，可能存在时序性，由不同阶段的经济决策行为共同构成；其次，不同阶段的信贷行为也不是随机发生的，具有选择性。例如，童馨乐等（2011）将农户借贷行为分解为两个层次，即有效借贷机会与实际借贷额度，并考察了社会资本对农户借贷行为的影响；李庆海等（2018）按照信贷行为的时序性，采用是否存在有效需求、是否获得贷款和是否贷后违约分别指代信贷违约行为的初始环节、中间环节和最终环节，同时构建三阶段联立 Probit 模型，识别了贫困地区农户信贷违约的影响因素。

借鉴韩卫兵（2016）的观点，农户信贷行为是一个先产生信贷动机，再产生信贷获取行为，最后产生具体信贷金额的过程。本章将农户信贷行为定义为由"有效信贷需求""有效信贷机会"和"实际信贷规模"共同组成的多阶段经济决策行为。首先,并不是所有的农户都存在借款的需求,具有有效信贷需求的农户是来自全体样本农户的一个选择性群体;其次,存在有效需求的农户可能出于急需现金流的考虑申请信贷,也可能出于对无法获批、无法还款的担忧而不采取任何行为。显然,获得贷款的农户是相对有信贷需求农户的一个选择性群体;最后,不同农户对资金的需求量存在差异性,不同借贷规模的农户又是相对于获得贷款农户的选择性群体。即使数据源于随机抽样,依旧会存在样本选择性偏误,进而导致内生性问题(Wooldridge,2010)。因此,构建农户信贷行为三阶段的统一框架,根据逻辑关系依次分析,有利于确保研究结果的严谨性和真实性。

农户的信贷行为详细可以分为三个阶段:第一阶段,是否存在有效信贷需求;第二阶段,存在有效信贷需求后是否成功申请到贷款;第三阶段,成功获得贷款审批后实际获得的贷款规模。农户信贷行为过程的每一阶段层层递进,皆具有选择性。近年来,虽有部分学者已经意识到个体信贷行为中样本选择性问题的存在,并采用 Heckman 模型或者 Double-hurdle 等模型将农户信贷行为纳入同一分析框架中分析(Cragg and John,1971;Bauer and Wrosch,2011),但是该方法忽略了"有效信贷需求"是农户信贷行为的基础,"有效信贷需求""有效信贷机会"和"实际信贷规模"间可能存在多重样本选择估计偏误。

Triple-hurdle 模型常被用于农户市场参与、治理意愿评估以及商业银行贷款发放决策中(Ahrendsen et al.,2011;Burke et al.,2015;史雨星等,2018;Tabe-Ojong et al.,2018),适用于层层递进的多阶段研究,与本章定义的信贷行为三阶段相契合。基于此,本章在研究农户信贷行为时,充分考虑到三阶段之间的多重样本选择性问题,借鉴 Ahrendsen 等(2011)和 Burke 等(2015)的做法,通过构建Triple-hurdle 模型(实质为 Probit 模型和 Double-hurdle 模型的结合),有效纠正多重样本选择性引致的估计偏误,探究社会互动对农户信贷行为的影响。

同时,我们借鉴 Brock 和 Durlauf(2001a,2001b)所提出的社会互动模型理论,构造包含内生效应和外生效应的社会互动模型。本章的社会互动效应模型主要由三部分组成:一是代表内生效应和外生效应的社会互动变量;二是可能影响信贷行为的农户家庭特征变量;三是代表无法观察因素的随机误差项。

第一阶段 Probit 模型,对应是否具有有效需求阶段:

$$Q_i^* = \alpha_1 Peer\_credit + \alpha_2 Peer\_inform + \alpha_3 Income_g ap + \alpha_4 X_{1i} + \nu_i$$

$$\nu_i \sim N(0, 1) \tag{4.6}$$

$$Q_i = \begin{cases} 1, & Q_i^* > 0 \\ 0, & Q_i^* \leqslant 0 \end{cases} \tag{4.7}$$

第二阶段有序 Probit 模型,对应是否成功申请贷款阶段:

$$Z_i^* = \beta_1 Peer\_credit + \beta_2 Peer\_inform + \beta_3 X_{2i} + \mu_i$$

$$\mu_i \sim N(0, 1) \tag{4.8}$$

$$Z_i = \begin{cases} 1, & Z_i^* > 0 \\ 0, & Z_i^* \leqslant 0 \end{cases} \tag{4.9}$$

第三阶段 Tobit 模型,对应获得信贷规模阶段:

$$Y_i^* = \gamma_1 Peer\_credit + \gamma_2 Peer\_inform + \gamma_3 X_{3i} + \upsilon_i$$

$$\upsilon_i \sim N(0, \sigma^2) \tag{4.10}$$

$$Y_i = \begin{cases} 1, & Y_i^* > 0 \\ 0, & Y_i^* \leqslant 0 \end{cases} \tag{4.11}$$

其中,被解释变量 Q_i^* 是农户 i 的有效信贷需求,通过 DEM 方法筛选得出,取值为 0 和 1;Z_i^* 是农户 i 的有效信贷机会,衡量农户是否成功获得贷款,取值为 0 和 1;Y_i^* 是农户 i 的实际信贷规模,代表农户实际获得的信贷金额大小,取值大于 0;X_{1i}、X_{2i}、X_{3i} 为三阶段方程中的控制变量;收入比较变量为排除性限制变量;ν_i、μ_i 和 υ_i 分别为三阶段方程中的误差项,误差项之间需符合独立、同质、正态分布的要求。

在式(4.6)中,当 $Q_i = 1$ 时,表示农户 i 存在有效信贷需求,反之则表示农户 i 没有有效信贷需求。当且仅当 $Q_i = 1$ 时,Z_i^* 才能被观测到。在式(4.8)中,当 $Z_i = 1$ 时,表示农户 i 成功申请并获得贷款,反之则表示农户 i 没有获得。当且仅当 $Z_i = 1$ 时,Y_i^* 才能被观测到。在式(4.10)中,Y_i^* 表示第 i 个农户获得贷款的情况,当且仅当 $Q_i = 1$,$Z_i = 1$ 时,表示农户 i 成功申请信贷,且获得的信贷金额大于 0,为 Y_i。

根据式(4.6)一式(4.11)的样本选择机制,可建立相应的无条件概率模型:

$$\text{Prob}[Q_i = 1 | X_{Qi}] = \Phi(\partial X_{Qi}) \tag{4.12}$$

$$\text{Prob}[Z_i=1,\ Q_i=1\,|\,X_{Zi},\ X_{Qi}]=\Phi(\partial X_{Zi})\Phi(\beta X_{Qi}) \tag{4.13}$$

$$\text{E}(Y_i\,|\,Y^*>0,\ X_{Yi})=\gamma X_{Yi}+\sigma_3\lambda(\gamma X_{Yi}/\sigma_3) \tag{4.14}$$

式(4.12)为农户存在有效需求的概率模型;式(4.13)为存在有效需求农户成功获得贷款的概率模型;式(4.14)为存在有效需求,且成功获得贷款农户,其贷款规模的条件期望公式。$\Phi(\cdot)$表示标准正态分布的累积函数;$\lambda(\cdot)=\varphi(\cdot)\Phi(\cdot)$,其中$\varphi(\cdot)$代表标准正态分布的概率密度函数。

为了确保 Triple-hurdle 模型三阶段误差项 ν_i、μ_i 和 υ_i 条件不相关假设成立,且每一个单独方程的系数估计不存在偏差,进一步解决样本中的选择性偏误问题,本章参照 Burke 等(2015),采用两个步骤来进行检验误差,并对模型进行修正。

第一,根据第一阶段方程的概率模型式(4.12)构造逆米尔斯比(inverse Mill's ratio,IMR),将 IMR 作为控制变量代入定序 Probit 估计式中进行回归,得到 IMR 的估计系数 $\hat{\rho}$。通过检验 IMR 的估计系数 $\hat{\rho}$ 是否通过原假设来确定是否存在样本选择性偏误。当原假设成立时,说明仅仅采用存在有效信贷需求的农户样本直接估计式(4.13)不存在样本选择性偏误;当原假设不成立时,存在样本选择性偏误,需要将 IMR 作为式(4.13)中的控制变量来进行样本选择纠正。

第二,为了确保第一阶段和第二阶段误差条件不相关,需要在第一阶段加入一个排除性限制变量。即为了第一阶段估计的可识别性,需要在第一阶段至少添加一个不在第二阶段出现的自变量,即排除性限制变量 X_{ex}。理论上,排除性限制变量对第一阶段被解释变量农户有效信贷需求 Q_i^* 有直接影响,但对第二阶段被解释变量农户有效信贷机会 Z_i^* 没有直接影响。用 Probit 估计式(4.12)得到 X_{ex} 的估计系数 α_2,若系数 α_2 显著说明 X_{ex} 适合作为排除性限制变量。本章的排除性限制变量 X_{ex} 为收入比较变量。

最后,对于每一个农户 i,其 Triple-hurdle 模型的最大似然估计函数如下:

$$f(Q_i,\ Z_i,\ Y_i,\ |\,\alpha,\ \beta,\ \gamma,\ \sigma)$$

$$=[1-\Phi(\alpha X_{Qi})]^{1(Q_i=0)}\left[\Phi(\alpha X_{Qi})\left\{\frac{\Phi(\beta X_{Zi})\dfrac{\varphi\left(\dfrac{Y_i-\gamma X_{Yi}}{\sigma_3}\right)}{\sigma_3}}{[1-\Phi(\beta X_{Zi})]^{1(Z_i=0)}}\right\}^{1(Z_i=1)}\right]^{1(Q_i=1)}$$

$$\tag{4.15}$$

在式(4.15)中,1(·)为示性函数,如果括号里的表达式为真,取值为 1;反之,取值为 0。由于 Probit、Tobit 模型特质,求出的系数只代表某一变量相对于其他变量的影响程度。为了分析这些解释变量对被解释变量的具体影响程度,则通过边际效应来衡量。

4.6　实证分析结果及解释

4.6.1　基础性检验

1. VIF 检验

在进行计量分析之前,为了剔除多重共线性的影响,我们采取方差膨胀因子法(VIF)对所有自变量进行检验。由于 Triple-hurdle 模型无法计算 VIF,本章的 VIF 是通过最小二乘法进行线性回归得到的。

设 Triple-hurdle 模型每一阶段的原方程为:

$$Y_i = \beta_1 + \beta_2 \times Peer\_credit + \beta_3 \times Age + \beta_4 \times Male + \beta_5 \times Marry + \beta_6 \times Party + \beta_7 \times Edu + \beta_8 \times Inform + \beta_9 \times Risk + \beta_{10} \times Asset + \beta_{11} \times Happiness + \beta_{12} \times Region + \mu$$

$$(4.16)$$

则对于每一个解释变量 X_i 对应的 VIF,存在如下回归方程,以 $Peer\_credit$ 为例:

$$Peer\_credit = \alpha_1 + \alpha_2 \times Age + \alpha_3 \times Male + \alpha_4 \times Marry + \alpha_5 \times Party + \alpha_6 \times Edu + \alpha_7 \times Inform + \alpha_8 \times Risk + \alpha_9 \times Asset + \alpha_{10} \times Happiness + \alpha_{11} \times Region + \upsilon$$

$$(4.17)$$

在回归方程的基础上建立 VIF 计算公式如下:

$$VIF(\beta_i) = \frac{1}{(1 - R_i^2)}$$

$$(4.18)$$

检验结果如表 4.3 所示，Age 贡献了最大方差膨胀因子，为 1.30；$Happiness$ 贡献了最小方差膨胀因子，为 1.04；因变量整体平均方差膨胀因子为 1.17。根据经验法则，方差膨胀因子数值都远小于 10，因此不存在多重共线性问题。

表 4.3　VIF 检验结果

变量	VIF	1/VIF
Age	1.30	0.770 387
Edu	1.27	0.790 381
$Marry$	1.24	0.807 802
$Peer\_inform$	1.21	0.824 637
$Male$	1.18	0.848 554
$Asset$	1.17	0.852 449
$Peer\_credit$	1.16	0.860 638
$Region$	1.14	0.877 598
$Inform$	1.14	0.880 576
$Risk$	1.13	0.888 136
$Party$	1.08	0.928 237
$Happiness$	1.04	0.964 779
VIF 平均值	1.17	

2. IMR 检验与排除型限制变量检验

根据 IMR 构造原理和排除型限制变量原理，可以直接采用 Heckman 最大似然估计对 IMR 和排除型限制变量进行检验。具体检验结果如表 4.4 所示，模型最大似然估计的 p 值：$p > |z| = 0.276\,5$，表明接受原假设。Heckman 最大似然估计结果显示，数据通过 IMR 检验，不存在样本选择性偏误，即不需将 IMR 变量代入后续方程进行样本选择纠正。同时，排除型限制变量 $Income\_gap$ 系数为 0.018 3，在 1% 的水平下显著，可以作为排除性限制变量来确保第一阶段方程的可识别性。

表 4.4 IMR 检验与排除型限制变量检验

变　量	Credit		Act_need
Peer_credit	0.799*** (0.154)		2.410*** (0.169)
Peer_inform	−0.045 8 (0.037 4)		−0.130** (0.050 7)
Inform	0.019 6* (0.011 6)		−0.101*** (0.014 8)
Risk	0.018 5 (0.011 3)		−0.130*** (0.012 5)
Happiness	−0.023 9 (0.015 1)		0.131*** (0.017 9)
Male	0.076 5 (0.046 7)		−0.236*** (0.056 8)
Age	−0.000 372 (0.001 43)		−0.014 5*** (0.001 45)
Edu	−0.000 119 (0.013 6)		−0.041 5** (0.018 0)
Party	−0.086 8** (0.037 7)		−0.047 2 (0.051 7)
Marry	−0.027 0** (0.013 0)		0.043 4*** (0.016 7)
Region	−0.042 7** (0.018 0)		0.161*** (0.020 7)
Lasset	0.049 0*** (0.010 6)		0.098 4*** (0.012 7)
Income_gap			0.018 3*** (0.005 19)
Constant	0.257 (0.253)		−0.450 (0.342)
/athrho	−0.333 9** (0.163 2)	/insigma	−0.763 1*** (0.043 6)

续表

变 量	Credit		Act_need
rho	−0.322 0 (0.146 3)	sigma	0.466 2 (0.020 3)
lambda	−0.150 1 (0.074 2)	Observations	11 652
LR test of indep. eqns.（rho=0）：		chi2(1)=1.18	Prob＞chi2=0.276 5

注：＊、＊＊、＊＊＊分别表示在 10％、5％和 1％的统计水平上显著。

3. 卡方检验

如表 4.5 所示，Triple-hurdle 各阶段模型整体拟合结果较好，其中第一阶段 Probit 回归中 LR 卡方检验在 1％显著性水平下 Prob＞chi2＝0.000 0；第二、第三阶段 Double-hurdle 模型中的 Wald 卡方检验也通过 1％统计水平的显著性检验。

表 4.5　卡方检验结果

	卡方检验	P 值	样本量
第一阶段 probit 回归	1 114.27	0.000 0	11 652
第二阶段 DHreg 回归	489.97	4.303e−89	1 549
第三阶段 DHreg 回归	319.00	4.779e−61	570
DHreg 二三阶段整体	512.89	3.503e−93	1 549

4.6.2　社会互动效应分析——核心自变量

采用 Stata 14.1 软件对 Triple-hurdle 模型进行实证，探究社会互动对农户信贷行为三个阶段的影响。社会互动效应可能由内生效应和外生效应两个渠道作用于农户信贷行为，主要通过同伴信贷行为和同伴金融知识两个变量用来衡量内生、外生效应，其系数和显著性反映了社会互动效应对农户信贷行为的影响程度。此外，由于 Probit 模型和 DHreg 模型为非线性模型，因此需要通过求边际效应来具体分析社会互动效应对农户信贷行为的影响。

社会互动对农户信贷三阶段的影响结果具体如表 4.6 和表 4.7 所示。表 4.6
回归结果体现了各变量间的相对影响程度,表 4.7 的边际回归结果体现了各变量
间的绝对影响程度。社会互动效应对农户信贷行为三阶段的影响过程中,内生效
应全程发挥了作用,外生效应仅在农户信贷行为第一阶段——"有效信贷需求"阶
段作用显著。此外,从比较同一阶段中,同伴信贷行为和同伴金融知识边际效应
的系数大小来看,可以发现,同伴信贷行为系数远大于同伴金融知识,例如表 4.7
中,"有效信贷需求"阶段|0.441 0|>|−0.024 2|,有效信贷机会阶段|3.002|>
|−0.173|,说明在社会互动效应中,内生效应占据主导作用,且确实存在社会乘
数效应,能有效推进信贷的参与度与发展。

表 4.6　Triple-Hurdle 模型回归结果

变　量	第一阶段 Act_need	第二阶段 $Credit$	第三阶段 $Credit\_amout$
$Peer\_credit$	2.391*** (0.168)	2.989*** (0.302)	24.611*** (2.669)
$Peer\_inform$	−0.131*** (0.050 7)	−0.181* (0.109)	−2.057* (1.072)
Age	−0.014 5*** (0.001 45)	−0.006 19* (0.003 40)	−0.070 6** (0.033 9)
$Male$	−0.236*** (0.056 7)	0.082 4 (0.133)	0.695 3 (1.313 1)
$Marry$	0.043 2*** (0.016 7)	−0.078 9* (0.040 9)	−0.763 6* (0.417 2)
$Party$	−0.047 8 (0.051 7)	−0.178 (0.110)	−1.909* (1.074 3)
Edu	−0.041 8** (0.018 0)	−0.035 5 (0.039 8)	−0.301 3 (0.395 1)
$Inform$	−0.101*** (0.014 8)	0.010 2 (0.030 3)	0.107 6 (0.299 0)
$Risk$	−0.130*** (0.012 5)	0.004 31 (0.025 6)	0.017 2 (0.253 7)

续表

变　量	第一阶段 *Act_need*	第二阶段 *Credit*	第三阶段 *Credit_amout*
Asset	0.098 0 *** (0.012 7)	0.159 *** (0.027 7)	1.872 *** (0.275 9)
Happiness	0.132 *** (0.017 9)	−0.031 1 (0.0386)	−0.312 5 (0.3833)
Region	0.161 *** (0.020 7)	−0.038 8 (0.046 4)	−0.449 1 (0.463 7)
_cons	−0.436 (0.342)	−0.967 (0.720)	−10.031 1 (7.081 0)
Income_gap （排除性限制变量）	0.017 6 *** (0.005 27)		
N *ll*	11 652.000 0 −3.15e+03	1 512.000 0 −1.59e+03	1 512.000 0 −1.59e+03

注：*、**、*** 分别表示在 10%、5% 和 1% 的统计水平上显著。

表 4.7　Triple-hurdle 模型的系数边际回归结果

变　量	第一阶段 *act_need*	第二阶段 *credit*	第三阶段 *credit_amout*
Peer_credit	0.441 0 *** (0.031 6)	3.002 *** (0.308)	−0.816 *** (0.311)
Peer_inform	−0.024 2 *** (0.009 4)	−0.173 (0.111)	−0.127 (0.145)
Age	−0.002 7 *** (0.000 3)	−0.006 17 * (0.003 46)	−0.010 5 ** (0.004 69)
Male	−0.043 6 *** (0.010 4)	0.070 3 (0.136)	−0.052 6 (0.178)
Marry	0.008 0 *** (0.003 1)	−0.078 6 * (0.041 2)	0.037 8 (0.067 0)
Party	−0.008 8 (0.009 5)	−0.195 * (0.113)	−0.296 ** (0.141)

续表

变　　量	第一阶段 act_need	第二阶段 credit	第三阶段 credit_amout
Edu	−0.007 7** (0.003 3)	−0.039 3 (0.040 5)	0.103* (0.055 5)
Inform	−0.018 6*** (0.002 7)	0.017 3 (0.030 8)	−0.041 5 (0.040 6)
Risk	−0.024 0*** (0.002 3)	0.005 31 (0.026 0)	−0.045 7 (0.034 8)
Asset	0.018 1*** (0.002 3)	0.182*** (0.028 4)	0.480*** (0.035 9)
Happiness	0.024 3*** (0.003 3)	−0.038 7 (0.039 1)	0.040 2 (0.053 1)
Region	0.029 7*** (0.003 8)	−0.025 1 (0.047 2)	−0.172*** (0.064 7)
_cons		−1.233* (0.735)	6.592*** (0.936)
sigma_cons			1.055*** (0.032 0)
Income_gap (排除性限制变量)	0.003 2*** (0.001 0)		
N ll	11 652.000 0 −3.15e+03	1 512.000 0 −1.59e+03	1 512.000 0 −1.59e+03

注：*、**、***分别表示在 10%、5% 和 1% 的统计水平上显著。

1. 内生效应分析

如表 4.6 所示的同伴信贷行为变量,相对于其他变量,对农户有效信贷需求
(系数为 2.391)、农户有效信贷机会(系数为 2.989)和实际信贷规模(系数为
24.611)的影响均为正,且通过 1% 的显著性检验;而在表 4.7 所示的边际回归结
果中,同伴信贷行为变量对农户有效信贷需求和有效信贷机会的影响为正,且通
过 1% 显著性统计检验。同伴信贷行为每增加一个单位,农户有效信贷需求增加
0.441 0 个单位,有效信贷机会增加 3.002 个单位。但同伴信贷行为对农户实际信

贷规模阶段在1%的显著性水平下存在负向影响,即同伴信贷行为每增加一个单位,农户实际信贷规模减少－0.816个单位。以表4.7的边际回归结果为分析依据可以看出,内生效应对农户信贷行为前两个阶段的乘数效应为正,能够有效促进农户信贷参与,却不能影响农户信贷实际获得资金规模。同一村落中,村民邻里通过信贷筹集资金,发展生产,改善生活。农户接受到这一信息后,受到同村农户信贷行为的示范作用的影响,也产生了通过信贷改变自身生活的动机,从而产生有效信贷需求,并进一步主动申请贷款。由于主动申请行为增加,农户中的信贷获得率也相应增加。

由此可见,尽管农户本人对银行信贷等农村金融产品了解程度低,但良好的金融环境和同伴示范行为可以在一定程度上降低农户对信贷风险的担忧,促进农村信贷和农村金融市场的发展。但是,同伴信贷行为却对农户有效借贷规模存在负向影响。其可能原因为,农户实际获得借贷金额的决定权在贷款的供给方——银行。当村落整体信贷申请人数上升,信贷申请规模不断扩大,出于对信贷违约风险的考虑,银行为了保证自身营利的稳健性,会严格控制农户的申请金额。综上所述,社会互动对农户信贷行为"有效信贷需求"阶段和"有效信贷机会"阶段存在明显的正向乘数效应,即可以有利于促进农户对信贷的申请和应用。

2. 外生效应分析

同伴金融知识在农户信贷行为第一阶段作用更加显著。表4.6中,其系数－0.131为负数,在1%条件下显著,表明在其他变量不变时,同伴金融知识相对越高,农户有效需求越高;同伴金融知识对信贷第二第三阶段的影响仅在10%条件水平下显著,其系数分别为－0.181和－2.057。从表4.7中的边际效应来看,同伴金融知识仅对"信贷有效需求"阶段影响显著,对该阶段的影响系数为－0.024 2,在1%条件下显著。但同伴金融知识对"有效信贷机会"和"实际信贷规模"阶段影响不显著。边际回归结果说明,尽管农户自身金融知识了解有限,对信贷产品认知不够充分,但通过同村落中的互动和交流,从具备高金融知识的农户处进一步了解信贷的流程、作用和优势,可以促进农户申请贷款的欲望,即对有效信贷需求阶段存在激励。然而,同伴金融知识对农户能够成功获得贷款,以及获得多少贷款,不存在显著影响。

4.6.3　户主及家庭分析——控制变量

控制变量系数回归结果(表 4.6)和控制变量边际效应回归结果(表 4.7)的显著性大体一致,后续分析以边际回归结果为主。由于控制变量对农户信贷三阶段的影响不完全一致,下面对计量结果进行纵向比较。

第一,在农户有效需求阶段,年轻的男性户主的有效需求更高。此外,金融知识关注度越高、金融风险偏好越高、家庭资产越多,幸福指数越低的家庭,更容易受到社会互动影响,产生更高的有效需求,同时地区虚拟变量显著。第二,控制变量在农户有效信贷机会阶段中,仅有家庭资产变量在 1‰条件水平下显著,表明资产越丰厚的家庭越容易获得信贷。第三,在实际信贷规模阶段,仅有家庭资产和地区两个变量存在显著性作用,表明家庭资产是银行衡量农户是否能够即时、足额还款的有效指标,同时地区发展也制约着农户在信贷服务上的申请和获得。

这意味着,在"有效信贷需求"阶段,家庭的主观因素如户主教育、金融知识、幸福感等会对其产生显著影响。但在信贷后两个阶段,存在与银行的关联,因此,家庭的客观特征,如家庭资产,会对有效信贷机会和实际信贷规模存在有效影响。事实上,在存在信息不对称的农村地区,农户固定资产状况是正规金融机构关注的重要信息,显著影响着农户是否能够通过贷款审批。此外,受教育程度更高、金融知识关注度更高的农户更懂得利用信贷等金融工具改善生活,因此会更加积极地申请贷款;同时,家庭资产越多的农户,往往家庭收入现金流更加稳定,在申请贷款时更容易通过审核。

4.7　收入异质性检验

社会比较往往会派生出不同结果,这是由于比较主体在社会群体中的地位不同导致(张晓琳、董继刚,2017),由此推断,不同收入水平下的农户受到示范效应的影响程度可能不同。因此,对整体农户以收入进行排序,从低到高进行三等分,得到低收入农户群体——收入排名后三分之一(3 884 人)、中等收入农户群体——收入排名中等三分之一(3 884 人)和高收入农户群体——收入排名前三分之一(3 884 人)。

表4.8 和表4.9 是收入异质性下的回归结果。表4.8 反映了各变量之间的相对系数大小和显著性,表4.9 反映了各变量间的绝对系数大小和显著性。为了主题突出和版面简洁,表4.8 和表4.9 截取了核心自变量的回归结果。表4.8 和表4.9 的系数大小和显著性水平与整体数据运算结果(表4.6 和表4.7)基本吻合,也证明了模型回归结果的稳健性。下面以表4.8 与表4.9 代表的边际回归结果为基础,对收入异质性下的农户信贷行为进行分析。

表4.8 社会互动对低中高农户信贷行为影响回归结果

	有效需求阶段		
	低收入	中等收入	高收入
Peer_credit	2.358***	2.569***	2.591***
	(0.341)	(0.292)	(0.270)
Peer_inform	−0.117	−0.181**	−0.193**
	(0.089 6)	(0.088 3)	(0.091 4)
	有效信贷机会阶段		
	低收入	中等收入	高收入
Peer_credit	3.161***	3.483***	2.595***
	(0.681)	(0.542)	(0.474)
Peer_inform	−0.390*	−0.161	0.008
	(0.200)	(0.206)	(0.119)
	实际信贷规模阶段		
	低收入	中等收入	高收入
Peer_credit	28.359***	26.506***	18.864***
	(6.591)	(4.508)	(3.560)
Peer_inform	−4.329**	−2.273	−0.138
	(2.065)	(2.040)	(1.550)

注:*、**、*** 分别表示在10%、5%和1%的统计水平上显著。

表 4.9 社会互动对低、中、高收入农户信贷行为影响的边际回归结果

	有效需求阶段		
	低收入	中等收入	高收入
Peer_credit	0.408***	0.480***	0.441***
	(0.060)	(0.056)	(0.047)
Peer_inform	−0.020	−0.034***	−0.033**
	(0.016)	(0.016)	(0.016)
	有效信贷机会阶段		
	低收入	中等收入	高收入
Peer_credit	3.161***	3.483***	2.595***
	(0.681)	(0.542)	(0.474)
Peer_inform	−0.390*	−0.161	−0.008 17
	(0.200)	(0.206)	(0.191)
	实际信贷规模阶段		
	低收入	中等收入	高收入
Peer_credit	−0.950	−1.052**	−0.554
	(0.773)	(0.537)	(0.451)
Peer_inform	−0.234	−0.261	0.054 4
	(0.277)	(0.290)	(0.210)

注：*、**、*** 分别表示在 10%、5% 和 1% 的统计水平上显著。

在"有效信贷需求"阶段，农户无论是低收入、中等收入还是高收入群体，其社会互动效应影响大多显著，且内生效应的激励效果远大于外生效应。（1）内生效应在不同收入农户信贷行为三阶段均显著。具体来看，如表 4.9 所示，同伴信贷行为对低、中、高收入农户信贷行为的影响在 1% 条件下均显著。其中，中等收入农户的有效信贷需求的影响系数最大，为 0.480，高于高收入群体（0.441）和低收入群体（0.408）。这表明中、低收入的农户为了缩小自己的收入水平差距、提高自身幸福感，更容易受到同村用户的行为影响，产生有效信贷需求；高收入农户尽管处于同村落社会经济地位的顶端，但为了维持自己的收入地位，不被其他农户赶超，在周围农户增加信贷行为的条件下，更期望自己的收入维持在较高水平，从而产生有效信贷需求。通过比较不同收入水平下同伴信贷行为的系数发现，中等收入水平农户更加容易受到同伴信贷的影响而申请贷款。低收入水平农户受到影响程度最低，可能是由于低收入群体受教育程度有限，长期贫穷产生自卑心理，或者"甘于贫困"，相对缺乏主动改善生活的内生动力。这也证明中国近年来不断强调的扶贫需扶"志"的理念的正确性。(2)同伴金融知识的显著性说明同伴金融知识代表的外生效应存在(见表 4.9)，仅对中等收入和高收入农户显著。对中等收入农户的有效信贷需求的影响系数为在 1％的显著性水平下系数为－0.034，对高收入农户的影响在 5％水平下系数为－0.033。这说明相对中等收入和高收入人群而言，低收入农户对周围环境反馈更加迟钝。而中等和高收入农户之所以能够维持高收入，是因为更会受到收入比较激励，更懂得利用周围的有效信息(即他人金融知识)进行社会学习，从而对家庭资产进行配置、累积家庭财富。

在"有效信贷需求"阶段的基础上，不同收入水平的农户的有效信贷机会受到社会互动中内生效应的影响更强烈。如表 4.9 所示，在所有具有有效需求的农户中，依旧为中等收入农户受到同伴信贷行为的影响程度最大，系数为 3.483。这表示同村农户信贷参与每增加一个单位，农户的有效信贷机会增加 3.483 个单位，高于低收入农户的 3.161 和高收入农户的 2.595。在低收入农户的信用评级低于高等收入农户的情况下，低收入农户申请并成功获得信贷的概率高于中等收入农户，说明低收入农户由于长期处于低收入状态，更容易怀疑自己独立判断时的信贷投资决策，因此选择跟随同村同伴的信贷投资行为。此外，内生效应的乘数效应说明，社会互动可以激活低、中、高收入农户的申请动力，提高农村金融市场发展水平。而实际信贷规模与整体数据计量结果一致，社会互动对信贷规模的影响有限，主要依靠银行的判断和审批。

4.8　小结

中国作为发展中国家之一，农村地区仍存在明显的信贷约束问题。信贷约束的形成不仅仅是由于信贷供给不足,也与信贷主体需求不足密切相关。所以,关注农户信贷行为,探究如何激发农户信贷需求、激励农户主动参与信贷,是当前解决农村信贷抑制、促进农村金融发展的重要途径之一。

实际上,农户信贷行为在空间上并不独立,容易受到周围其他人群信贷行为的影响。基于此,本章尝试借助社会互动理论来探究农户信贷行为问题,并将信贷行为定义为由"有效信贷需求""有效信贷机会"和"实际信贷规模"三个阶段构成的时序性行为。将"有效信贷需求"定义为第一阶段,是因为只有存在有效需求的农户才会产生参与信贷的内生动力。因此,通过对农户的有效信贷需求进行识别、筛选,在此基础上考察社会互动对农户"有效信贷需求""有效信贷机会"和"实际信贷规模"三个阶段的影响,这对改进信贷政策具有参考价值。此外,在研究方法上,Triple-hurdle 模型的选用及改进,消除了可能存在的内生性问题和样本选择问题,分组回归拓展了收入异质性下的行为差异。通过实证检验,研究结果表明:

(1)就整体来看,社会互动能够促进农户信贷行为,且通过内生效应和外生效应两个渠道对农户信贷行为产生激励作用。从实证结果来看,在信贷行为三阶段中,内生互动效应系数远大于外生效应系数,表明内生互动效应占据主要地位,该系数表明预测的社会乘数效应存在。

(2)就信贷行为的不同阶段来看,内生效应和外生效应在"有效信贷需求"阶段均显著;而在"有效信贷机会"阶段和"实际信贷规模"阶段,仅有内生效应显著。即农户间通过社会互动,观察到同村村民通过参与信贷发展生产,并通过交流进一步了解信贷相关知识,从而产生通过信贷改变自身生活的动机,继而产生有效信贷需求,并模仿同村农户信贷行为申请贷款。但农户最终能够获得的贷款金额主要由银行决定,故社会互动对实际贷款规模阶段不存在显著影响。

(3)就控制变量来看,在农户"有效信贷需求"阶段,年轻的男性户主的有效需求更高。此外,金融知识关注度越高、风险偏好越高、幸福指数越低的东部地区家庭,更容易产生更高的有效需求。控制变量在农户"信贷有效机会"机会阶段表明,户主受教育程度越高、金融知识关注度越高、家庭幸福感越强、家庭资产越多的家庭更容易获得信贷。在"实际信贷规模"阶段,当其他变量不变时,仅有家庭资产和地区两个变量存在显著性作用。

(4) 从分组数据来看,将样本农户按照收入从低到高分为低收入农户、中等收入农户和高收入农户。社会互动对不同收入农户的信贷行为第一第二阶段在1%水平下均存在显著影响,但系数存在差异。计量结果表明"有效信贷需求"阶段,中等收入农户更容易受到社会互动的影响,相对低收入和高收入农户,其内生效应系数和外生效应系数最大;在"有效信贷机会"阶段,不同收入农户的信贷行为受到内生效应的显著影响,外生效应的影响不显著。其中,依旧是对中等收入农户的影响系数高于低收入和高收入农户,表明中等收入农户更容易将信贷需求转化为实际信贷申请行为。在"实际信贷规模"阶段,内生效应系数呈现负数,且社会互动的影响不显著,说明农户能够获得的实际信贷规模不是自身可以决定,而是取决于银行的审批与安排。银行出于利润最大化和规避违约风险的考虑,可能会依据农户的盈利能力和资产情况对农户可获得金额进行调整。故社会互动对不同收入农户的实际信贷规模阶段不存在显著影响。

附录　社会互动对农户信贷行为的影响

表 4.10　社会互动对低收入农户信贷行为影响的边际效应

变　量	(1) 有效信贷需求阶段	(2) 有效信贷机会阶段	(3) 有效信贷规模阶段
Ref_credit	0.408*** (0.060)	3.161*** (0.681)	−0.950 (0.773)
$Peer\_inform$	−0.020 (0.016)	−0.390* (0.200)	−0.234 (0.277)
Age	−0.003*** (0.000)	−0.005 00 (0.006 11)	−0.022 9*** (0.008 79)
$Male$	−0.060*** (0.017)	0.180 (0.239)	0.250 (0.343)

续表

变　　量	（1） 有效信贷需求阶段	（2） 有效信贷机会阶段	（3） 有效信贷规模阶段
Marry	0.007 (0.005)	0.028 7 (0.065 5)	0.014 7 (0.104)
Party	−0.001 (0.017)	−0.194 (0.218)	−0.455 (0.291)
Edu	−0.006 (0.006)	0.046 6 (0.077 0)	0.121 (0.110)
Inform	−0.009* (0.005)	0.007 03 (0.056 7)	−0.137* (0.079 7)
Risk	−0.026*** (0.004)	−0.006 31 (0.046 3)	−0.028 1 (0.068 3)
Asset	0.013*** (0.004)	0.129** (0.050 0)	0.454*** (0.067 7)
Happiness	0.022*** (0.005)	−0.089 7 (0.063 9)	0.115 (0.095 4)
Region	0.021*** (0.006)	−0.057 8 (0.081 3)	−0.088 1 (0.123)
Constant		−0.097 4 (1.238)	7.877*** (1.691)
Income_gap	0.015 3*** (0.003 95)		
sigma		1.069*** (0.061 9)	1.069*** (0.061 9)
观察值	3 884	491	491

注：*、**、***分别表示在 10%、5%和 1%的统计水平上显著。

表 4.11　社会互动对中等收入农户信贷行为影响的边际效应

变　　量	（1） 有效信贷需求阶段	（2） 有效信贷机会阶段	（3） 有效信贷规模阶段
Ref_credit	0.480*** (0.056)	3.483*** (0.542)	−1.052** (0.537)

续表

变　量	(1) 有效信贷需求阶段	(2) 有效信贷机会阶段	(3) 有效信贷规模阶段
$Peer\_inform$	−0.034 *** (0.016)	−0.161 (0.206)	−0.261 (0.290)
Age	−0.002 *** (0.000)	−0.002 26 (0.006 00)	−0.012 2 (0.009 38)
$Male$	−0.045 *** (0.019)	0.077 1 (0.252)	−0.362 (0.348)
$Marry$	0.009 * (0.005)	−0.182 ** (0.074 8)	0.021 8 (0.139)
$Party$	0.015 (0.018)	−0.000 452 (0.225)	−0.279 (0.319)
Edu	−0.008 (0.006 0)	0.050 3 (0.075 1)	0.163 (0.119)
$Inform$	−0.017 *** (0.004 7)	0.074 4 (0.057 8)	−0.039 9 (0.089 8)
$Risk$	−0.023 *** (0.004)	0.003 94 (0.046 4)	−0.047 4 (0.072 8)
$Asset$	0.015 *** (0.004)	0.088 7 (0.058 6)	0.432 *** (0.087 7)
$Happiness$	0.014 ** (0.006)	0.037 8 (0.071 8)	0.161 (0.113)
$Region$	0.029 *** (0.007)	0.157 * (0.086 0)	−0.243 * (0.135)
$Constant$		−1.715 (1.495)	7.829 *** (2.180)
$Income\_gap$	−0.011 ** (0.005)		
$sigma$		1.115 *** (0.062 3)	1.115 *** (0.062 3)
$Observations$	3 884	511	511

注：* 、** 、*** 分别表示在 10%、5% 和 1% 的统计水平上显著。

表 4.12　社会互动对高收入农户信贷行为影响的边际效应

变　量	(1) 有效信贷需求阶段	(2) 有效信贷机会阶段	(3) 有效信贷规模阶段
Ref_credit	0.441*** (0.047)	2.595*** (0.474)	−0.554 (0.451)
$Peer\_inform$	−0.033** (0.016)	−0.008 17 (0.191)	0.054 4 (0.210)
Age	−0.003*** (0.000)	−0.011 5* (0.006 24)	0.001 22 (0.006 75)
$Male$	−0.018 (0.017)	−0.067 5 (0.232)	0.097 8 (0.254)
$Marry$	0.008 (0.006)	−0.129 (0.087 2)	0.074 9 (0.128)
$Party$	−0.019 (0.014)	−0.312* (0.175)	−0.304* (0.182)
Edu	−0.006 (0.005)	−0.193*** (0.066 4)	0.054 8 (0.074 5)
$Inform$	−0.027*** (0.004)	0.016 4 (0.050 7)	0.016 3 (0.055 2)
$Risk$	−0.019*** (0.004)	0.012 8 (0.045 0)	−0.058 2 (0.048 2)
$Asset$	0.024*** (0.004)	0.232*** (0.050 4)	0.485*** (0.053 2)
$Happiness$	0.037*** (0.006)	−0.039 0 (0.073 0)	−0.096 0 (0.078 4)
$Region$	0.021*** (0.007)	−0.099 3 (0.086 5)	−0.145 (0.095 3)
$Constant$	−0.016*** (0.005)	−1.055 (1.242)	4.263*** (1.298)
$Income\_gap$	−0.016*** (0.005)		
$sigma$		0.954*** (0.044 0)	0.954*** (0.044 0)
$Observations$	3 884	491	491

注：*、**、***分别表示在 10%、5% 和 1% 的统计水平上显著。

第5章

农户贷后行为选择:隧道效应还是"跟上琼斯"效应

5.1　引言

　　贷后消费行为是指农户在参与信贷后,对现有资金的分配使用行为。根据农户对各类消费支出的动机不同,农户贷后存在不同方向的消费行为,如选择投资性消费或选择炫耀性消费。本章研究农户贷后消费行为的目的,一是从微观上可以了解并掌握农户的资金运用动机,进一步推断农户的实际金融需求情况,从而制定出更加具有针对性的农村金融政策,设计出更加具有实操性的金融产品和服务。二是根据农户贷后消费的倾向分化,预测未来一段时间内农户的经济福利效果。例如,当申请信贷后,如果农户将资金更多地投入生产发展,那么可以积极预测未来农户的收入和生活水平都将得到提升;如果农户选择将资金更多地投入奢侈品以及炫耀性消费时,则需要担心农户未来是否会陷入过度消费,从而加剧家庭贫困。因此,研究农户贷后消费行为,是了解农户如何协调消费与投资间的资金分配的重要手段,也是检验金融支农效果的重要方法。

5.2　文献回顾

　　农户消费选择行为常与农户借贷行为相关联,农户信贷需求除了满足生产性需求外,常将信贷用来满足消费需求。尹学群等(2011)指出,随着收入水平的提高,农户借款的生活性动机不断减低,而收入性生产和商业性动机不断增强。涂先进等(2018)指出,以借贷为主的二元金融会对消费产生积极的虚拟财富效应,并且当正规金融和非正规金融形成联动后,其产生的虚拟财富效应的积极效果得到充分释放。分析结果显示,农业信贷配给对农民消费的间接效应具有非线性和空间相关性的双重特征。刘艳华和郑平(2016)利用 30 年省级面板数据验证了信贷配给对农户消费行为的影响,表明农村信贷配给对消费存在负向双重门限效应,且存在收入异质性和空间相关性。李江一和李涵(2017)以 CHFS2011 年和CHFS2013 年数据为基础,验证了信用卡负债对中国家庭消费的正向促进作用。张自然和祝伟(2019)指出,家庭负债对家庭消费可能存在不同影响结果。针对消费结构的变化,可以分为促进消费升级带来的生活水平改善和消费结构升级带来的生活水平下降两种情况。

众所周知,消费会受到预算约束、商家供给和自身需求的影响。但除此以外,消费也会受到周围人群的消费行为影响,这表明消费者的消费行为并不完全由市场价格机制来决定。在这种非市场机制的动态过程中,消费者学习、模仿他人的消费行为形成消费中的社会互动。而这种现象早在 1860—1870 年便获得国外学者的广泛认可(Bearden and Michel,1982)。国外学者认为,社会互动对消费行为的影响,除了会促进整体消费外,还可能对贷后消费倾向存在影响:一种是社会互动促进农户贷后投资性消费,衍生出隧道效应;另一种是社会互动促进农户贷后炫耀性消费,衍生出"跟上琼斯"效应。

首先来看社会互动对贷后投资性消费的影响。在相对贫困的群体中,适度的金融发展会改善生活,增加平等提升福利(Galor and Moav,2004)。低收入群体的个人技能缺失,信息相对闭塞,以及对未来情景的不确定,促使他们从社交网络成员那里寻求信息,以形成对未来收入和财富状况的预期(Senik,2004)。如果高收入群体通过商业投资或人力资本积累改善其收入和社会地位,低收入群体就会认为他们的成功是对自己未来的承诺。为了提高自身的经济社会地位,通过社会互动,低收入群体认知学习,并采取积极的"野心"行动,借助申请信贷投资商业活动或学习培训等未来能带来正向回报的消费,进一步积累财富或人力资本,从而效仿他人的成功（Li，2018）。

再来看社会互动对贷后炫耀性消费的影响。Veblen(1912)首次在《有闲阶级论》一书中提出，不太富裕的人倾向于效仿富裕的有闲阶级，并通过炫耀性消费或炫耀性休闲来表明自己的价值。经济学家 Frank(1985)，Becker(1973)早有研究，消费者购买产品不仅是为了功能实用，也为了其社会意义。人们关心他们在社会等级中的排名，并希望跟上和他们密切相关的人，如邻居和亲戚(Guven and Sorenson，2012)等，这种现象即为"跟上琼斯"效应。根据这种"跟上琼斯"效应，当观察到其他人在收入和地位方面的改善时，低收入者会产生嫉妒和不甘等负面情绪(Akay et al.，2012)，而低收入家庭，为了维持和提高他们的社会地位，需要通过债务为更多的消费提供资金来模仿富裕家庭的消费方式，例如购买汽车，珠宝和其他奢侈品等方式，以获得社会认可(Rayo and Becker，2006；Moav and Neeman，2010；Bertrand and Morse，2013)。但是，由于这些支出远远超出了他们的收入来源，低收入的家庭只能依靠持续的信贷融资来维持高额消费(Alvarez and Japaridze，2017；Kumhof et al.，2015)。尽管通过信贷可以维持与高收入者类似的消费生活水平，但可能带来负向的结果——即存在陷入过度负债的巨大风险，陷入家庭财务困境，加剧贫困现状(Georgarakos and Haliassos，2014)。

国内学者已经逐步认识到参考群体对个体的消费决策具有影响作用，并且其中的作用机制可以从行为经济学的角度进行阐释。此外，这种社会互动对个体消费行为的影响是因人而异的(张剑渝、杜青龙，2009)。一方面，部分国内学者关注社会互动与家庭总体消费决策之间的关系。冯尧(2010)以社会互动为媒介，观察个体的消费行为与参考群体的消费决策之间的联系以及作用机理。其认为社会互动主要是通过信息传播和溢出效应，从而从正向或者负向影响个人消费行为。张海洋等(2019)将家庭与社会之间的互动定义成社会信任，发现家庭对社会的信任会显著增加家庭的总消费，商品类消费和服务类消费也随之增加。同时，家庭信任程度的增加还将改变家庭的消费选择在不同类别商品之间的替代，消费更多品质不确定的商品并减少消费品质相对确定的商品。另一方面，也有部分学者开始关注社会互动与家庭不同消费支出之间的关系。余丽甜和詹宇波(2018)研究表明,农村的教育消费中存在明显的社会互动效应,且这种效应在收入差距越大的情况下越显著。谢家智等(2017)以心理账户、行为经济学为基础,研究农户通过金融借贷,产生心理财富,从而促进消费的现象,且发现对生存型消费影响效应要高于其他类型消费。王新丽(2010)着重于研究社会互动对炫耀性消费的影响,社会互动主要通过社会地位、从众、追求独特、面子和自我享乐五个动机要素对农户消费行为产生影响。

5.3 社会互动对贷后消费行为的影响机理

社会互动对贷后消费行为的作用影响机制按照其作用顺序,可以分为两部分(见图 5.1):第一部分为引入信贷的消费理论,用于证明信贷可以刺激农户消费。第二部分是在第一部分的基础上,再引入社会互动,用于证明社会互动对贷后消费行为的影响及其分化结果。

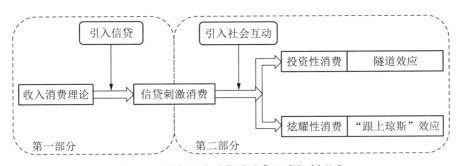

图 5.1 社会互动对贷后消费行为机制形成

5.3.1 信贷刺激消费的理论机制

杜森贝利(J.S.Duesenberry)的相对收入消费理论是传统消费理论之一。该理论认为,消费者的消费行为不仅会受到自身消费习惯的影响,也会受到周围消费水平的影响。该理论在凯恩斯绝对收入理论的基础上考虑了消费者周围环境如人文因素对消费的影响,强调了社会比较在消费中的作用。

但相对收入消费理论没有包含信贷等金融产品的影响,因此,本节引入考虑信贷的相对收入消费理论。根据杜森贝利的相对收入消费理论,如图5.2所示,长期来看居民的消费函数是一条由收入决定的,从原点出发的直线。正常当居民收入上升为Y_0时,居民对应的消费为C_0;当居民收入下降至Y_1时,理论上居民消费应该下降至C_1,但由于相对消费中社会比较的存在,居民消费仅仅下降至C_2。即,居民消费的下降幅度小于居民收入的下降幅度($Y_0-Y_1>C_0-C_2$)。当消费理论引入信贷时,居民当前的实际收入没有变化,但是在心理账户的作用下,可支配收入增加,收入—消费函数曲线是一条更加平缓的消费曲线。此时,当居民收入从Y_0下降至Y_1时,居民消费仅仅下降至C_3。由图5.2可以看出,明显$C_0-C_2>C_0-C_3$。这说明考虑信贷后,在周围人群消费水平的共同作用下,会进一步刺激居民消费。

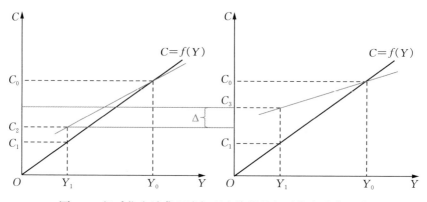

图5.2　相对收入消费理论与引入信贷的相对收入消费理论

5.3.2　隧道效应和"跟上琼斯"效应机理研究

国外学者认为借贷能显著提高农户的福利效果,促进农户生产,同时还可以满足消费需求(Khandker,1998;Pitt and Khandker,1998)。农户在产生信贷行为后可能出现两种支出倾向:一是倾向于投资性消费,二是倾向于炫耀性消费。投资性消费是指农户为了维持扩大生产或者提升未来生产能力,通过对教育、生产经营以及保险等方面的支出,从而为未来能够累积人力资本、社会资产以及保障风险的消费;炫耀性消费是指农户为了"炫耀"自己的面子、地位、身份,而进行超过自身能力的消费,如建新房、奢侈生活支出以及高档次的婚丧嫁娶等。这两种不同的消费倾向可以产生不同的预期结果:一是模仿积极经济行为,进行生产教育投资,走向趋同的优质社会经济地位(即为隧道效应);二是模仿同伴的高额生活消费标准,陷入贫困陷阱(即为"跟上琼斯"效应),如图 5.3所示。

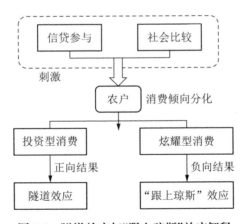

图 5.3　隧道效应与"跟上琼斯"效应解释

1. 投资性消费倾向下,隧道效应发挥作用

诚如加里·S.贝克尔(诺贝尔经济学奖获得者)所言,人力资本是一种对未来存在福利影响的消费支出,这种消费支出往往是可以提升人的素质能力或其他资本(比如子女教育、在职培训、医疗、保险等)的消费支出。对于农户而言,其"改天换命"的渠道有限,要么寄希望于自身,通过加大生产农业或者扩大工商业赚取家庭财富,要么寄希望于子女,通过教育摆脱农村困苦。而接受教育、扩大生产、寻找工作以及保证生活都需要一定的初始投资,因此将一部分信贷资金投入能够增加家庭未来收益的用途,便十分合理。所以,农户为了提升未来的福利效果,保证家庭的生产生活水平,会选择将信贷资金投入子女教育、在职培训、生产经营再扩大以及保险等方面(纪志耿,2008)。

本章提出的隧道效应,即农户为了提高自身的经济社会地位,通过社会互动了解他人经济情况,并采取积极的学习行动,借助申请信贷获得资金,投资商业活动、学习培训或保险等未来能带来正向回报的活动,进一步积累财富或人力资本,从而效仿他人的成功。对农户而言,这种消费可以是对教育的投资,可以是对生产经营的再投资,也可以是生产生活经营的保险投资。这类消费尽管当期不会立即产生正向结果,但是有望在未来提高农户收入、提升农户幸福感。

2. 炫耀性消费倾向下,"跟上琼斯"效应发挥作用

在村庄共同体内部,农户之间的关系是靠道德、习俗、网络、文化等非正式制度来规范和协调的。炫耀性消费除了包括奢侈品消费外,还包括人情往来和婚丧嫁娶。原因是:首先,中国农村是典型的人情社会,人情礼金不仅是农户间彼此进行感情交流、建立关系纽带、增加社会资本的重要手段,还侧面反映了该农户的收入水平和社会地位。其次,婚丧嫁娶、修建房屋可以体现农户经济综合能力,还可以通过婚丧嫁娶等大型活动的举行水准在群体中获取声望、尊严和荣誉。综合来说,炫耀性消费体现了农户在日常经济生活中的"面子"与"地位",为农户带来精神和心理上的满足感。

本章提出的"跟上琼斯"效应指当农户观察到其他人在收入和地位方面的改善,会产生嫉妒和不甘等负面情绪,而农户为了维持或提高他们的社会地位,赢得尊敬与声誉,会通过借贷获得资金,模仿富裕家庭的高额消费方式。对农户而言,这种高额消费是排除了衣食住行以外的其他大额消费,如出于攀比心理的红白喜事的高额礼金、相对奢侈的婚礼布置、除刚需外的购房消费、大件非必须耐用消费品以及奢侈品。但是,由于这些消费远超过农户本身经济所能承受的负荷,因此,农户通过信贷筹集的资金继续维持炫耀性消费。尽管通过信贷可以平滑短暂炫耀性消费的缺口,但长久来看,存在令农户陷入过度负债的巨大风险,从而加剧贫困现状。

5.4　实证研究

5.4.1　数据来源

本章采用中国家庭金融调查 2015 年(CHFS2015)和 2017 年(CHFS2017)数据,就社会互动对农户贷后消费行为的影响展开研究。中国家庭金融调查作为最早开展的全国大型中国家庭金融调查研究,其研究方法科学、覆盖人群广泛、研究内容丰富,充分反映了中国家庭的金融行为状态。CHFS2015 和 CHFS2017 数据中包含了本章研究所需要的农户信贷、消费及家庭特征等相关数据,数据范围与研究内容相契合。

本章在实证过程中采用 CHFS2015 数据中农业和工商业等生产经营的正规信贷数据以及 CHFS2017 数据中的农户消费数据。第一,选择生产经营贷款的原因是,农户基于生产经营需求去银行借贷并获得贷款审批的可能性更高。而获得贷款后,农户不一定实行专款专用。例如,黄祖辉等学者 2007 年在《管理世界》上发表的文章曾表明,农户正规信贷资金主要用于消费。此外,本章用"贷前—贷后"串联农户金融行为,为了确保贷前、贷后行为的连续性,信贷数据应当保持一致。所以,本章的 2015 年信贷最终使用数据与第 3 章 2015 年数据相同。第二,选择 CHFS2017 农户消费的原因是,一是根据行为生命周期的心理账户消费理论,人们会根据资金的来源建立不同的心理账户,通常划分为三类:现金收入账户、限期资产账户和未来收入账户。而农户申请信贷后,往往可以预示未来收入提升,这属于心理账户中的未来收入账户。当农户未来收入账户资金增加,就会增加农户的未来消费(李爱梅,2006)。因此,消费行为相对于信贷行为的发生,应该采用滞后期的数据。二是为避免家庭消费对于家庭负债可能存在反向因果影响导致的内生性问题,借鉴张自然和祝伟(2019)的研究设计,本章选择滞后的消费数据作为关键变量。综合以上两点,农户消费数据源于 CHFS2017 数据。

对 CHFS2015 和 CHFS2017 分别进行数据清洗。一方面，基于第 4 章 CHFS2015 数据筛选出的 11 652 条最终数据，保留家庭 ID、有效信贷机会以及户主、家庭特征等变量作为数据库 A。另一方面，对 CHFS2017 年三个子数据库进行合并后，可获得 127 012 条原始数据；接着，根据户口性质，剔除 81 945 非农业家庭数据，得到 45 067 条农户家庭数据；随后，在农户家庭数据的基础上，仅保留具有主要决断权的户主个人信息，并对剩余数据进行数据清洗和缺失值处理，得到 12 732 条农户数据；最终，仅保留 12 732 条农户数据中的家庭 ID、投资性消费数据和炫耀性消费数据等变量，储存作为数据库 B。将数据库 A 和数据库 B 根据家庭 ID 按照 $m：m$ 匹配原则进行合并，以 2015 年筛选出的数据为基础，得到 11 652 条数据。

5.4.2 变量说明与统计

1. 因变量

贷后消费倾向的因变量同样有两个，分为投资性消费（IC）和炫耀性消费（CC），来自 CHFS2017 数据，均取对数以确保数据平稳。投资性消费是指为保障或者提升未来生活水平，对生产、生活、医疗保障等方面进行消费支出，从而累积人力资本，提升未来福利水平。本章的投资性消费源于 CHFS2017 中教育、生产经营和保险方面数据。炫耀性消费是指并非满足自己真实需求，而是为了谋求某种社会地位或夸富，以满足自己虚荣心或者其他动机欲望而公开拥有或消费那些昂贵或者具有象征意义（比如，象征声望、形象、地位等）的商品或服务的行为。本章的炫耀性消费数据源于出于攀比心理产生的非刚需消费，如高额的人情礼金、大件非必须耐用消费品、旅游娱乐及奢侈品。

2. 核心自变量

根据本章对隧道效应和"跟上琼斯"效应的定义，这两种效应是农户受到社会比较的刺激，通过参与信贷来满足两种不同的消费需求。故信贷和社会比较是本章的核心自变量。其中，农户是否参与信贷采用有效信贷机会变量（$Credit$）衡量，社会比较是指同伴收入间的比较，采用收入比较变量（$Income\_gap$）衡量，均来自

CHFS2015 数据。有效信贷机会变量衡量农户是否成功申请到贷款,用 0—1 表示。收入比较变量表示农户和同村其他农户的收入差距,收入差距越大,农户期望通过信贷改变现有状态的需求越强烈。在变量处理中考虑到家庭规模因素,本章将家庭收入依据 OECD 平方根等价量表进行调整,得到农户家庭人均收入。首先求出同伴收入,即剔除农户 i 后,同村落其他农户家庭人均收入的平均值。由于收入比较更多体现了农户 i 家庭和同伴收入的差距,因此采用同伴家庭人均收入和农户 i 家庭人均收入的差值来体现收入比较这一特征。收入比较变量值越大,说明农户 i 和同村其他农户的差距越大,农户 i 受到的激励可能越大。

3. 控制变量

本章的控制变量主要包括户主特征、家庭特征以及地区特征,均来自 CHFS2015 数据。户主在家庭决策中扮演主导者的角色,其年龄、性别、政治面貌、受教育程度、婚姻状况、金融知识水平以及风险偏好都影响着家庭信贷行为的发生。家庭特质是影响家庭经济决策和资源配置的重要因素,因此引入家庭资产规模和家庭幸福感两个变量。此外,不同地区之间经济发展水平和信贷发展水平等方面存在明显差异,通过引入地区虚拟变量控制这一层面的影响。

户主性别为虚拟变量,若户主为男性,则取值为 1,否则取值为 2。户主年龄的计算,由调查年份 2015 减去出生年月加 1 得出。户主受教育程度为虚拟变量,取值越高,表明户主的受教育程度越高。户主政治面貌为虚拟变量,若户主为党员,则取值为 1,否则取值为 2。家庭资产取对数值。金融关注度、风险偏好和家庭幸福感为虚拟变量,取值为 1—5,取值越大表示金融知识关注度越低、风险接受能力越弱、家庭幸福感越低。户口所在区域为虚拟变量,若家庭处于东部地区,取值为 1;若处于中部地区,取值为 2;若处于西部地区,取值为 3。

表 5.1　主要变量及描述性统计分析

变量名称		变量代码	$Credit=1$		$Credit=0$	
			均值	标准差	均值	标准差
因变量	投资性消费	IC	7.455 3	4.510 5	5.539 7	4.566 3
	炫耀性消费	CC	6.947 6	3.286 3	5.415 2	3.332 6

续表

变量名称		变量代码	Credit＝1		Credit＝0	
			均值	标准差	均值	标准差
核心自变量	收入比较	$Income\_gap$	1.396 4	3.503 6	1.304 6	2.849 7
控制变量	户主年龄	Age	50.303 5	10.461 6	57.015 8	12.552 8
	户主性别	$Male$	1.080 7	0.272 6	1.124 3	0.329 9
	户主婚姻状况	$Marry$	2.142 1	0.739 9	2.324 4	1.126 3
	户主政治面貌	$Party$	1.856 1	0.351 3	1.890 9	0.311 8
	户主受教育程度	Edu	2.654 4	0.940 1	2.473 0	0.982 1
	户主金融关注度	$Inform$	3.733 3	1.189 8	4.167 7	1.031 6
	户主风险偏好	$Risk$	3.954 4	1.375 7	4.549 4	1.187 4
	家庭总资产	$Asset$	12.517 3	1.358 3	11.772 4	1.441 5
	家庭幸福感	$Happiness$	2.464 9	0.875 2	2.411 6	0.886 1
	地区变量	$Region$	2.194 7	0.776 8	1.909 8	0.808 4
样本量			570		11 082	

总样本农户数量为 11 652 户,其中成功参与信贷的农户有 570 户,未参与信贷的农户为 11 082 户,样本农户有效信贷机会为 0.048 9。对总体样本数据依据是否参与信贷分别进行统计性描述,分组后主要变量以及描述性统计结果如表 5.1 所示。

(1) 参与信贷的农户,其投资性消费和炫耀性消费分别为 7.455 3 和 6.947 6,高于未参与信贷农户的投资性消费(5.539 7)和炫耀性消费(5.415 2),同时,不论是否参与信贷,农户的投资性消费均高于炫耀性消费。参与信贷的农户,其收入比较变量值(1.396 4)也高于未参与信贷农户的同伴收入(1.304 6)。

(2) 在控制变量方面,尽管户主都属于中年人,但统计结果表明,参与信贷的农户户主更为年轻(50.303 5＞57.015 8);同时,参与信贷农户的受教育程度也更高(2.654 4＞2.473 0),但以小学、初中为主,符合中国农村中老年人教育水平一般情况。金融关注度的统计结果表明,参与信贷的农户对金融知识掌握程度更高。风险偏好水平对比表明,尽管样本农户都属于厌恶风险型客户,但参与信贷的农户对风险的接受程度高于未参与信贷的农户(3.954 4<4.549 4)。此外,参与信贷的农户,其家庭资产规模(7.668 2)显著高于未参与信贷农户(3.067 7)。而样本家庭其家庭幸福感都处于"比较幸福"和"一般",统计结果差异较小。

5.4.3　模型构建

1. 信贷对消费影响的 PSM 模型构建

农户获得信贷后,其资金如何使用呢? 首先通过 PSM 方法判断信贷是否对农户的消费产生影响,再基于前文的分析框架,探究农户贷后支出倾向问题。

依据农户是否成功申请信贷,将具有有效需求的农户样本分为信贷处理组($Credit=1$)和控制组($Credit=0$),基于 Rubin(1974)提出的"反事实框架",探究农户受到"信贷处理"后,其未来的消费是否受到影响,即信贷对消费是否有因果作用。通过 PSM 方法,本章考虑样本的自选择偏误,控制了截面数据可能存在的内生性问题。在给定的具有信贷有效需求的农户样本情况下,个体农户 i 进入处理组的条件概率为:

$$p(x_i) \equiv P(D_{i=1} | x = x_i) \tag{5.1}$$

通过匹配处理后,参与信贷的农户平均处理效应(ATT)估计量的一般表达式为:

$$A\hat{T}T = \frac{1}{N_1} \sum_{i: D_i = 1} (y_i - \hat{y}_{0i}) \tag{5.2}$$

其中, $N_1 = \sum_i D_i$ 为信贷处理组农户数,而 $\sum_{i: D_i = 1}$ 表示仅对信贷处理组农户进行加总;y_i 表示存在有效需求的总体农户的消费支出,y_{0i} 表示控制组农户的消费支出。本章对农户的总体消费、投资性消费和炫耀性消费,分别进行 PSM 测算,结果显著通过的进行具体贷后消费倾向分析。

2. 隧道效应和"跟上琼斯"效应模型构建

在确定信贷对农户消费存在显著性影响后,进一步探究隧道效应和"跟上琼斯"效应的存在。故同时引入信贷和收入比较变量,解释农户受到收入比较刺激后,通过借贷满足不同消费倾向。通过式(5.3)和式(5.4)两个计量模型来阐释两种效应所驱动的消费倾向:

$$IC = \rho_1 + \theta_1 Credit_i + \xi_1 Income\_gap_i + \eta_1 X_i + \varepsilon_{1,i} \qquad (5.3)$$

$$CC = \rho_2 + \theta_2 Credit_i + \xi_2 Income\_gap_i + \eta_2 X_i + \varepsilon_{2,i} \qquad (5.4)$$

其中,式(5.3)代表隧道效应驱动的贷后消费倾向,式(5.4)代表"跟上琼斯"效应驱动的贷后消费倾向。其中,γ_1 和 γ_2 为常数项,θ_1、θ_2、ξ_1 和 ξ_2 为回归系数,$\varepsilon_{1,i}$ 和 $\varepsilon_{2,i}$ 为随机误差项。由于隧道效应和"跟上琼斯"效应都是受到他人相对收入刺激而产生的行为,因此引入 $Income\_gap$ 变量。$Credit$ 系数显著表示农户的消费在信贷后产生的变化程度,$Income\_gap$ 系数显著表示农户的消费倾向受到相对收入的刺激,$Income\_gap$ 显著表示农户的消费倾向受到家庭人均收入的刺激。

5.5 实证分析结果及解释

5.5.1 基础性检验

在进行计量分析之前,为了剔除多重共线性的影响,因此采取方差膨胀因子法(VIF)对所有自变量进行检验。检验结果表 5.2 展示了社会互动对农户贷后消费影响实证检验的所有因变量,其中金融知识($Inform$)贡献了最大方差膨胀因子,为 1.22;家庭幸福感变量($Happiness$)贡献了最小的方差膨胀因子,为 1.02;整体平均方差膨胀因子为 1.10;根据经验法则,这些值都远小于 10,因此不存在多重共线性问题。

表5.2 VIF检验

变 量	VIF	1/VIF
Inform	1.22	0.821 199
Risk	1.19	0.838 349
Marry	1.14	0.879 260
Male	1.12	0.894 250
Party	1.11	0.899 025
Age	1.11	0.899 619
Edu	1.07	0.932 698
Region	1.05	0.956 062
Income_gap	1.04	0.958 145
Credit	1.04	0.960 721
Asset	1.03	0.972 715
Happiness	1.02	0.978 962
VIF 平均值	1.10	

5.5.2 信贷行为对农户消费的处理效应分析

首先,分析信贷是否会对农户后续消费产生影响。通过 Stata15.1 就是否参与信贷对农户投资性消费和炫耀性消费绘制箱线图,具体见图 5.4(a)和图 5.4(b)。图 5.4(a)可以看出,参与信贷的农户的投资性消费的四分位值、最大值和最小值均明显大于未参与信贷的农户。同理,从图 5.4(b)也可以看出参与信贷的农户的炫耀性消费高于未参与信贷的农户。此外,比较图 5.4(a)和图 5.4(b)可以看出,样本农户的投资性消费高于炫耀性消费,信贷对投资性消费的积极影响大于对炫耀性消费的影响。

为了进一步验证信贷对农户消费的影响,下面采用得分倾向匹配(PSM)对数据进行处理。第一步,将样本农户数据进行随机排序后,分别对投资性消费和炫

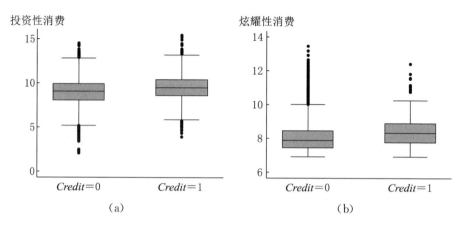

图 5.4   信贷对农户投资性消费(a)和炫耀性消费(b)影响

耀性消费采用 pstest 检验衡量变量匹配后是否平衡。投资性消费的 pstest 结果如表 5.3 所示,显示匹配后,两组变量的标准化偏差都明显小于 10％,且大多数 t 检验的结果不拒绝处理组与控制组无差异的原假设。对比匹配前的结果,大多数变量的标准化偏差均大幅度缩小。图 5.5 呈现了投资性消费和炫耀性消费匹配前后,各变量的变化情况。可以明显看出,无论是投资性消费还是炫耀性消费,其变量匹配后的标准差偏差以零偏差为基准,显著缩小了波动范围。

表 5.3   基于核检验的平衡检验结果(投资性消费)

变量	不匹配(U) 匹配(M)	平均值 处理组	控制组	标准化偏差 降低幅度 偏差降低(%)	偏差	t 检验 t	$p>t$	$V(T)/$ $V(C)$
Age	U	50.304	57.016	−55.1		−12.54	0.000	0.69*
	M	50.304	52.022	−14.9	74.4	−2.53	0.012	0.71*
Male	U	1.080 7	1.124 3	−14.4		−3.10	0.002	0.68*
	M	1.080 7	1.091 7	−3.6	74.7	−0.66	0.508	0.89
Marry	U	2.142 1	2.324 4	−19.1		−3.82	0.000	0.43*
	M	2.142 1	2.187 6	−4.8	75.0	−0.93	0.352	0.67*
Party	U	1.856 1	1.890 9	−10.5		−2.58	0.010	1.27*
	M	1.856 1	1.868 7	−3.8	63.9	−0.61	0.539	1.08

续表

变量	不匹配(U) 匹配(M)	平均值 处理组	控制组	标准化偏差降低幅度 偏差降低(%)	偏差	t 检验 t	p>t	V(T)/V(C)
Edu	U	2.654 4	2.473	18.9		4.31	0.000	0.92
	M	2.654 4	2.601 5	5.5	70.9	0.92	0.357	0.89
Inform	U	3.733 3	4.167 7	−39.0		−9.72	0.000	1.33*
	M	3.733 3	3.839 8	−9.6	75.5	−1.52	0.129	1.02
Risk	U	3.954 4	4.549 4	−45.3		−11.57	0.000	1.34*
	M	3.954 4	4.097 7	−11.2	75.9	−1.75	0.080	0.99
Asset	U	12.517	11.772	53.2		12.07	0.000	0.89
	M	12.517	12.328	13.6	74.5	2.41	0.016	1.09
Happiness	U	2.464 9	2.411 6	5.1		1.40	0.161	0.98
	M	2.464 9	2.453 4	1.3	75.5	0.22	0.825	0.99
Region	U	2.194 7	1.909 8	35.9		5.22	0.000	0.92
	M	2.194 7	2.131 4	8.0	77.8	1.34	0.180	0.91

注:* 如果方差比在[0.85;1.18]外为 U,在[0.85;1.18]外为 M。

样本	Ps R2	LR chi2	p>chi2	偏差值	偏差中位数	B	R	方差%
不匹配	0.097	441.92	0.000	30.1	27.5	92.5*	0.82	60
匹配	0.009	14.86	0.137	7.6	6.7	22.9	0.77	20

注:* 如果 B>25%,R 在[0.5;2]外。

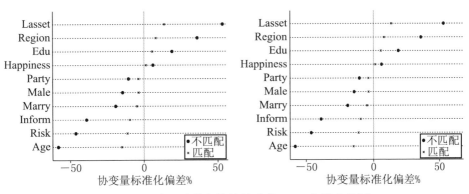

图 5.5　投资性消费和炫耀性消费 pstest 变量变化图

表 5.4 列举了投资性消费和炫耀性消费基于核匹配(1∶4)、K 近邻匹配和半径匹配(0.01)所获得的 PSM 方法处理结果。就投资性消费而言,在核匹配方式下,农户匹配前,处理组与控制组的家庭投资性消费对数值分别分 7.455 3 和 5.539 7,处理组的投资性消费量比控制组高 1.915 7 个单位,说明存在信贷行为的农户其投资性消费金额明显高于不存在信贷行为的农户。采用核匹配(1∶4)匹配后,处理组的投资性消费量增加了 1.635 4 个单位(7.455 3−5.819 9=1.635 4);采用 K 近邻匹配(1∶4)的投资性消费比匹配前增加了 1.338 2 个单位(7.455 3−5.122 5=1.338 2)。同理,采用半径匹配(0.01)的投资性消费比匹配前增加了 1.533 9 个单位(7.455 3−5.921 4=1.533 9)。且三种匹配模式下,ATT 估计值所对应的 t 值都大于 2.58 的临界值,故在 1% 水平下显著,表现了检验的稳健性。

表 5.4　信贷对消费的影响:ATT 平均处理效应

类型	匹配方式	样本	处理组	控制组	差分	标准误	t 值
投资性消费	核匹配	匹配前	7.455 3	5.539 7	1.915 7	0.196 0	9.77
		ATT	7.455 3	5.819 9	1.635 4	0.197 7	5.27
	K 近邻匹配	匹配前	7.455 3	5.539 7	1.915 7	0.196 0	9.77
		ATT	7.455 3	5.122 5	1.332 9	0.223 3	5.97
	半径匹配	匹配前	7.455 3	5.539 7	1.915 7	0.196 0	9.77
		ATT	7.455 3	5.921 4	1.533 9	0.200 3	7.66
消遣性消费	核匹配	匹配前	6.947 6	5.415 2	0.532 3	0.143 0	3.72
		ATT	6.947 6	5.529 3	0.418 3	0.144 0	2.90
	K 近邻匹配	匹配前	6.947 6	5.415 2	0.532 3	0.143 0	3.72
		ATT	6.947 6	5.784 2	0.263 3	0.162 4	1.62
	半径匹配	匹配前	6.947 6	5.415 2	0.532 3	0.143 0	3.72
		ATT	6.947 6	5.574 4	0.373 1	0.145 9	2.56

同理,可知炫耀性消费 PSM 处理结果。除了 K 近邻匹配外,核匹配(1∶4)和半径匹配(0.01)的 ATT 估计值所对应的 t 值均小于 2.58,未通过 1% 水平下的显著性检验。这可以说明信贷对农户的炫耀性消费也存在积极影响。

综上所述,信贷对农户的投资性消费和炫耀性消费都存在正向影响,但是对投资性消费的影响程度更大、显著性更高。参与信贷使得农户的心理账户的可支配资金增加,便于投资生产生活和消费。PSM 检验结果也与图 5.5 呈现的结果相符合。

5.5.3 隧道效应和"跟上琼斯"效应下的消费倾向分析

由 PSM 检验可知,信贷对农户的投资性消费和炫耀性消费都存在激励作用,即农户的贷后消费存在两种支出倾向。但是,到底何种消费倾向发挥主要作用,以及带来的结果到底如何却不可知。因此,本小节进一步探究隧道效应或"跟上琼斯"效应,来验证农户贷后消费倾向及带来的结果。

由两种效应的原理可知,农户需受到相对收入的影响,刺激了其贷后消费行为,才满足受到隧道效应或"跟上琼斯"效应激励的要求。因此,回归的核心变量为同伴收入变量和有效信贷机会变量。当这两个变量同时显著时,表明隧道效应或"跟上琼斯"效应存在。用 Stata15.1 进行最小二乘回归,回归结果如表 5.5 所示,REG1 和 REG3 仅仅探究农户信贷行为对何种消费的影响程度更大,REG2 和 REG4 在 REG1 和 REG3 的基础上,加入了社会比较因素,探究隧道效应和"跟上琼斯"效应是否存在。

表 5.5 隧道效应与"跟上琼斯"效应检验结果

变 量	REG3 II	REG4 II	REG5 CC	REG6 CC
Credit	1.370 2*** (0.195 8)	1.358 5*** (0.195 9)	0.347 2** (0.145 0)	0.353 3** (0.145 0)
Income_gap		0.027 6** (0.014 7)		−0.014 5 (0.010 9)
Age	−0.018 9*** (0.003 8)	−0.018 8*** (0.003 8)	0.005 6** (0.002 8)	0.005 5** (0.002 8)
Male	−0.875 2*** (0.137 5)	−0.873 2*** (0.137 4)	−0.216 6** (0.101 8)	−0.217 6** (0.101 8)
Marry	−0.324 8*** (0.041 5)	−0.325 2*** (0.041 5)	−0.160 9*** (0.030 7)	−0.160 7*** (0.030 7)

续表

变 量	REG3 II	REG4 II	REG5 CC	REG6 CC
Party	0.120 7	0.114 3	−0.157 6	−0.154 3
	(0.137 1)	(0.137 2)	(0.101 5)	(0.101 6)
Edu	−0.101 0**	−0.094 4**	0.054 0	0.050 6
	(0.047 5)	(0.047 7)	(0.035 2)	(0.035 3)
Inform	−0.096 4**	−0.098 1**	−0.047 6	−0.046 8
	(0.042 1)	(0.042 1)	(0.031 1)	(0.031 2)
Risk	−0.064 4*	−0.065 2*	−0.079 4***	−0.079 0***
	(0.036 6)	(0.036 6)	(0.027 1)	(0.027 1)
Asset	0.079 7**	0.087 4***	0.093 1***	0.089 0***
	(0.031 1)	(0.031 4)	(0.023 0)	(0.023 2)
Happiness	−0.052 8	−0.057 6	−0.062 1*	−0.059 5*
	(0.047 7)	(0.047 7)	(0.035 3)	(0.035 3)
Region	0.726 9***	0.731 9***	0.121 3***	0.118 6***
	(0.052 6)	(0.052 6)	(0.038 9)	(0.039 0)
_cons	5.873 2***	6.749 6***	5.260 5***	5.325 6***
	(0.674 9)	(0.678 0)	(0.499 7)	(0.502 1)
样本量	11 652.000 0	11 652.000 0	11 652.000 0	11 652.000 0
R^2	0.046 7	0.047 0	0.011 8	0.012 0

注：*、**、***分别表示在10％、5％和1％的统计水平上显著。

在社会互动影响下，如 REG2 和 REG4 所示，是否参与信贷对农户的两种消费都会产生影响，但对投资性消费的影响更加显著。参与信贷的农户相对于未参与的农户，会多支出 1.370 2 个单位的投资性消费，多支出 0.347 2 个单位的炫耀性消费。对投资性消费的正向影响程度为炫耀性消费的 3.94 倍，表明尽管农户的投资性消费和炫耀性消费都会增加，但是农户信贷行为对投资性消费的影响程度更大。即农户参与信贷后，更愿意将资金分配到生产生活投资上，以改善生活。收入比较变量对农户投资性消费影响显著，且系数为正，说明收入比较会刺激农户滞后期的投资性消费增加。同时，收入比较变量对农户炫耀性消费影响不显著,系数为负,说明收入比较变量对农户的炫耀性消费无影响。

综合信贷与收入比较变量来看,如果隧道效应是激励农户参与信贷并积极投资的因素,那么参与信贷的农户会在投资性消费中支出更多,从而通过累积人力资本或者扩大生产来改善财富状况。REG3 的回归结果中,有效信贷机会和收入比较对农户的投资性消费都存在显著正向影响,表明存在隧道效应。这说明社会互动可以通过农户的投资性消费带来积极的结果。农户通过社会互动,对收入、经济社会地位进行比较,既产生羡慕的情绪,也产生效仿的动力。在自身条件和外部环境大体相似的情况下,农户有理由相信自己未来可以达到成功农户的经济社会地位。因此,农户通过模仿他人申请信贷资金投资未来的行为,来提升生产、生活水平,从而效仿他人成功、提升自我幸福感和福利水平。然而,REG4 的回归结果中,收入比较对农户的炫耀性消费不产生显著影响,且系数为负,说明"跟上琼斯"效应不存在。收入比较变量的系数为负,说明与同伴差距越大反而抑制了农户的炫耀性消费,农户在消费过程中保持着一定理性,尽管信贷使得农户可支配收入增加,但是农户不会因为攀比而盲目消费。

模型回归结果可以说明以下几点:第一,尽管信贷对农户的投资性消费和炫耀性消费都有促进作用,但在消费过程中,农户对投资性消费的倾向更大,说明农户贷后资金利用还是以生产投资为主,有效地利用了信贷资金。第二,隧道效应显著,而"跟上琼斯"效应不显著,说明在正向社会互动作用下,可以积极预测农户利用资金发展生产,提升经济、社会地位。当隧道效应的作用从个人扩展到群体时,有效利用信贷可以有利于村落集体经济水平的提升,有助于乡村振兴的建设与发展。

控制变量方面,年龄越小、婚姻关系越简单、金融知识越丰富、风险接受水平越高、家庭资产越丰厚的农户检验更容易显著。特别地,性别和学历的系数为负数,地区变量的系数为正数,说明女性户主更容易受到刺激增加消费;学历越低、地区越靠近西部的农户更容易受到社会互动的影响,容易追随他人追寻成功法则。

本章对隧道效应和"跟上琼斯"效应的检验,也与前人研究结论相吻合。Li (2018)从相对收入视角出发,研究得出,在金融包容性背景下,穷人能够积极使用金融资源来投资人力资本,而不是进行非理性消费来进行自我炫耀,隧道效应显著,"跟上琼斯"效应不显著。谢家智等人(2017)从心理学角度出发,探究了金融借贷对家庭消费层次的影响,并进一步证明了金融借贷产生的心理财富对生存型、发展型、享受型消费增加初步递减的现象。即在通过信贷增加资金来源后,农户更倾向于增加投资性消费,并且可以积极预测未来的福利效应提升,"跟上琼斯"效应存在。同时,尽管炫耀性消费也会相应增加,但不用担心农户会盲目追求消费而陷入更加贫困的境地,"跟上琼斯"效应预测的负面影响不存在。

5.6 小结

农户具备生产者和消费者双重身份,因此常面临资金流动性不足的问题。信贷可以在短时间内增加农户可支配资金,从而平滑现金流,促进农户消费。但是,农户增加消费的初衷不一定仅仅是解决生产的资金短缺。一个生活在社会中的个体与家庭,由于情绪和心态的变化导致农户作出不同的消费决策,例如,作出一些不恰当和过度的消费的选择。因此,农户消费的增加可能会带来福利提升,也可能会引致过度消费,从而导致福利下降。如何判断和预测农户的贷后消费的结果呢?本章引入隧道效应和"跟上琼斯"效应来衡量两种不同的消费倾向及其结果。

本章首先通过相对收入消费理论的拓展,明确信贷对农户消费的影响,在厘清了不同消费倾向后了解隧道效应和"跟上琼斯"效应的作用机制。随后通过PSM和线性方程进一步验证理论。主要研究结果表明:

第一,将所有农户按照是否获得信贷分为处理组和控制组,通过PSM分别验证信贷对农户投资性消费和炫耀性消费的作用。为了确保研究结果的稳健性,本章采用了基于核匹配(1∶4)、K近邻匹配和半径匹配(0.01)等三种方法对投资性消费和炫耀性消费进行得分倾向匹配处理。结果表明,在三种匹配模式下,投资性消费平均处理效应(ATT)均大于2.58临界值,处理效果显著;炫耀性消费在核匹配(1∶4)和半径匹配(0.01)方法下显著。即信贷会显著促进农户增加滞后期的投资性消费和滞后期的炫耀性消费。从线性方程来看,信贷对投资性消费的增加效果程度远大于炫耀性消费,从系数大小看约为炫耀性消费的3.94倍。这说明农户获得信贷后,尽管滞后期投资性消费和滞后期炫耀性消费都会增加,但主要增加在投资性消费方面。

第二,隧道效应显著,"跟上琼斯"效应不显著。隧道效应结果的显著性表明,农户在社会比较中获得激励,为了效仿他人的成功,会采取积极的学习行动模仿他人信贷行为,借助申请信贷获得资金,增加投资性消费支出,进一步积累财富或积累人力资本,从而得到积极、正向的结果。"跟上琼斯"效应的检验结果表明,尽管信贷会促进农户消费,但在社会互动中农户认识到,如果一味追求炫耀性消费,反而会使自身和他人的差距越拉越大。因此,尽管炫耀性消费增加,但是农户会进行自我克制。两种效应检验结果表明,社会互动能够有效促进农户利用信贷,促进自我福利的提升。

第三,控制变量方面,年龄越小、婚姻关系越简单、金融知识越丰富、风险接受水平越高、家庭资产越丰厚的农户检验结果更容易显著。特别地,学历越低、地区越靠近西部的女性户主家庭更容易受到社会互动的影响,容易追随他人追寻成功法则。

第二篇　专题调研

第 6 章

银保互动小额信贷实践：以雷山县为例

6.1 引言

2014 年和 2015 年，中国人民银行发布的《关于全面做好扶贫开发金融服务工作的指导意见》和国务院扶贫办发布的《关于创新发展扶贫小额信贷的指导意见》，强调金融扶贫的制度供给，依据扶贫工作与贫困户识别结果相呼应，扶贫资源的投放与扶贫瞄准相挂钩的原则，合理配置扶贫资源。在精准识别的基础上，创新金融扶贫机制，努力提高扶贫开发精度，确保扶贫瞄准目标精准、项目安排精准、扶贫资金配置精准、帮扶措施到户精准、因村派人精准、脱贫成效精准。中国各地从机制、措施等方面探索精准识别实践。

贵州省雷山县根据地区实际情况，推出基于银保互动的扶贫小额信贷创新模式。银保互动机制是指农户申请贷款时需投保与农业信贷捆绑的保险，并将银行设为保险第一受益人，即农业保险与农村信贷相结合的互动机制。2014 年以来，雷山县农村信用联社和中国人寿保险股份有限公司合作，针对贫困户设计了一款银保互动小额信贷产品。雷山县以县信用社为总指导，以乡（镇）为中心，以村为单位，全面开展信用乡、信用村、信用户的信用评级工作，建立了三级联动的信用评级体系。针对农户农业生产过程中存在的自然风险与人身意外风险，雷山县政府引导和鼓励种植户参加政策性种植保险，并对投保农户给予保费补贴，建立了保险分摊机制。在银保互动机制下，对于购买保险的农户来说，保险类似抵押物，可以增加农户的信用等级，提高农户的融资能力。雷山县银保互动精准扶贫小额贷款解决了目标偏离问题,降低了金融机构的不良贷款,扩大了贫困户贷款覆盖面,为扶贫小额信贷的实践提供了借鉴。基于对雷山县的实地调研,本章探讨精准扶贫瞄准机制创新实践的成效,深入分析雷山县精准扶贫识别以及精准扶贫小额贷款创新模式的运行机制和创新特点,并运用倾向值匹配倍差方法,探讨精准扶贫瞄准机制下扶贫小额贷款对借贷贫困户以及非借贷贫困户收入的影响。本章的研究对中国精准金融扶贫以及银保互动的推广具有一定的借鉴意义,有利于充分发挥扶贫小额贷款的作用,形成农村金融机构和贫困户"双赢"局面。

6.2 精准扶贫瞄准机制与传统扶贫瞄准机制的比较

传统扶贫瞄准机制采用区域瞄准,在一定程度上忽略了贫困县或贫困乡镇的富裕户以及未处在贫困区域的贫困人口,从而导致扶贫对象瞄准偏离。在风险管理上,农户小额贷款与农户联保贷款是传统扶贫小额贷款的主流模式,这两种贷款模式主要利用农村社会资本的道德力量或小组成员的内部监督机制及连带保证责任,有效缓解了借贷农户的道德风险。虽然上述两种贷款有效解决了贫困户缺乏抵押担保物品的问题,但都缺乏有效防范农业系统性风险和农户人身意外风险的控制机制。自然灾害是大量农户返贫的主要原因,也是农户不能及时还贷的首要原因。贫困农村因病残致贫现象严重,仅仅依靠农户自身力量很难应对疾病风险。此外,两种贷款的交易成本非常高。农户信贷规模小、期限短,金融机构贷款手续较为繁琐;农村贫困地区交通不便,农村金融基础设施落后,贷后监测比较困难。

而精准扶贫瞄准机制的精准性主要体现在两个方面:一是扶贫对象精准。通过遍访贫困村贫困户,精准了解贫困情况、致贫原因、资金需求等信息,在此基础上对贫困户建档立卡。二是扶贫资金使用精准。在精准识别的基础上,金融机构与保险机构相互合作,对建档立卡贫困户发放基于保险的扶贫小额贷款;在控制风险的前提下,瞄准贫困户的资金需求。精准识别、信用评级和保险分摊三者协同扶贫,能够精准识别贫困户,在有效控制贫困户自然风险、人身意外风险和信用风险的同时,减少农村金融机构的高交易成本和不良贷款,提高农村金融机构放贷的积极性,确保将信贷资金更多、更有效地瞄准贫困户,从而提高扶贫资金的使用效率。表 6.1 描述了传统扶贫瞄准机制和精准扶贫瞄准机制在瞄准目标、瞄准方法、瞄准投放和瞄准效果四个方面的异同。

表 6.1　传统扶贫瞄准机制与精准扶贫瞄准机制的比较

比较项目	传统扶贫瞄准机制	精准扶贫瞄准机制
瞄准目标	以贫困县或贫困村为瞄准对象,瞄准目标漏出	以建档立卡贫困户为瞄准目标,实行精准扶贫
瞄准方法	(1) 自上而下规模分解	(1) 精准识别建档立卡贫困户
	(2) 由上级直接指定	(2) 民主评议,多次公示
	(3) 人为排斥	(3) 动态管理和监督
瞄准投放	(1) 利用社会资本或者联保担保等	(1) 保险机构、金融和扶贫办相互协同
	(2) 小组成员内部监督机制	(2) 驻村干部和村两委贷后监督
瞄准效果	(1) 风险管理:政府对农业保险补贴,人身意外没有保障,意外风险高,对贫困户的信用情况不了解,信用风险高	(1) 风险管理:引入保险机制全程参与,建立风险补偿基金;扶贫办进行贷前甄别,信用社健全信用评级机制,村两委和驻村干部贷后监督;财政局对贷款进行贴息
	(2) 交易成本:金融机构与贫困户一对一服务,交易成本高	(2) 交易成本:扶贫办帮助减少贷前信息搜索成本;保险公司信息共享;各扶贫主体相互约束;扶贫办实行动态监测
	(3) 不良贷款:面临的自然风险和人身意外风险高;收益水平低	(3) 不良贷款:信贷风险的降低以及贴息的实施,扩大贫困户获贷比例;保险公司对经济损失补偿;政府牵头清收不良贷款

资料来源:作者整理。

传统扶贫瞄准机制经历了区域瞄准到群体瞄准,再到个体瞄准的过程,但是扶贫瞄准目标偏离问题依然存在。扶贫开发新形势下,贫困人口很难享受到扶贫政策带来的好处,扶贫资金的瞄准精度下降,扶贫瞄准机制亟需创新扶贫识别方式,合理配置扶贫项目和资金,逐步提高贫困瞄准精度。在此背景下,国家从制度建设和顶层设计强调精准扶贫瞄准机制,全国各地积极创新精准识别措施。贵州省雷山县根据当地的实际情况创新精准识别方法,在精准识别的基础上对建档立卡贫困户发放基于保险的扶贫小额贷款,解决了瞄准目标偏离问题,扩大了贫困户的获贷比例。

6.3 雷山小额信贷创新实践

6.3.1 案例点描述

本章选择雷山县作为研究对象,主要基于两方面的原因:一是典型性。雷山县的整体面积是 1 218 平方千米,耕地总面积为 22.5 万亩,森林覆盖率为 67.4%,人口总数为 15.56 万人,其中从事农业生产人口数量占比 88.7%,聚居了包括汉族、苗族、水族、彝族等众多民族人群,苗族人口占总人数的比例为 84.9%。2014年,雷山县共有 4 个贫困乡镇,占总乡镇数的比重为 50%;共 90 个贫困村,贫困村占比为 58.5%;贫困人口总数为 36 021 人,占比总人口的 22.9%。2015 年,雷山县贫困人口数为 27 700 人,贫困人口占比降至 17.64%。作为贵州省贫困程度较深、人口分布较集中的山区贫困县,雷山县是中国开展扶贫攻坚任务中重点帮扶对象。雷山县于 2013 年和 2014 年先后被列为贵州省 13 个帮促发展困难县和贵州省扶贫开发示范县。二是代表性。2013 年以来,在精准扶贫背景下,全国各地涌现出多种精准扶贫识别模式。雷山县扶贫办采用贫困户参与式识别方法,给予贫困户参与权和监督权,并且根据雷山县山区地形且灾害频发、贫困户风险承受能力低的特征,与雷山县信用社、人寿保险机构协同合作,对精准识别出来的贫困户发放基于保险的扶贫小额信贷产品,有效缓解了扶贫资金瞄准偏离问题。在国务院扶贫办中国国际扶贫中心的协调下,本书课题组一行四人于 2015 年 8 月对贵州省雷山县进行了实地调研。

6.3.2　精准扶贫识别

首先，雷山县扶贫瞄准的前提和关键是确保精准识别贫困户。长期以来，传统扶贫识别过程中始终存在贫困户识别不清、扶贫效率偏低、帮扶措施缺乏针对性等弊端，识别方法与机制的不完善使得扶贫资源被非贫困群体俘获的情况时有发生，进而影响了扶贫资源的瞄准效率。针对贫困人口数量众多、识别工作量大的扶贫现状，雷山县扶贫办主要采用规模控制方法，以贫困户为单元，完成对农户家庭的识别，并构建出"三审二公示一公告"的贫困户识别机制，有效地提高了贫困瞄准对象识别的效率与精准度。

2014 年，雷山县的减贫人口指标为 1.82 万，扶贫办依据 1∶1.5 的比例将扶贫任务分配到乡镇到村，共瞄准 2.73 万贫困人口。贫困户识别程序如图 6.1 所示，通过自上而下指导和自下而上主动参与相协同的方式，识别出真正需要扶贫帮助的贫困群体。在具体实践过程中，首先，农户根据自身情况向村两委递交贫困户资格申请材料，再由整体村民或者村民选举的代表组成村民小组进行民主评议并填写评议打分表，村干部依据民主评议结果初步公示贫困户名单；其次，若村民无异议，村干部将初选名单上交至乡（镇）政府进行进一步核查确认，同时对通过乡镇政府审核的名单在村内二次公示；最后，将通过审核的贫困户名单递交给县扶贫办进行复审，待审核通过后进行第三次公告。整个识别过程确保做到公示名单不漏人，查缺补漏，避免发生"富人戴帽、穷人落榜"的情况。在识别出贫困户后，

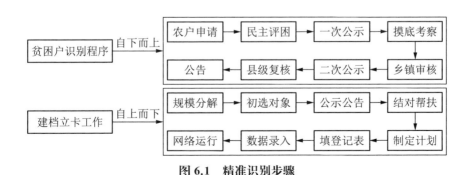

图 6.1　精准识别步骤

雷山县 305 名驻村干部组成驻村工作队,每个驻村工作队由 3 名干部、1 名大学生、1 名农村优秀青年组成,协助当地村两委对贫困户建立个人基本档案,实行动态管理。

雷山县对精准识别出的贫困户采用"个案管理"的方式实施有效的帮扶措施。如将全县所有行政事业单位的共 2 145 名领导干部,依据县处级干部、乡科级干部、一般干部 15∶8∶4 的比例落实扶贫措施,进行定点、定人、定时、定责帮扶,帮扶责任人协助村两委将贫困户按照致贫原因和脱贫意愿等方式进行分类,因户制宜制定帮扶计划。同时,雷山县选派 61 名优秀党员干部担任驻村书记,并在贫困村增加 30 名驻村"暖心书记"。针对有自我发展意愿的贫困户,增加扶贫资源投入、加强教育和技术培训,有针对性地通过 1—2 项养殖业、1—2 个致富项目、掌握 1—2 门致富技能,增强其自我脱贫能力;对需移民搬迁的贫困户,根据其意愿帮助搬迁到集镇、园区安置就业;将"无业可扶"和"无力脱贫"的两无人员纳入财政低保系统。

其次,扶贫瞄准的第二步是对识别出来的缺资金但有发展能力的贫困户发放基于银保合作的扶贫小额贷款。若要解决传统扶贫小额信贷目标上移问题,关键在于农村金融机构能够对精准识别出来的贫困人口提供高效瞄准、低交易成本、低风险的扶贫信贷产品。银保互动机制创新信用风险管理模式,将农业信贷与保险有效链接起来,以农业保险保障信贷安全,增加了贫困户获贷可能性。自 2014 年精准扶贫以来,雷山县农村信用社和中国人寿保险机构联合,对建档立卡贫困户推出了基于保险的扶贫小额信贷产品。银保互动机制是一种将农业保险和农业信贷捆绑的互动机制,贫困户在申请贷款时需要购买与扶贫小额信贷相关的保险,并将保险第一受益人设为农村金融机构。基于银保互动的扶贫小额信贷产品运行程序如图 6.2 所示:(1)扶贫办对贫困户精准识别,并完成建档立卡;(2)在精准识别的基础上,信用社对建档立卡贫困户进行三级信用评级并审批贷款额度;(3)贫困户与中国人寿保险公司签订人身意外保险合同,并将信用社设为第一受益人;(4)雷山县信用社对有贷款需求且具有一定偿还能力的贫困户发放扶贫小额贷款;(5)当出现投保风险导致贫困户不能及时归还贷款时,保险机构将优先理赔信用社;(6)村两委与驻村干部相互协同,加强对获贷贫困户贷款用途的监督。

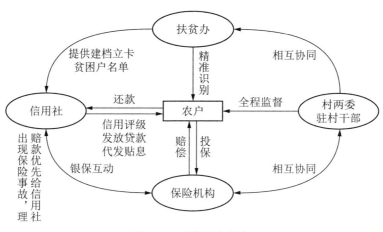

图 6.2　精准扶贫程序

6.3.3　银保互动创新实践

自 2009 年以来,中国政策文件中多次强调创新农业保险和农业信贷协同的互动机制,2014 年,《关于创新发展扶贫小额信贷的指导意见》提出,将保险机制引入扶贫小额贷款,通过设立农产品保险、人身意外伤害险、保证保险,保障农村金融机构的资金回收。银保合作机制的目的主要有以下两个方面:一是在贫困户层面,保险作为抵押担保的替代品,有利于提高贫困户的资信水平和偿还能力,缓解贫困户因自然风险或人身意外风险带来的经济损失;二是在银行层面,保险减缓了信息不对称产生的道德风险,优先理赔提高了银行的资金回收。在实践中,雷山县信用社通过三级联动信用评级对贫困户进行资格审查,同时引入保险机制,针对贫困户发放基于银保互动的扶贫小额信贷产品。

构建信用评级体系。为了增加贫困户资信,雷山县在县信用联社的指导下,以乡(镇)为中心,以村为单位,全面开展信用乡、信用村、信用组和信用户的评级授信工作。2014 年,该县信用社成员、各村干部、村民代表组成 1 296 个村民小组,主要负责开展农户评级授信工作,对农户信用等级和授信额度完成民主评议。村民小组根据农户的家庭年净收入(35％)、家庭净资产(20％)、结算情况(10％)、银行信用记录(20％)和社会诚信度及个人品质(15％)对农户进行打分,评定农户的信用评级。农户信用等级分为五个等级,即特优(95分以上)、优秀(85—95分)、较好(70—85分)、一般(60—70分)、等外(60分以下)。信用社为信用等级一般(含)以上农户进行综合授信。信用户占应评级农户的90%以上,农户贷款面达到60%以上,农户不良贷款(四级)面控制在5%以内,村干部无不良贷款的村委会评为"信用村";信用村占60%以上,乡(镇)干部积极配合清收不良贷款的乡(镇)评为"信用乡(镇)"。此外,雷山县信用社实行利率优惠激励措施,以提高贫困户的还贷积极性,对及时偿还利息的信用户给予10%的贷款利率优惠;若获评信用组、信用村、信用乡(镇)称号,贷款利息再分别以2%、3%、5%的优惠返还。对于那些既是信用村又是信用乡(镇)内的信用户来说,如能按季结息,可获得的贷款利率优惠最高累计可达30%。同时,该县信用社采取实时管理和监督方式,按年度对信用户、信用村、信用镇进行审查,提高信用好、发展好的农户、村(居)、乡(镇)的信用等级以及授信额度;反之降低其信用等级,同时整个村、乡的信用评级也会受到影响。截至2015年8月底调研结束,雷山县已创建1 033个信用组,占比79.71%;创建140个信用村,占比90.91%;创建8个信用乡(镇),占比100%;建立农户信用档案39 256户,占比96.43%,评定38 806户信用农户,建档农户比例达到98.86%。①

构建保险分摊机制。一方面,为缓解贫困户生产中存在的自然风险,雷山县政府人力支持种植户参加政策性种植保险,并对购买保险的贫困户给予保费补贴。例如,水稻、玉米、马铃薯的种植保险费率分别为6%、6%、5%,其中农户承担20%,其余部分由中央、省、州、县级财政按照40%、25%、4.5%、10.5%的比例承担;上述三种农产品的种植保险保额分别为300元/亩、300元/亩、350元/亩。②另一方面,为避免贫困户出现意外风险无法按时还贷,雷山县信用社引入中国人寿保险股份有限公司,在借款贫困户自愿的基础上,设计一款"安贷宝"人身意外险,由贷款贫困户与中国人寿保险公司签订保险合同,设第一受益人为雷山县信用社,保费为贷款金额的5‰;当贫困户发生人身意外而无法还款时,保险机构将优先理赔雷山县信用社,保单最高金额为贷款金额,赔付限额以保险金额为

---

① 资料来源:雷山县联社信用工程情况汇报。
② 资料来源:雷山县政策性水稻、玉米、马铃薯种植保险实施方案。

限。2015 年,雷山县申请安贷宝保险的农户数为 14 371 户,投保金额为 676.59 万元,理赔农户数为 33 户,理赔金额为 182.80 万元。[①]雷山县 2011—2015 年农户投保情况如表 6.2 所示。

表 6.2　雷山县 2011—2015 年农户投保情况

	2011 年	2012 年	2013 年	2014 年	2015 年
投保农户数(户)	2 383	3 766	2 882	5 330	14 371
投保金额(元)	638 200	1 573 800	1 798 800	2 511 600	6 765 900
理赔农户数(户)	4	21	20	40	33
理赔金额(元)	145 000	654 000	589 500	1 179 000	1 828 000

在精准扶贫瞄准机制下,扶贫办、信用社与保险机构分工明确、相互协同和监督,形成扶贫开发合力。扶贫办精准识别符合贫困标准的贫困户,并对其建档立卡,确保扶贫对象识别精准。信用社和保险机构合作,推出保险机制。对于投保

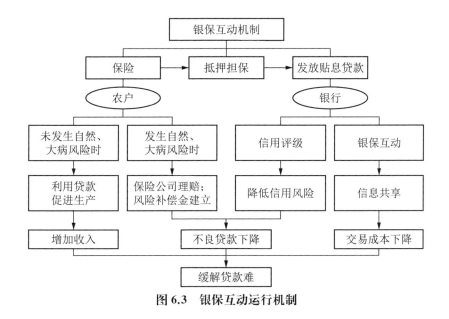

图 6.3　银保互动运行机制

---

① 资料来源:雷山县联社信用工程情况汇报。

的贫困户来说,保险充当抵押替代物,能够增加贫困户的资信等级,扩大贫困户的获贷额度。当发生自然风险或者人身意外风险时,金融机构可利用优先理赔款来降低金融机构的损失;如果没有发生风险,获贷贫困户可利用扶贫资金扩大生产提高收入。对金融机构来说,保险机制的加入改善了信贷价格和信贷条件,有利于放大金融机构对贫困户的放贷面。尤其是在精准扶贫背景下,金融机构加强信用工程建设,建立乡、村和农户三级联动的信用评价体系,农村金融机构与保险机构、扶贫办之间的信息共享,有助于降低金融机构的贷前信息识别成本和贷后监督成本,从而增加农村金融机构的放贷意愿,最终实现精准扶贫脱贫。

雷山县经验显示,精准识别机制起到了对贫困户精准瞄准的作用;信用社的信用评级核查贫困户贷款的真正用途,识别借贷贫困户潜在的道德风险;保险机制的加入分摊贫困户农业生产时的自然风险和人身意外风险,从而提高贫困户的抗风险能力并促进农村金融机构信贷资金的回收。精准扶贫瞄准机制缓解了农村金融机构对贫困户的信贷约束,扩大了贫困户获贷的可能性。

6.4　创新实践成效

在精准扶贫背景下,雷山县精准扶贫小额贷款缓解了传统扶贫小额贷款在瞄准偏移、效率低下、高风险、高交易成本、高不良贷款率等方面的问题,为全国范围内精准扶贫小额信贷的实践提供了借鉴。

(1)解决了瞄准目标偏离问题。

雷山县扶贫办与金融机构相互协同,解决了瞄准目标偏离问题。扶贫办采取自上而下的建档立卡工作与自下而上的贫困户识别程序相结合的方式,对贫困村和贫困户进行精准识别,以解决传统瞄准目标实践中出现的偏离问题,提高瞄准的精准度;信用社对建档立卡贫困户进行信用评级,为信用等级一般(含)以上贫困户进行综合授信,向精准识别贫困户发放扶贫小额贷款。此外,通过扶贫网络信息系统,对识别出的贫困户定期完成动态调整管理工作,对扶贫资金状况进行动态监测,有效克服了传统瞄准目标存在的静态、滞后的问题。2014 年,雷山县共精准识别出贫困户 11 136 户,共计 36 021 人;按贫困属性分:一般贫困户 5 197 户,共计 21 162 人;低保贫困户 1 755 户,共计 7 127 人;低保户 3 885 户,共计 7 398 人;五保户 299 户,共计 334 人。2015 年,雷山县共识别出贫困人家庭 10 486 户,共计 27 700 人。

表6.3　雷山县贫困户致贫原因

	因病	因残	因学	因灾	缺土地	缺技术	缺劳力	缺资金	交通条件落后	自身发展动力不足	其他
户数	985	98	248	89	297	3 280	1 129	3 840	396	499	148
比例(%)	8.93	0.89	2.25	0.81	2.69	29.73	10.23	34.8	6.59	4.52	1.34

扶贫办对识别出的贫困户情况详细分析致贫原因后建档立卡,并且依据致贫原因采取针对性脱贫措施帮助其脱贫增收。例如,对于因缺乏资金的贫困户,通过信用评级,向其发放扶贫小额贷款,支持其农业生产;对于因缺乏技术的贫困户,定期指导和培训其技术能力,带动专业技术人员和种养殖大户的扶贫积极性,从而提升贫困户脱贫致富的能力。雷山县通过建立贫困县的考核机制,采取针对性的帮扶措施,瞄准最贫困村和贫困户实施脱贫。例如,南猛村充分发挥其友好的生态环境和可持续发展的自然禀赋优势,大力发展乡村旅游业,取得了显著成果;卯关村通过整合村内土地、资金和人力资源,推进土地流转,壮大农民合作社;山湾村根据人均耕地面积少特点,通过发展经济作物和特种养殖改变贫困局面。

(2) 扩大了贫困户获贷面,提高了扶贫瞄准精度。

不良贷款率以及交易成本的降低,有利于信用社扩大放贷面。雷山县信用社对信用贫困户发放信用贷款卡,获得贷款卡的贫困户可以随时根据自身需要到信用社柜台办理授信额度内的贷款。2014 年,雷山县累计办理"摇钱树"信用贷款卡 33 387 张,总授信金额高达 25.15 亿元,其中贫困户 8 621 张(户),信用授信总额为 5.14 亿元。表 6.4 描述了雷山县扶贫贴息贷款发放情况。在贷款发放金额方面,从 2011 年的 13 728 万元提高到 2014 年的 34 953 万元,同比增长 154.62%;获贷农户数由 2011 年的 4 016 户增加到 2014 年的 6 492 户。此外,扶贫办和信用社在发放贷款的同时加强对贫困人群开展工艺、刺绣、特色黑毛猪养殖、茶叶种植等技术培训,提高了贫困户的收入以及自主发展的能力。2014 年,雷山县减少贫困人口 1.88 万人,贫困人口占比从 2013 年的 36.63% 降到 22.94%,贫困人口占比下降 10.69%;农村居民人均可支配收入为 6 064 元,比 2013 年增长 15.2%,西江、达地、方祥 3 个乡镇成功脱贫。2015 年,雷山县脱贫人口数为 8 321 人,贫困发生率下降到 17.64%,多个乡镇顺利实现脱贫。

表 6.4 雷山县 2011—2014 年扶贫贴息贷款情况

	2011 年	2012 年	2013 年	2014 年
申请扶贫小额贷款农户数	4 016	4 949	5 743	6 492
获得扶贫小额贷款农户数	4 016	4 949	5 743	6 492
扶贫贴息贷款累计发放(万元)	13 728.07	20 539.3	27 995.7	34 953.96
通过农村信用社发放总额(万元)	10 945.44	7 401.69	27 995.7	34 953.96
其中:到户金额(万元)	10 945.44	7 401.69	27 995.7	34 953.96
扶贫贴息贷款发放利息(万元)	208.49	344.78	146.26	19

资料来源:根据雷山县信用社资料整理。

(3) 降低了农村信用社的不良贷款率。

银保互动分摊了贫困户的人身意外风险,提高了贫困户偿还贷款的能力。调研发现,精准识别机制、信用评级机制和保险分摊机制协同控制了雷山县信用社的信贷风险,保证了扶贫资金的安全回收,同时扶贫办的贴息政策激励贫困户还贷,从而降低了信用社的不良贷款率。截至 2015 年 8 月,雷山县信用社累计发放贷款总计 52 755 万元,累计收回贷款总计 40 151 万元,总体不良贷款率为 2.2%。从 8 个乡镇分布来看,不良贷款率存在很大差异,最高的是望丰社,为 7.4%;最低的是大塘社,仅为 0.65%。截至 2015 年底,雷山县信用社的不良贷款率虽然略升为 6.19%,但仍比 2014 年的 6.29% 低(见表 6.5)。

表 6.5　雷山县农村信用社各项贷款情况

	达地社	大塘社	丹江社	方祥社	望丰社	西江社	永乐社	朗德社	总计
累计发放贷款(万元)	3 184	3 161	4 019	1 204	2 279	7 017	6 110	3 636	52 755
累计收回贷款(万元)	2 576	2 434	2 451	992	2 204	4 662	5 297	1 907	40 151
不良贷款余额(四级)(万元)	96	46	80	72	678	621	325	115	2 886.8
不良贷款率(%)	1.11	0.65	0.7	2.37	7.4	6.16	2.09	1.64	2.2

资料来源:根据雷山县信用社资料整理。

（4）提高了贫困户的收入。

农村金融机构的首要目的是获得盈利,因此会更倾向于向富裕的农户发放贷款。贫困户缺乏抵押担保物,经济来源很大程度上依赖农业生产,而农业对自然条件依赖程度高,易受自然风险影响,且收益率普遍较低,因此贫困户比一般的借贷者具有较高的信用风险,这也是金融机构惜贷的主要原因。雷山县的案例表明,扶贫办、金融机构和保险公司的合作,降低了贫困户的信贷风险,保证了扶贫资金的安全回收。银行不良贷款率的降低激励了银行扩大放贷面,从而使得贫困户的获贷比率增加。获贷贫困户可通过购买种子、化肥、农药和更新农用机械等途径改善生产要素和生产方式,最终提高贫困户的生产效率和收入水平。

在国家精准扶贫开发思想指导下,贵州省雷山县结合自身实际情况,创新实践基于保险的扶贫小额信贷模式。金融机构对精准识别的贫困户开展信用评级以及保险机制,在较大程度上缓解了贫困户贷款过程中产生的各种风险。同时,在一定程度上降低了信贷过程中的交易成本和不良贷款率,扩大了贫困户获贷面,提高了获贷额度,进而提高了贫困户的收入水平。

6.5　扶贫小额信贷对贫困户收入的影响

本章的研究重点是探索精准扶贫小额信贷的瞄准效果,通过上述案例研究发现,雷山县精准扶贫小额贷款在瞄准目标、瞄准方法、瞄准投放和瞄准效果上有创新之处。本节在雷山县实地调研的基础上,研究在精准扶贫思想指导下扶贫小额贷款对借贷贫困户收入的影响。

6.5.1 数据来源

本章主要分两阶段获取样本数据:第一阶段,完成实地调研工作。首先,采用非概率典型抽样法确定调查地点,根据雷山县扶贫办提供的资料,将雷山县有扶贫小额贷款发放的乡镇按贫困程度排序,在三个不同贫困水平段各选取具有代表性的乡镇样本,分别是丹江镇、朗德镇、大塘镇。其次,通过随机抽样法在每个村镇抽取 2 个村庄,共 6 个村庄,在选取的 6 个村庄内随机抽取贫困户,调研对象包括获贷贫困户和非获贷贫困户,共获得 54 个样本。此外,课题组还访问了贵州省雷山县扶贫办、信用社等多个扶贫部门,对扶贫小额信贷实施情况进行调查。具体调查情况如表 6.6 所示。课题组通过深度访谈、收集涉农金融机构存贷款情况、扶贫金融发展情况,判断金融机构扶贫金融供给情况及可能产生的风险;通过与扶贫办及金融管理部门座谈和访谈,判断政府扶贫机构和金融机构协同扶贫效率,能否实现扶贫和金融的结合,协同精准扶贫;通过入户调查分析农户贷款意愿、实际获得贷款和假设性问题,试图厘清农户是否存在有效金融需求、资金的真实用途及扶贫资金获得性难易程度。第二阶段,委托雷山县农村信用社信贷员进行二次调研,选择的乡镇分别是西江镇、永乐镇、望丰镇,每个乡镇随机选取 2 个村庄,共调查 180 户贫困户。

表 6.6　调查的形式和内容

调查类别	调查形式	调查内容
县扶贫办	深度访谈	县贫困户建档立卡情况、致贫原因分析、扶贫小额贷款政策实施情况、驻村干部帮扶情况等
县农村信用社	深度访谈	贫困户信用评级情况、小额贷款的申请和发放情况、扶贫贴息情况等

续表

调查类别	调查形式	调查内容
县保险机构	深度访谈	贫困户购买保险情况、理赔情况、与金融机构的合作等
村两委	深度访谈	村贫困户人数、人均收入情况、致贫原因、与驻村干部的协同情况
农户调查	入户问卷 家庭特征	农户的年龄、家庭人口数、劳动力数量、教育水平、耕地面积、有无技能、收入、消费等
	金融需求情况	建档立卡情况、信用评级情况、致贫原因、是否申请小额贷款及原因、是否获得小额贷款、贷款用途、贷款期限、贷款需求是否得到满足、是否购买保险、银保互动意愿等

资料来源:课题组通过调研整理。

在调研中,课题组同时对贷款贫困户和非贷款贫困户走访,了解每家受访贫困户在获贷前(2014 年)与获贷后(2015 年)的收入情况,形成两期面板数据。两阶段共获得 204 个样本,剔除不合格样本后,有效问卷数量为 192 份,有效问卷占比 94.12%。在 192 户贫困户中,共有 87 户贫困户获得扶贫小额贷款资助,占有效样本总数的 45.3%。雷山县共有 8 个乡镇,本章调研覆盖雷山县 6 个乡镇,覆盖率为 75%,所以本章的调查大致可以反映目前雷山县精准扶贫小额信贷创新实践的效果。

6.5.2　模型设定

在进行实证分析时,若仅把两组贫困户进行简单的比较,可能存在两个问题。一方面,会导致样本产生选择性偏差,因为贫困群体是否选择借贷不具有随机性,而对非随机样本评估会不可避免地导致样本选择性偏差情况发生,该偏差将引起解释变量与残差之间的相关性问题,进而产生内生性问题。另一方面,是否发生借贷的贫困户之间收入的差异可能是由其他不可观测、但不因时间推移而改变的因素引起的,直接对比将会产生异质性偏差。基于倾向值得分匹配倍差法可以同时避免上述情况发生。此外,该方法被多次引用与评估,所以本章采用该方法进行分析论证具有较高的合理性与可行性。

（1）双重差分模型。双重倍差分析法（difference-in-difference，DID）是常用的效应分析方法，尤其是在政策分析方面，用于测量其对研究对象的净效益。倍差法的基本原理是把调查样本划分成处理组和控制组两个组，前者是参与政策的一组，后者是没有参与政策的一组。通过比较政策实施前后处理组和控制组某个变量如收入指标的变化，然后计算收入指标变化量的倍差值，最后就能够计算出该政策对处理组的净影响。

雷山县所有贫困户在 2014 年基期均未获得扶贫小额贷款，到 2015 年，部分贫困户获得贷款。借贷贫困户为处理组，未借贷贫困户为控制组，Y_1^T 和 Y_0^T 分别为处理组贫困户在扶贫小额贷款投放后与投放前的收入水平，Y_1^C 和 Y_0^C 分别表示控制组贫困户在扶贫小额贷款投放后和投放前的收入水平。$(Y_1^T - Y_0^T)$ 为获贷贫困户在完成贷款后收入指标的增长量，$(Y_1^C - Y_0^C)$ 是未贷款贫困户在试验前后的收入差异。那么，$[(Y_1^T - Y_0^T) - (Y_1^C - Y_0^C)]$ 的结果就表示完全由扶贫小额贷款投放后收入的变化差异。投放作用的估计量为 $DID = E(Y_1^T - Y_0^T \mid T=1) - E(Y_1^C - Y_0^C \mid T=0)$，其中，$T=0$ 表示投放前，$T=1$ 表示投放后。扶贫小额贷款投放成效的双重差分模型计量表达式为：

$$Y_{it} = \beta_0 + \beta_1 D_{it} \times T_t + \beta_2 D_{it} + \beta_3 T_{it} + \beta_4 X_{it} + \beta_5 M_{it} + \mu_{it} \tag{6.1}$$

式（6.1）中 Y_{it} 表示第 i 个贫困户在 t 时期的收入。D_i 和 T_i 均是二值虚拟变量。$D=1$ 代表处理组贫困户，$D=0$ 代表控制组贫困户。T 是时间变量，扶贫小额贷款政策实施前和实施后分别用"$T=0$"和"$T=1$"表示。X_{it} 代表第 i 个贫困户在 t 时期的家庭特征，M_{it} 表示第 i 个贫困户在 t 时期的社区特征。μ_{it} 为随机误差项，表示其他虽然无法观测但对贫困户收入产生影响的因素。β_1 代表扶贫小额贷款的投放效果。β_1 若在一定统计水平上采用显著性检验方法，且为正值，则表示扶贫小额贷款产生正向影响且效果明显；若呈负值，则表示扶贫小额贷款产生了显著的负向作用。表 6.7 描述了扶贫小额贷款政策对贫困户收入的净作用。其中，$(\beta_1 + \beta_3)$ 是处理组贫困户获贷后的收入增量，β_3 是未借贷贫困户在政策实施前后的收入差异，那么 β_1 就用于衡量完全由扶贫政策对贫困户的收入产生的净影响。

表 6.7　扶贫小额贷款政策对贫困户收入的净影响

	政策实施前	政策实施后	差分
处理组	$\beta_0+\beta_2$	$\beta_0+\beta_1+\beta_2+\beta_3$	$\beta_1+\beta_3$
控制组	β_0	$\beta_0+\beta_3$	β_3
差分	β_2	$\beta_1+\beta_2$	β_1

（2）倾向值倍差匹配法（DID-PSM）。采用 DID 的前提就是处理组与控制组之间除了有是否借贷的差异外，其他因素均保持"相似性"，否则通过 DID 估计的结果不可避免会出现偏差。因此，为避免模型产生偏差，本章首先根据 DID-PSM 处理组和控制组贫困户，然后采用 DID 估计匹配后的样本。与传统配对法相比，倾向值匹配法（PSM）的最大优势在于能够同时匹配多种因素的前提下保证难度没有增加，是一种为解决内生性问题而将非随机样本转变成随机样本的简化方法，可有效削减观察性研究中的混杂偏差。

倾向值倍差匹配法的计算步骤如下：首先，将样本贫困户划分为处理组与控制组，前者表示获贷贫困户，后者为未获贷贫困户。其次，选择控制变量，使用 Probit 模型估算倾向得分，按照倾向值得分为处理组所有个体均匹配至少一个相同或相似的控制组个体。最后，在对贫困户进行匹配后采用 DID 模型，对贫困户人均纯收入取对数并将该对数作为因变量，计算 DID-PSM 的结果。

6.5.3　变量设置

本章采取贫困户人均纯收入作为衡量实施精准扶贫小额贷款政策效应所对应的指标，选择事件年虚拟变量（T）、处理组虚拟变量（D）与交互项（$D \times T$）作为解释变量。处理组和控制组的收入差异同处理组虚拟变量 D 体现；而 D 和 T 的交互项则代表精准扶贫小额贷款政策对贫困户收入的影响程度，这是本章最关键的解释变量。在控制变量的选取上，考虑到数据的可得性，以及已有学者研究的相关因素对贫困户收入的影响，本章主要从家庭特征选择控制变量，主要包括户主年龄、户主受教育程度、家庭规模、耕地面积、家中是否发生重大事件（包括子女上学、看病、婚丧嫁娶、盖房等)、在信用社是否有熟人关系、是否有增收技能(包括外出打工、开商店、木工、做买卖等)。由于精准扶贫政策实施以后,雷山县所有贫困户所在的社区环境相似,扶贫主体对所有贫困户精准识别致贫原因、建档立卡并根据致贫原因实施相应的帮扶措施,信用社对所有建档立卡贫困户进行信用评级,因此,社区特征予以剔除。各变量的定义及描述性统计见表6.8。

表6.8 计量模型中各变量的描述性统计

变 量	定 义	观察值	均值	标准差	最小值	最大值
人均收入		384	0.678 4	0.833 1	0.057 1	7.5
是否获贷	"D",是=1,否=0	384	0.226 6	0.419	0	1
事件年的虚拟变量	"T",2014年=0,2015年=1	384	0.5	0.5	0	1
年龄	"Age",30岁以下=1,30—40岁=2,40—50岁=3,50—60岁=4,60岁以上=5	384	6.198	0.875	1	5
教育	"Edu",小学及以下=1,初中=2,高中或中专=3,大专及以上=4	384	1.802	0.702	1	5
家庭规模	"Scale"	384	4.292	1.48	1	8
耕地面积	"Area"	384	6.77	5.62	0	51.5
是否发生重大事件	"Shock",是=1,否=0	384	0.432	0.496	0	1
是否有熟人在信用社	"Official",是=1,否=0	384	0.224	0.417	0	1
是否有增收技能	"Skill",是=1,否=0	384	0.323	0.479	0	1

6.6 实证结果

6.6.1 倾向得分匹配方法

常用的倾向得分匹配方法有三种:核匹配法、半径匹配法和最近邻匹配法等。

其中,最近邻匹配法表示基于某个处理组样本概率值,在控制组中寻找与该概率最为接近的 1—5 个样本作为匹配对象。半径匹配法则为在某一个处理组样本概率值基础上,给定一个概率值近似范围,从控制组的该范围中确定匹配样本。核匹配法是指在给定核密度函数情况下,将样本概率值代入函数进行计算后,对与处理组样本概率值接近的数据赋予较高权重,通过对控制组中不同样本赋予不同权重,进行加权平均,最终与处理组样本进行匹配。最近邻匹配和半径匹配仅将一部分满足共同支撑条件的控制组农户作为最终的匹配农户,导致大量控制组样本农户得不到利用。而核匹配则使用所有控制组贫困户的平均值对每个处理组贫困户进行匹配,样本使用率得以提高,因此本章采用核匹配方法。在本章的采样样本中,2014 年,有 87 户贫困户位于处理组,105 户未借贷贫困户与之进行匹配。匹配之后剔除未成功配对贫困户,共有 85 户贫困户位于处理组,87 户贫困户位于控制组。

可靠的倾向得分匹配需要满足处理组和控制组的匹配变量在匹配后不会发生显著差异。如果出现明显的差异,那么因匹配方法或者匹配变量的选取不合适可能导致匹配结果失效。所以,需要进行平衡性检验,结果如表 6.9 所示。本章首先通过 t 检验方法评估匹配前后处理组和对照组的均值是否存在明显的差异以确保匹配结果有效。其次,评估匹配变量在配对前后标准偏差的大小,标准偏差控制在 10% 以内,表明使用的匹配方法和控制变量是切实可行的。从表 6.9 可以看出,在匹配前,处理组和控制组在年龄结构、耕地面积大小、重大事件、增收技能等匹配变量上存在显著差异;而匹配后的 t 统计量均在 10% 的置信水平上不显著。这表示匹配后处理组与控制组均值之间的差异不显著。此外,各控制变量在匹配后的偏差均小于 10%。

表 6.9　匹配变量的平衡性检验

变量	匹配前					匹配后				
	均值		t 检验			均值			t 检验	偏差
	处理组	控制组		$p > t$		处理组	控制组	偏差	$p > t$	
	d	l	偏差	t		d	l	s	t	标准化偏差
Age	2.95	6.27	−36.7	−2.99	0.003	2.95	2.96	−0.3	0.984	0.984	99.2
Edu	1.84	1.79	6.8	0.56	0.577	1.84	1.8	4.7	0.31	0.761	31

续表

变量	匹配前					匹配后					
	均值			t 检验		均值			t 检验		偏差
	处理组	控制组			p>t	处理组	控制组	偏差		p>t	
	d	l	偏差	t		d	l	s	t		标准化偏差
Scale	4.37	4.38	6.9	0.55	0.586	4.37	4.38	−0.8	−0.05	0.959	88.6
Area	4.96	4.41	26.6	2.25	0.025	4.96	4.41	8.4	0.48	0.629	64.5
Shock	0.53	0.53	25.1	2.07	0.039	0.53	0.52	0	0	0.998	99.8
Official	0.33	0.31	32.4	2.8	0.005	0.33	0.31	5.8	0.35	0.725	82.2
Skill	0.45	0.43	32.9	2.8	0.005	0.45	0.42	4.2	0.26	0.793	87.3

6.6.2　倾向得分匹配的双重倍差法估计结果

在倾向得分匹配的基础上,本章使用式(6.1)对匹配后的 172 个样本采用双重差分法,以研究精准扶贫小额贷款政策实施对贫困户收入产生的作用。回归结果见表 6.10。

表 6.10　回归结果

解释变量	常数项	标准差	t 值	P 值
常数项	8 844.887	2 692.729	6.28	0.001***
是否获贷	−1 662.79	937.570 9	−1.77	0.077*
事件年虚拟变量	997.271 9	1 092.364	0.91	0.362
是否获贷×事件年虚拟变量	2 787.349	1 382.208	2.02	0.045**
年龄	181.967 3	364.293 6	0.5	0.618
教育	−278.919 7	466.337 7	−0.6	0.548
家庭规模	−1 199.353	232.516 9	−5.16	0.00***
耕地面积	549.541 5	188.062 6	2.92	0.004***
是否发生重大事件	−1 103.842	570.300 5	−1.94	0.054*
是否有熟人在信用社	2 671.482	906.968 5	2.95	0.003***
是否有增收技能	3 319.806	688.776 2	4.82	0.00***

注:*、**和***分别表示在 10%、5%和 1%的统计水平上显著。

（1）交互项"是否获贷×事件年虚拟变量"在5%的水平上显著且系数为正数。交互项的系数反映了扶贫小额贴息贷款的益贫效果,表明在控制了家庭特征的情况下,扶贫小额贴息政策对贫困户的收入增长产生了明显的促进作用,这与扶贫小额贷款的政策目标是一致的。

（2）从政策效果上来看,借贷贫困户在政策实施前（2014年）的收入为0.8845＋（－0.1663）＝0.7182万元,政策实施后（2015年）的收入为0.8845＋（－0.1663）＋0.0997＋0.2787＝1.0967万元,两个时期的差异为0.3785万元。未借贷贫困户政策实施前（2014年）的收入为0.8845万元,政策实施后（2015年）的收入为0.8845＋0.0997＝0.9842万元,两个时期的差异为0.0997万元,因此,贫困户借贷后对其收入的影响为人均0.2788万元。表6.11为基于倾向值得分的双重差分结果。

表6.11　基于倾向值得分的双重差分结果

	实施前	实施后	差分
处理组	0.7182	1.0967	0.3785
控制组	0.8845	0.9842	0.0997
差分	－0.1663	0.1124	0.2788

（3）耕地面积、是否具有增收技能、是否有熟人在信用社工作对贫困户人均收入在1%的水平上均存在正向相关关系。调查显示,雷山县贫困户以烟草等经济作物为主要收入来源,耕地面积越多,经济作物产量越高,从而带动贫困户收入增长;外出打工、开店等其他增收技能可使贫困户获取高额的非农收入;有熟人在信用社任职可以为贫困户贷款提供诸多便利,贫困户将获得的贷款用于购买种子、化肥、农药和更新农用机械等,提高了贫困户的农业生产效率,因此也促进了贫困户的收入水平的提高。

（4）家庭规模以及是否发生重大事件对贫困户收入的影响为负。可能的原因是:在贫困户家庭扩展阶段,随着子女数量的不断增多,家庭的人口负担越来越重,尤其对因病因残因学致贫的贫困户更大。即家庭规模的大小与其人均收入成反相关关系。调查数据显示,样本地区因病因残因学致贫的贫困户数为1331户,占总贫困户数的比例为12.07%。病残、孩童入学等重大事件对贫困户的收入、生活等方面产生较大影响，所以贫困户的收入降低。

本章采用倾向值倍差匹配法研究了精准扶贫小额贷款投放前后对借贷贫困户和非借贷贫困户收入产生的影响。从政策目标上看，"是否获贷×事件年虚拟变量"在5%的显著性水平下显著且系数为正数，精准扶贫小额贷款显著增长借贷贫困户的收入。从政策效果上看，获贷贫困户的人均收入比非获贷贫困户人均收入多增长2 788元。农户所拥有的耕地面积、是否有增收技能、是否有熟人在信用社均对贫困户人均收入产生了正向作用。此外，贫困农户家庭的规模以及是否发生重大事件对其收入产生了反向作用。

6.7　小结

基于以上案例研究和实证分析发现，精准瞄准机制下的扶贫小额贷款有效缓解了贫困户的信贷约束，扩大了金融机构的放贷面，并显著影响了贫困户的收入。但通过对样本区域的农户问卷调查和深度访谈发现，小额信贷发展仍然存在一些问题。

首先，贫困户与扶贫小额信贷贫困户精准识别协调问题。根据实践归纳出精准识别贫困户流程，为精准扶贫奠定了基础。但贫困户存在指标限制，在贫困条件相似的情况下，通过民主评议识别贫困户，导致争抢贫困户指标现象严重，最后获贷的不一定是有资金需求的贫困户。同时，在金融机构信用评级中，有些贫困户在征信系统中有不良记录，无法进入银行信用评级（等外级别），难以获得贷款。

其次，扶贫小额信贷与保险互动下的险种比较单一，缺乏针对性强的保险产品，极大地限制了银保互动机制的效果。以调查区域的保险为例，政策性农业保险仅包含水稻、玉米等，茶叶、中药材以及养殖业保险缺乏，商业保险目前的保险品种仅有人身意外保险，商业性涉农保险品种少，与之结合的扶贫小额贷款占涉农贷款的比例较低,覆盖范围小。

最后,扶贫小额信贷贷款额度不能满足贫困户的资金需求。2015 年信用社发放的小额贷款额度最高为 5 万、期限最长为 3 年,但是茶叶、中药材、果品种植以及黑毛猪养殖等先期投入成本较高,而且实施 3 年后才初显效益,现行政策限定第 3 年开始就要还款和终止贴息,在一定程度上影响扶贫小额贷款的实施效果。同时,部分贷款贫困户因技术、自然灾害及市场等诸多原因,导致项目实施未能取得预期的经济效益。

本章研究结论显示,精准扶贫瞄准机制能够确保扶贫瞄准对象精准,并且有效转移贫困户的信贷风险,降低金融机构不良贷款率。通过进一步的实证分析发现,精准瞄准下的扶贫小额贷款对贫困户收入有显著正向影响。因此,基于以上研究结论,并结合现实情况及精准扶贫发展过程中存在的问题,建议精准扶贫瞄准机制在识别方法和资金配置上需要根据贫困户的致贫原因、资金需求以及劳动能力作出相应的调整,并采取不同的帮扶措施。

第一,完善精准金融扶贫目标瞄准机制。各地实践明确表示金融机构发放扶贫小额贷款贴息对象为进入扶贫办建档立卡的贫困户,但建档立卡贫困户包含了低保户和五保户,受贫困户指标限制,进入金融机构信用评级授信系统的贫困户比例会大幅度降低。因此,建议完善精准识别机制,把按照标准识别出来的贫困户不设限全部纳入建档立卡信息管理系统,让有劳动能力和贷款需求,且有偿还能力的那部分贫困户有机会进入金融机构信用评级获得授信,通过扶贫贴息小额信贷降低交易成本,通过信誉和能力建设脱贫。此外,针对因为特殊原因在征信系统有不良记录无法获得金融机构信用评级或者信用评级为等外,得不到小额信贷但有贷款需求的贫困户,建议根据贫困户劳动能力和未来的偿还能力对其进行评估,在村两委担保情况下发放扶贫小额贴息贷款。贫困识别与金融扶贫识别机制的完善有利于解决扶贫小额信贷的公平与效率问题。

第二,积极探索社会力量参与并监督精准识别和建档立卡工作制度。贫困人口识别和建档立卡流程比较复杂、工作量大。基层人员在实施精准操作精准识别程序过程中存在一定的难度,基层人员往往也是利益相关主体,很难避免出现因政绩、人情等因素而将真正的贫困村、贫困户排斥在外。因此,建议在扶贫对象精准识别中引入社会力量参与机制,如通过社会组织购买专项扶贫服务(民间组织、院校科研学者等非重要利益关联者)等方式鼓励社会力量参与精准扶贫治理,促进扶真贫;通过培育新型农业经营主体,构建利益链接机制,互相监督指导,推进整村脱贫。

第三,增加扶贫小额信贷的投入量。扶贫小额贷款对借款贫困户收入增加具有显著的正向作用,这充分证实了扶贫小额贷款政策的有效性。政府、金融机构等各参与主体有机结合,产生扶贫开发合力,通过政府担保、贷款贴息、保费补贴、风险补偿金等措施,增加扶贫小额信贷的投入量。此外,农村金融机构在控制风险的基础上,可以对建档立卡贫困户中有资金需求和脱贫意愿的贫困户,加大扶贫资金支持力度,提高授信额度。同时,扶贫办、金融机构等应注重改善基础设施,加大对贫困户专业技能的培训,定期进村指导,并带动种养殖大户与贫困户结对帮扶,重点增加这部分贫困户的自我发展能力。

第四,推广基于银保互动模式的扶贫小额贷款。贫困户的主要收入来源是种养殖业,但是传统农业受自然条件的影响较大,导致贫困户的风险承受能力低。同时,贫困户还面临严重的大病风险,当发生人身意外风险时,易掉入"贫困—人身意外—更贫困"的恶性循环中。针对上述问题,扶贫办、金融机构和保险机构等多部门联合,根据具体情况推出适合本地特色的"信贷+保险"产品,积极探索扶贫小额信贷和农业保险互动的创新产品,如农房保险、农机保险、养殖保险试点,通过保险分摊补偿功能提高贫困户的风险承受能力,从而扩大贫困户的资金需求和提高收入水平。

在精准扶贫过程中,识别不精准以及贫困户面临的道德风险、自然风险和人身意外风险导致扶贫瞄准目标偏离,通过雷山县案例研究以及实证分析结果得出,银保互动扶贫小额贷款解决了目标偏离问题,降低了金融机构的不良贷款率。然而,中国精准扶贫政策理论尚未形成一个成熟的体系,对精准扶贫瞄准机制仍需要从理论和实践层面深入研究:其一,银保互动产品需要更多品种。在具体精准金融扶贫实践中,与扶贫小额信贷相结合的保险险种还比较少,银保互动产品还比较单一,农村金融机构与保险机构应结合实际情况,推出更多银保互动产品。其二,精准瞄准机制下的扶贫小额贷款对农村金融机构影响效应的研究有待深化。扩大贫困户贷款与商业银行商业运作原则之间存在矛盾,导致农村金融机构对贫困户的放款积极性很低,金融扶贫效果受限。所以在银保互动机制下,农村金融机构的受益如何,这直接关系到精准扶贫的实践效果以及银保互动机制的发展,有待进一步的探索。

第 7 章

村级发展互助资金治理机制对财务绩效影响的实证研究

7.1 引言

为缓解中国贫困农户发展生产以及经营所面临的资金短缺问题,开拓财政扶贫资金使用管理的新模式,提高贫困村、贫困户自我发展和可持续发展的能力,2006 年 5 月,国务院扶贫办和财政部出台了《关于开展建立"贫困村村级发展互助资金"试点工作的通知》,在全国 14 个省开展"贫困村村级发展互助资金"试点项目(以下简称"互助资金")。互助资金是指以财政扶贫资金为引导,以村民自愿缴纳一定数额的互助金为依托,以无任何附加条件的社会捐赠资金为补充,在贫困村建立的民有、民用、民管、民享、周转使用的生产发展资金。

在以往的扶贫实践中,扶贫小额信贷出现了目标偏离问题,农村信用社和农业银行等机构为降低自身的经营风险,往往将贷款发放给中高收入农户,低收入农户难以获得贷款。互助资金的推出是对贫困地区金融市场的重要补充,针对的人群主要是难以获得贷款的低收入贫困群体,为其发展生产提供资金支持。此外,在中国农村,不仅是贫困户,中等收入农户以及一些较为富裕的农户也面临着信贷约束问题,互助资金的出现为其获得低成本的正规信贷提供了一条新路径。互助资金的推出是对农村信贷模式的创新,互助资金运行范围为本行政村,不跨村,不吸储,农户自愿加入互助社,通过选举产生理事会和监事会,其中要有贫困农户和妇女代表,不断提升村民自我发展和自我管理的能力。

为了保障互助资金的顺利开展,国务院扶贫办和财政部自 2006 年开始,先后出台了《关于开展建立"贫困村村级发展互助资金"试点工作的通知》《关于 2007 年贫困村村级发展互助资金试点工作的通知》和《关于做好 2008 年贫困村互助资金试点工作的通知》等系列文件,就互助资金的总体目标和基本原则、性质和来源、关键环节以及要求作出了明确规定。2014 年,我国出台了《关于创新机制扎实推进农村扶贫开发工作的意见》,提出进一步增强扶贫资金使用的针对性和时效性,让贫困群体切实直接使用扶贫资金。在实践中,各地结合自身实际,因地制宜,推出了各具特色的互助资金模式。其中,比较具有代表性的是安徽的霍山社区基金模式和四川的仪陇模式。互助资金在解决贫困地区生产资金不足、贫困户贷款难等方面发挥了积极作用。

但是,经过十多年的发展,互助资金在运行过程中也出现了一些问题,如互助资金的规模始终难以扩大、资金有限、违约率上升等。出现这些问题,原因可能有互助资金的治理机制不完善、管理方式存在问题或者管理人员能力有待提高等。本章目的是为了探寻中国互助资金治理过程中存在的问题,研究治理机制与财务绩效的关系,为中国互助资金健康持续发展提供可行性建议。

内蒙古地区作为最先开展互助资金试点工作的 14 个省份之一,在互助资金的治理机制、组织运营管理以及监督等方面已具有比较成熟的经验。该地区互助资金的现状能体现中国互助资金存在的普遍情况,因此选择其作为研究对象。本章基于 2016 年的调研数据,区别于以往基于农户层面的研究,从互助资金组织角度入手,着重研究其组织内部的治理机制,同时,本章利用其财务数据分析互助资金组织自身的财务可持续性问题,并研究互助资金组织的治理机制如何对财务绩效产生影响,为中国今后更好地开展互助资金工作提供借鉴。

7.2　文献综述

中国的互助资金起源于 20 世纪 90 年代初的贵州威宁草海社区基金,借鉴了国际社区发展基金的做法,实质是对小额信贷模式的一种创新。其中,比较具有代表性的模式是安徽霍山模式和四川仪陇模式。由于互助资金是中国特有的扶贫模式,国外并没有针对互助资金的研究。本章检索了知网自互助资金试点工作开展以来 12 年的文献,整理、归纳、总结国内学者对互助资金的研究内容,并借鉴国外社区基金和小额信贷的文献研究,形成此文献综述。

7.2.1 互助资金理论研究

自 2006 年开始,国务院在全国开展互助资金试点工作,此时恰逢国际上小额贷款代表人物尤努斯的《穷人的银行家》一书在中国出版,中国学术界掀起了基于小额信贷相关理论对互助资金理论的研究热潮,在此期间,比较具有代表性的理论是林万龙、曹洪民和陆汉文等学者提出的合作型反贫困理论和赋权理论。

长期以来,中国财政扶贫资金在使用上一直采取自上而下、政府主导的供给模式,农户在扶贫体系中更多的只是作为参与者、被给予者,其需求缺乏有效的表达机制。同时,由于对财政资金的使用缺乏有效监督,致使其使用效率低下。如何发挥政府、农民、社会组织等主体在扶贫体系中的优势,构建各参与主体相互协作的平台,是解决扶贫问题的关键。基于此,林万龙等(2008)提出了合作型反贫困理论。其基本内容是:反贫困工作需要政府、社区以及贫困群体之间相互合作,仅仅依靠任何一个单一主体的投入都不可能完成,同时,这种合作必须通过搭建一个有效的平台来完成。合作型反贫困理论构建了一种新型的农村社会与经济治理模式,维护了农民自身的利益,解决了扶贫资源整合问题,创新了扶贫资金使用机制和扶贫路径(曹洪民、陆汉文,2008;黄承伟等,2009)。

而以陆汉文为代表的专家学者们提出了赋权理论,其核心是认为互助资金通过组织创新实现了农村基层社区权利的调整,让农民自主享有财政扶贫资金的使用权和管理权,体现了一种赋权式的扶贫观念(陆汉文、钟玲,2008)。发展互助资金最重要的就是在政府主导下的制度建设,协调政府、村两委与农民之间权力的分配。互助资金依托权力调整,在一定程度上缓解了农民发展生产经营过程中的资金短缺难题,同时推动提升了农民的自我管理、自我建设和自我组织能力(森,2002)。

7.2.2　互助资金模式研究

学术界对于互助资金模式的研究最早开始于 2007 年。汪学越(2007)从霍山模式的实施背景、主要做法、制度设计、实施成效等方面进行了归纳总结,提出互助资金在实施过程中应固点扩面、调整政策、整合资源、把握方向,逐步提高互助资金覆盖面。曹洪民和林万龙(2007)率先就四川仪陇模式开展研究,从仪陇地区试点工作的提出背景、绩效评估、制度创新等方面进行研究,认为仪陇模式通过制度创新,能够有效地将贫困地区的本土资源转化为发展资本,对扶贫起到了积极的促进作用。宁夏和何家伟(2009)基于 2009 年对河北省和云南省 4 个村庄的调研数据,对仪陇模式的异地复制效果进行了研究,认为虽然各地区间存在较大差异,但是异地复制的仪陇模式仍然是有效的,其他地区通过复制仪陇的互助资金制度设计方式,能有效提升扶贫资金的使用效率并提高对贫困户的瞄准度。宁夏(2011)基于全国 18 个互助资金试点村的调研发现,互助资金的操作模式与运作绩效之间存在紧密的关联性,即互助资金的进入与退出机制、贷还款机制、管理与监督机制等能影响组织的运行绩效。尽管各地在互助资金操作模式上存在差异,但是在一些特定的操作模式下,运作绩效能取得更好的成效。例如,分期还款和小组联保制度能提高贫困户获贷率,减少逾期贷款的发生。高杨和薛兴利(2013)基于对山东省互助资金运行状况的研究,认为应推行分期还款制度,同时在扶贫贴息承贷机构和互助资金组织之间构建垂直型金融联结,由扶贫贷款承贷机构进行资金的批准与发放,更有利于互助资金的发展。刘西川(2012)通过调研四川省4 个互助资金试点村的目标瞄准、还款机制和供给成本三个方面的实施情况,发现互助资金的还款机制能降低运行的风险和成本。

7.2.3　互助资金扶贫效果研究

1. 互助资金扶贫效果

第一,互助资金创新了财政扶贫资金的使用方式。与以往的扶贫方式相比,互助资金在对扶贫资金的使用方面更具有针对性,把有限的资金投入适合当地发展的项目,将钱用在"刀刃上",提高了资金的使用率,弥补了贫困地区资金不足问题,拓宽了贫困户资金来源渠道,创新了资金的使用方式(朱始建,2008;张蕾,2011;丁波,2015)。郭晓鸣(2009)认为,互助资金促使农村内部的各种生产要素之间进行快速有效的整合,调动了农村有限的资金,提高了农业产业化水平,促进了农户增收,弥补了商业银行在农村金融市场的盲点。陈清华和董晓林(2016)调查研究宁夏492户农户时发现互助资金增加了农户对农业生产的投资,对贫困户脱贫有显著效果。

第二,互助资金提升了贫困地区农民的自我发展能力。汪学越(2007)认为,互助资金创新了农村基层管理形式,培养和提高了农民自我发展和民主管理的意识,通过民主选举、民主管理,实现了基层权力的调整,发挥了新农村建设中农民的主体作用。郭凤修(2011)在研究文山市互助资金使用管理过程中,发现互助资金在使用时尊重农民自我意愿,由借款农户决定资金的用途,激发了贫困户自主发展生产的意愿和积极性,增强了贫困户自我发展的意识。洪绍华和邓文治(2010)认为,互助资金理事会、监事会成员都是由社员选举产生,选举方式公开民主,财务情况和监督情况对社员公开透明,激发了农民参与本村事务建设的积极性,提升其民主参与意识。左璐璐(2015)认为,互助资金使得贫困户由原先的被动接受物质救援转变为主动参与市场,增强了市场意识和投资意识。

第三,互助资金促进了农村社会和谐。何焱(2008)认为,互助资金调动了农民生产的积极性,减少了农村不良风气,避免了许多矛盾,促进了乡风文明建设。王碧玉(2009)认为,互助资金增强了农民的诚信意识,体现了农民当家作主的主人公地位。甄小惠(2010)认为,互助资金盘活了民间资本,体现了公平、公正与民主,提升农民信誉意识,促进了社会和谐。吴丽洁和韦昕辰(2013)认为,互助资金的开展给村民提供了交流的平台,促进了和谐农村的建设,有良好的社会效益。

2.互助资金存在的问题

一是互助资金的瞄准问题。互助资金旨在为贫困人口提供资金上的支持,扶贫是其第一要义,因此,互助资金必须要做到的就是精准瞄准贫困户。在互助资金瞄准问题上,国内学术界对此呈两派观点。

一方认为,即便是在信贷供给充足、贫困甄别严格的前提下,互助资金也未能瞄准当地贫困群体,互助资金更多地被非贫困农户所获得(王瑾瑜,2013;刘金海,2010)。汪三贵等(2011)对四川和河南 12 个互助资金试点村的 480 户农户进行调研,用 Logit 模型和 Tobit 模型分析了影响农户参与和使用互助资金项目的因素,发现贫困户在互助资金中与非贫困户相比受益较少,这与其家庭特征以及互助资金社的管理方式有关,互助资金更多地被富裕户所获取。李金亚和李秉龙(2013)采用需求可识别的双变量 Probit 模型,发现互助资金瞄准目标上移,没有精准瞄准贫困户,主要是由于贫困农户缺乏生产性贷款需求。陈清华等(2017)对宁夏 29 个村 492 个农户采用 Heckman 两阶段模型研究发现,互助资金贷款的受益对象最主要是在贫困线附近以及以上的农户,未涵盖最贫困人群。

另一方认为,互助资金虽然受诸多因素限制,但与传统的扶贫贴息贷款相比,其瞄准机制的设计是没有问题的。吴忠(2008)认为,互助资金可以更好地瞄准农村贫困人口,对不同收入阶层农户的覆盖大体上是均等的。林万龙和杨丛丛(2012)用 Probit 和 Tobit 模型分析了影响仪陇县农户对互助资金贷款需求和服务的影响因素,发现互助资金的贷款机制是有利于贫困户的,但是即使在信贷供给充足的情况下,由于缺乏贷款需求,贫困农户仍难以有效利用互助资金。高杨和薛兴利(2013)研究了山东省互助资金,发现其制度设计和运营状况良好,能瞄准贫困户,提高了财政扶贫资金的使用效率。丁昭等(2014)采用集合分析法分析四川省互助资金瞄准问题,认为互助资金瞄准了贫困户,之所以贫困户贷款的利用率不高,是由于贫困户缺乏生产投资需求以及自身能力不足,并非是互助资金瞄准机制偏离。

二是村两委参与互助资金管理问题。刘七军等(2012)认为,村干部参与互助资金管理能够有效管理互助资金,密切群众联系,增强领导班子的向心力和凝聚力,提升农民自我管理和自我发展的能力。然而,杜晓山和孙同全(2010)认为,当前的互助资金中存在村干部与互助资金管理者完全重合的现象,这不利于互助资金的民主管理和民主监督,互助资金应该独立于村两委,由村民自我管理。王威等(2013)研究河南省三个村时发现,虽然村干部参与互助资金管理能够控制互助资金的贷款风险,但是不利于互助资金的民主化管理,会阻碍互助资金的健康发展。胡联等(2015)发现,由村干部管理互助资金容易发生精英俘获问题,互助资金更多地被村中的高收入农户和与村干部有关的农户获取,可以通过减少村干部在互助资金管理层中的比例以及增加互助资金每年的开会次数等手段来改善这一问题。

除了以上问题之外,其他学者在研究中还发现了互助资金运行过程中存在的其他问题。李乔漳(2012)认为,互助资金的相关法律法规不完善,一旦发生问题,难以维护自身的合法权益。王昌晖和崔金岩(2009)认为,互助资金相关配套政策措施不完善,没有与惠农政策高度结合。陈海鹏(2012)研究云南省互助资金时发现互助资金风险防范机制不完善,存在安全隐患,抵御自然灾害和市场冲击的能力较弱。叶波(2015)认为,贫困村的农民文化素养相对较低,使得互助资金必须依赖村干部,不能独立开展工作,互助资金管理人员的能力有待提高。此外,互助资金在运行过程中还存在资金规模小、运转经费不足、借款周期短、资金来源有限等问题,难以满足全体入社社员的生产资金需求,严重阻碍了互助资金的发展(张德元、张亚军,2008;王苇航,2008;齐良书、李子奈,2009;赵瑜、杨旭升,2009;李春平、刘艳青,2010)。

7.2.4 互助资金治理机制研究

扶贫是互助资金的首要使命,扶贫目标的实现离不开互助资金组织的可持续发展,如何协调这二者之间的关系是互助资金治理的难点之一。互助资金组织的良好运行,必然离不开合理的治理结构、治理制度和治理机制。但是,国内学者关于这一方面的研究较少,没有形成系统性的理论,大多数借鉴了小额信贷和公司治理方面的研究。

Armendáriz 和 Morduch(2010)认为,治理机制关系着微型金融机构的生死成败,良好的公司治理机制对组织的可持续发展起着至关重要的作用。互助资金可以视作微型金融机构,但是又区别于以营利为目的的机构,它肩负着扶贫的使命。如何完善具有双重目标的互助资金治理机制,需要在理论与实际上进行进一步的探讨。刘西川等(2013)将互助资金自身的特殊性与公司治理理论相结合,详细分析了互助资金治理问题中存在的四类委托代理关系,治理结构中存在的三种所有权结构,治理机制中的四种机制,构建了互助资金组织治理的分析框架,并在此基础上比较分析了互助资金模式中具有典型性的仪陇模式和霍山模式,针对其优缺点进行总结,提出互助资金现有模式中的不足之处。陈立辉等(2015)在研究中发现,互助资金组织治理的要点在于平衡净储蓄者与净借款者之间的利益冲突,仅依靠成员参与、民主管理、相互制衡的治理制度安排是无法妥善解决这一冲突的,政府不应将资金交给村庄后就放手不管,可以运用配股等方式实现内部成员之间的激励相容。

良好的治理机制会对组织的长期可持续发展起到重要作用。互助资金的治理机制可以分为内部治理机制和外部治理机制。前者包括互助资金理事会、监事会的设置,管理人员的激励等方面,后者包括政府的监管、外部市场环境、法律环境等方面。此外,互助资金的治理机制又会对组织的运行效率和财务绩效产生影响。相对来说,整个互助资金组织的效率较低,互助资金管理人员的报酬和办公费用与小额信贷相比都是比较低的,工作时间和难度也相对较少,因此互助资金一般可实现低成本条件下的可持续运行,但是若能改进其治理机制,就能促使其更好发展。秦月乔和刘西川(2016)采用 DEA 和 Tobit 模型考察村级发展互助资金组织的运行效率,发现互助资金存在技术效率普遍不高的问题,且不同省份之间的差异较大,规模效率小于纯技术效率,规模效率偏低往往导致技术效率不高。张颖慧和聂强(2016)提出加强对互助资金财务可持续率的监督,防止目标发生偏移,加大对扶贫配套措施的投入,以及通过引入外部监督机制等措施,促进贫困村村级发展互助资金的可持续运作。

7.2.5　国外相关研究

虽然国外没有针对互助资金的研究文献,但是互助资金的本质是在借鉴国外社区基金以及小额信贷基础上发展起来的。社区基金产生于 20 世纪 80 年代,兴起于拉丁美洲,随后扩大到非洲、东欧,其设立目的在于向贫困人口提供临时的救助和公共服务,强调分权和参与(Tendler,2000)。分权是指中央政府将财政权、政治权和行政权下放给下级政府和私营部门,权力下放会对资源筹集和分配产生重大影响(Litvack et al.，1998)。社区基金在扶贫过程中强调了分权与参与的理念,社区基金是由社员主导的,与传统自上而下的扶贫方式相比,减少了扶贫过程中的官僚化和集权化,强调社员参与。社区基金在吸纳社员资金的同时允许接受资助,在选择开展项目时更具有自主选择权和独立性。社区基金主要用于基础建设以及科教文卫活动。Hoddinott 等(2000)认为,社区拥有信息优势,比政府更了解当地情况,能减少项目实施过程中的成本,在推动发展方面比政府更为有效。但是,Mansuri 和 Rao(2007)研究发现社区基金在目标瞄准方面存在偏移,并不能很好地瞄准贫困群体。

此外,组织治理过程中的精英俘获问题也是社区基金研究的重点内容。Arcand 和 Fafchamps(2006)研究发现,社区基金组织是由在种族、土地、经济方面占据优势的成员主导的。Besley 等(2004)研究印度农村时发现,当组织中领导的位置保留给特定种姓候选人时,特定种姓的农民更有可能从中获得利益。Dasgupta 和 Beard(2007)对印度尼西亚社区基金项目进行研究时发现精英阶层在组织中扮演着重要角色,他们会向贫困人群提供福利,但是贫困群体从中获益不多,非精英阶层和精英阶层共同参与组织治理,能有效减少精英俘获问题。

7.2.6　简要评述

目前学者对互助资金的研究大致从理论、模式、扶贫效果、治理机制等方面展开,较多的是基于农户层面的调研数据,然后建立实证计量模型,进行分析验证,较多关注的是互助资金的瞄准问题以及扶贫效果。但是,较少有文献从互助资金组织本身治理机制的角度出发,研究其对财务绩效的影响,本章的研究就在此基础上展开。通过分析内蒙古地区互助资金组织的治理机制,剖析治理机制过程中的内部决策机制、激励机制和监督机制,分析其治理问题。再研究互助资金的财务运行情况,研究其收支是否可以支持组织自身的可持续运行。最后,分析在互助资金财务可持续情况下,治理机制中的哪些因素会影响整个组织的财务绩效,以及产生怎样的影响,从中发现问题,并提出相关政策建议。

7.3 互助资金治理机制理论来源

当前对于互助资金治理机制相关理论的研究较少,尚未形成系统性研究。因此,本章在借鉴公司治理理论和小额信贷相关理论的基础上,结合互助资金本身的特性,形成互助资金治理机制相关理论研究。对于互助资金治理机制的相关理论,主要从公司治理理论、委托代理理论、信息不对称理论和激励理论四个方面展开。

7.3.1 公司治理理论

"公司治理"这一概念最早出现在 20 世纪 80 年代的英文文献中,对于公司治理问题的研究可以追溯到亚当·斯密时期。公司治理问题是由于时代发展,现代企业经营权和所有权两权分离而产生的。目前对公司治理的概念未有明确定义,中国学者从不同角度对其进行阐述。钱颖一(1995)认为公司治理结构是一种平衡公司中的利益群体——投资者、经理人员、职工之间经济利益关系的制度安排,包括解决控制权、监督机制和激励机制等问题。林毅夫等(1997)则认为公司治理是指企业的所有者对其经营者对企业日常经营管理、企业绩效进行监督和控制的一种制度安排。费方域(1998)认为公司治理的实质是一种合同关系,是用来规范利益相关者的关系,是对权、责、利的分配。

互助资金作为一个组织,存在不同的利益群体,研究其治理机制问题可以借鉴公司治理的相关概念。但是值得注意的是,与公司不同,互助资金不以盈利为目的,它的首要目标在于扶贫。但是,互助资金也要考虑自身的可持续发展。在研究互助资金治理机制问题时需要从内部治理机制和外部治理机制两个角度进行分析。由于互助资金组织所在的外部环境、法律制度等基本相同,且其资金来源基本为政府和成员,互助资金是在村庄内部进行运作的,具有封闭性,因此,在研究互助资金治理问题时更多的是从组织内部治理角度出发。互助资金组织的内部结构基本为成员大会(权力机构)、理事会(管理机构)以及监事会(监督机构),其中存在着成员、管理者、借款人等利益相关人,如何平衡其利益相关者之间的冲突与利益,如何对管理者、借款人进行有效监督和激励是研究的重点。

7.3.2 委托代理理论

委托代理理论作为公司治理理论的重要组成部分,其核心是在利益冲突以及信息不对称的情况下,委托人如何有效地设计契约,以期能够有效激励代理人,即代理问题。Berle 和 Means(1932)认为企业的所有者同时为经营者时存在很大弊端,应当将所有权和经营权分离,企业所有者在保留自身对企业的剩余索取权的同时,应该让渡企业的经营权,由此开创了现代经典的委托代理理论。到了 20 世纪六七十年代,由于当时的一些经济学家对企业"黑箱"理论不满,开始研究企业内部存在的信息不对称和激励问题,委托代理理论开始兴盛起来。

在委托代理理论定义方面,Ross(1973)认为,代理人代表委托人行使某些决策权时,委托代理问题就产生了。Jensen 和 Meckling(1976)认为,委托代理关系是一种契约,按照这个契约,委托人任用代理人,委托他们来履行相关的服务,把一些决策权赋予代理人,并支付相应的报酬。Pratt 和 Zeckhauser(1985)认为,委托代理关系的产生在于一人依赖另一人的行动,代理人即为采取行动的一方,委托人即为受影响的一方。

在委托代理问题方面,基于经济学理性人假设,由于委托人和代理人双方存在信息的不对称性以及双方的目标函数不一致,由此产生委托代理问题。代理人出于追求自身利益最大化的角度,可能造成与委托人目标发生偏离,甚至对委托人利益造成损害。Arrow(1985)认为,委托代理问题可以分为道德风险和逆向选择两类。道德风险是指由于委托人难以对代理人实施有效监督,代理人追求自身效用最大化,趁机采取不利于委托人的行动。逆向选择是指在双方信息不对称的情况下,代理人凭借自身所掌握而委托人观察不到的信息,作出对委托人利益有害的决策。

　　为解决委托代理问题,Fama(1980)提出了代理人市场声誉模型,认为从长期来说,代理人为了获得更高的收益,会提高自身在市场上的声誉并努力工作,减少违约的发生。范里安和费方域(2011)提出,通过在代理人之间形成潜在竞争,达到制约与平衡,以此来解决委托代理问题。平狄克和鲁宾菲尔德(2009)提出建立激励机制,委托人通过进行利润分享与支付奖金来激励代理人努力工作,解决委托代理问题。

　　在本章的研究中,关注的重点在于互助资金理事长的委托代理问题。理事长作为互助资金治理机制中的重要一环,其自身握有相当大的决策权,如何妥善解决其管理过程中的委托代理问题是互助资金治理机制中的关键。互助资金全体社员将权力赋予理事长,如何制约理事长按照全体成员的意志进行决策,不背离互助资金的本质,事关互助资金长期可持续发展。为防止委托代理过程中出现的道德风险和逆向选择问题,可以对理事长采取激励机制,促使其努力工作,实现委托人效用的最大化。

7.3.3　信息不对称理论

　　信息不对称理论起源于 20 世纪六七十年代,主要用于说明在信息不对称情况下,交易双方的交易行为和市场运行效率等问题。80 年代以后,经济学家将信息不对称理论引入经济学领域,这一理论逐渐体现出经济学价值。信息不对称的内容大致可以概括为两个方面:一是交易双方在相关信息获得方面存在不对称性,即一方比另一方拥有更多的与交易相关的信息,获取信息更多的一方在交易中处于优势地位,获取信息更少的一方处于劣势地位。二是交易双方对自己在交易中所掌握的信息的相关地位是明确的。由于交易双方在进行交易时处于信息不对称的情况,由此可能带来交易完成前的逆向选择和交易完成后的道德风险。在交易完成前,在信息上占有有利地位的一方会利用自己的优势制定对自己有利的合同,而不利的一方则会遭受损失,由此产生逆向选择。在合同签订后,从事经济活动的一方会为了实现自身效用最大化而采取行动,对另一方造成损害,从而导致道德风险。

在互助资金治理过程中,管理人员往往是村干部或者是本村中的精英群体,相比组织中的其他成员在信息上占有更多优势,双方在信息获取上处于不对称的情况,若管理者运用自身的信息优势,在管理过程中为实现自身效用最大化而采取行动,会对其他成员产生损害。因此,解决好信息不对称问题,才有利于互助资金构建良好的治理机制和治理体系。

此外,在互助资金借贷过程中,管理者和借款者之间存在信息不对称,借款人可能会为了获得贷款而隐瞒自身的不利信息,导致管理者对借款者的风险状况评估产生偏差,最终使得资金流向高风险的借款者,这就是信贷中的逆向选择。在借款者获得贷款之后,可能不会按照互助资金贷款的使用规定去使用贷款,将贷款用于其他用途,最终对还贷产生影响,由此导致道德风险。

7.3.4　激励理论

激励理论是现代企业治理过程中的重要组成部分,经济学家、心理学家和管理学家从不同视角阐述了如何激励人的问题。从经济学角度来说,按照经济人假设,设计一个合理的激励机制,从而激发其工作的积极性,达到组织和个人目标的激励相融。从管理学的角度来说,人不可能做到经济学上的完全理性,因此,管理学的激励理论主要侧重对人性的分析,通过满足个体需要来调动其工作的积极性,从而提高整个组织的工作效率。比较具有代表性的有 Maslow(1954)的需要层次理论、Alderfer(1972)的 ERG 理论、Hart 和 Herzberg(1957)的"激励—保健"双因素理论等。

在互助资金治理机制中,对其理事会和监事会实行有效激励,更重要的是对理事长的激励,事关组织的长远发展。对理事长的激励方式大体可以分为两种:一是薪酬激励,这能体现出理事长工作的尽职程度以及他所创造的价值大小,是较为有效的激励方式之一;二是声誉激励,主要体现在理事长在本行政村内地位的提升,受到村民的敬重以及获得上级政府的肯定。一般来说,薪酬激励是最为直接的形式。理事长作为整个互助资金组织治理过程中的主导者,若能获得合理的激励,可以增强其在管理过程中的责任感和成就感,有利于组织的长期合理运行。若是激励机制不健全,可能会导致其消极怠工以及情绪上的不满,最终危害整个组织。

通过对互助资金治理机制相关理论进行梳理回顾,为本章的分析思路、研究框架和研究内容提供了借鉴和理论支持。首先,公司治理理论为研究互助资金治理机制起到了指导作用,从内部治理机制和外部治理机制两方面进行分析,构建了互助资金治理的分析框架。其次,委托代理理论分析了互助资金治理过程中最为重要的问题,即如何处理理事长的委托代理问题,以期实现组织的良好运行。再次,信息不对称理论描述了互助资金治理过程中存在的管理层与成员、管理者与借款农户之间存在两类信息不对称问题,可能会导致逆向选择和道德风险,这也是互助资金在管理过程中必须注意的问题。最后,激励理论阐述了互助资金治理机制中如何对理事长实现有效激励问题。为了实现组织自身的良好运行而对其工作人员进行合理的激励,是组织良性发展的保障,这也是本章研究的重点内容。

7.4　数据来源及模型构建

7.4.1　数据来源与变量选择

本章互助资金治理机制与财务绩效实证分析所采用的数据,源于 2016 年 11 月课题组对内蒙古互助资金组织的问卷调查。本次调研在内蒙古扶贫办的协助下,调研了内蒙古中部地区的 9 个旗县,得到 74 个互助资金组织在 2014—2015 年的互助资金组织的财务情况以及治理机制的数据。

公司治理研究的是利益相关者的冲突问题,互助资金作为兼具扶贫与可持续发展双重目标的组织,在研究其治理机制与绩效的关系时,应该从财务绩效与社会绩效两个角度出发,但是由于本章研究的重点是互助资金治理机制对财务绩效的影响,因此,本章不对其社会绩效进行研究。在研究治理机制时,应从外部治理机制和内部治理机制两个方面考虑,但考虑到内蒙古所有的互助资金组织的财务报表都要上报政府,同时政府会定期派遣人员到各村进行检查,从外部治理角度来说,所有的互助资金组织都是一样的,因此不将外部治理因素纳入模型,仅从其内部治理角度考虑其对财务绩效的影响。

实现互助资金组织自身的可持续是其财务绩效的首要目标,良好的财务绩效是实现其扶贫目标的保障。本章主要考察互助资金管理层、理事长特征等方面的内部治理机制因素对互助资金财务绩效的影响,但是由于目前尚未有学者对互助资金治理机制与财务绩效的关系作出系统性的研究,因此本章在变量选择方面结合互助资金本身的特性,并借鉴了公司治理机制、小额信贷治理机制与财务绩效关系的相关研究,形成本章的研究假说和变量设计。

为了研究互助资金的财务绩效问题,本章采用因子分析法分析影响财务绩效的主要因素。因子分析法是指用少数几个因子来描述许多指标或因素之间的关系,以较少几个因子反映原资料的大部分信息的统计学方法。因子分析法的特点在于:(1)选取指标的数量远少于原先的指标,减少工作量;(2)选取的指标不是简单的取舍,能反映原指标的绝大多数信息;(3)指标之间不存在线性关系,即指标所构成的综合指标的信息不相互重叠。具体公式如下:

$$\begin{cases} x_1 = a_{11}f_1 + a_{12}f_2 + \cdots + a_{1m}f_m + a_1\varepsilon_1 \\ x_2 = a_{21}f_1 + a_{22}f_2 + \cdots + a_{2m}f_m + a_2\varepsilon_2 \\ \qquad\qquad \cdots \\ x_p = a_{p1}f_1 + a_{p2}f_2 + \cdots + a_{pm}f_m + a_p\varepsilon_p \end{cases} \tag{7.1}$$

其中,x_1,x_2,$\cdots$,x_p 为 p 个原有变量,是均值为 0、标准差为 1 的标准化变量,f_1,f_2,$\cdots$,f_m 为 m 个因子变量,m 小于 p,a 为因子载荷,ε 为特殊因子,相当于残差,表示成矩阵形式为:

$$x = af + a\varepsilon \tag{7.2}$$

本章在选择被解释变量方面采用因子分析法,构建综合的财务绩效衡量指标,旨在更全面地考察互助资金组织的财务可持续性。在选择解释变量时,主要集中在互助资金治理机制特征方面的变量以及其他控制变量,各变量介绍如下。

(1)被解释变量。在衡量财务绩效方面主要从三个方面考虑:一是经营状况,选择资产收益率(ROA)、经营自足率(OSS)和贷款回报率(ROI)三项指标来衡量。二是贷款风险,从贷款利率($RATE$)、贷款违约率(LGD)、逾期贷款笔数占比(PAR)三项指标来衡量。三是经营成本,由于互助资金的主要支出由管理人员报酬、办公费用、出差费用以及少量其他费用所组成,将管理人员报酬(MW)、办公费用(OE)、出差费用(BTE)以及其他费用(OF)这四项指标纳入其中,具体见表7.1。以上所有指标构成了因子分析的所有因子,将在后文进行具体的研究,构建得到综合的财务绩效指标(F)(见表7.2)。

表 7.1　变量定义

变量类型	变量名称	符号	定　义
被解释变量	财务绩效	F	见后文因子分析
	管理层规模	$BoardSize$	管理层人数
解释变量	管理层中女性所占比例	$WomenRate$	女性比例＝女性人数/管理层总人数
	理事长性别	Sex	男＝0,女＝1
	两职合一情况	$Duality$	理事长是否兼任村干部,是＝1,否＝0
	理事长年龄	Age	1＝"30—39 岁",2＝"40—49 岁",3＝"50—59 岁",4＝"60 岁及以上"
	理事长薪资水平	$Wage$	衡量理事长薪资水平高低
控制变量	互助资金规模	$TotalAssets$	总资产取对数
	互助资金成立年限	$MFage$	自成立起至 2016 年的年限

表 7.2　财务绩效指标

变量名称	变量	定　义
经营状况 资产收益率	ROA	资产收益率＝净利润/平均资产总额
经营自足率	OSS	经营自足率＝营业收入/营业支出
贷款回报率	ROI	贷款回报率＝年贷款利润/贷款总额
贷款风险 贷款利率	$RATE$	贷款年利率
贷款违约率	LGD	LGD＝1－贷款回收率
逾期贷款笔数占比	PAR	逾期贷款笔数占贷款总笔数的比例

变量名称		变量	定　义
	管理人员报酬	MW	当年管理层报酬支出总额
经营成本	办公费用	OE	当年办公费用支出总额
	出差费用	BTE	当年出差费用支出总额
	其他费用	OF	当年其他费用支出总额

为了后文的计算简便,利用因子分析法构建财务绩效综合指标:

$$F_i = \beta_{i1} X_{i1} + \beta_{i2} X_{i2} + \beta_{i3} X_{i3} + \cdots\cdots + \beta_{ij} X_{ij} \tag{7.3}$$

其中,F_i 是第 i 个互助资金组织财务绩效的综合得分,β_{ij} 是第 i 个互助资金组织第 j 个因子的方差贡献率,X_{ij} 是第 i 个互助资金组织第 j 个因子的得分。

之后,利用 SPSS22.0 软件对本章的财务绩效数据进行因子分析,得到表 7.3 中的旋转后因子载荷矩阵,并提取 4 个因子(见表 7.4)。这 4 个因子解释了 71.872% 的信息量。

表 7.3　旋转后因子载荷矩阵

变量	元　件			
	1	2	3	4
ROA	−0.074	−0.005	0.887	0.214
OSS	−0.022	−0.166	0.872	−0.183
ROI	−0.121	0.736	0.357	0.328
LGD	0.985	−0.087	−0.056	−0.044
PAR	0.988	−0.080	−0.043	0.011
RATE	0.039	−0.170	0.050	0.837
MW	−0.033	0.299	−0.037	0.743
OE	−0.082	0.813	−0.150	−0.050
BTE	0.018	0.654	−0.269	−0.048
OF	−0.093	0.332	0.047	0.275

表 7.4　特征值与贡献率

元件	起始特征值			撷取平方和载入			循环平方和载入		
	总计	变异的%	累加%	总计	变异的%	累加%	总计	变异的%	累加%
1	2.433	24.328	24.328	2.433	24.328	24.328	1.984	19.843	19.843
2	1.978	19.777	44.105	1.978	19.777	44.105	1.901	19.010	38.853
3	1.649	17.494	60.598	1.649	17.494	60.598	1.781	17.813	57.665
4	1.127	11.273	71.872	1.127	11.273	71.872	1.521	15.207	71.872
5	0.903	9.028	80.900						
6	0.691	6.914	87.814						
7	0.582	5.824	93.638						
8	0.370	3.698	97.336						
9	0.238	2.379	99.715						
10	0.029	0.285	100.000						

由表 7.3 得到的因子得分系数矩阵,结合表 7.4 的 4 个主要因子的贡献率,可计算得到互助资金财务绩效综合得分式:

$$F_i = 0.243\,28X_{i1} + 0.197\,77X_{i2} + 0.164\,94X_{i3} + 0.112\,73X_{i4} \tag{7.4}$$

(2) 解释变量。在借鉴 Zeller 和 Meyer(2002)对小额信贷绩效与治理机制研究的基础上,结合互助资金的特性以及现有的数据,形成本章的解释变量。解释变量主要分为两类:一是管理层变量,主要包括管理层规模(BoardSize)、女性管理者比例(WomenRate);二是理事长特征,主要包括互助资金理事长性别(Sex)、两职合一情况(Duality)、理事长年龄(Age)以及理事长薪资水平(Wage)。解释变量的具体定义见表 7.1。

本章主要从内部治理机制角度出发研究其对财务绩效的影响,但是目前在互助资金治理与绩效的研究方面并未建立系统的理论假说。因此,本章在结合互助资金实际调研情况的基础上,为验证互助资金治理机制与财务绩效的关系,提出了 6 个研究假说,具体如表 7.5 所示。

表7.5　研究假说

假设	假设内容	文献基础
H1	互助资金管理层规模与财务绩效呈正相关关系	Hartarska(2005)
H2	管理层中女性所占比例与财务绩效呈正相关关系	Adams 和 Ferreira(2009)
H3	女性理事长与财务绩效呈正相关关系	Mersland 和 Strøm(2008)，张正平(2017)
H4	两职合一与财务绩效呈负相关关系	Kyereboah 和 Osei(2008)
H5	理事长年龄与财务绩效呈正相关关系	李小青和孙银凤(2014)
H6	理事长薪资水平与财务绩效呈正相关关系	周占伟(2012)

（3）控制变量。根据杨虎峰和何广文(2011)研究发现，小额信贷公司的规模和成立时间对公司绩效有显著影响，选择互助资金规模($TotalAssets$)和互助资金成立年限($MFage$)两项指标作为控制变量。变量的具体定义见表7.1。

7.4.2　模型构建

为了验证前面提出的假说，本章利用两年期数据进行混合 OLS 回归分析，互助资金治理机制对财务绩效的模型公式如下：

$$F_{i,t} = \alpha_{i,t} + \beta_1 BoardSize_{i,t} + \beta_2 WomenRate_{i,t} + \beta_3 Sex_{i,t} + \beta_4 Duality_{i,t}$$
$$+ \beta_5 Age_{i,t} + \beta_6 Wage_{i,t} + \beta_7 TotalAssets_{i,t} + \beta_8 MFage_{i,t} + \varepsilon_{i,t}$$

$$(7.5)$$

其中，$F_{i,t}$ 表示被解释变量，代表第 i 个互助资金第 t 年的财务绩效。管理层规模($BoardSize$)、管理层中女性所占比例($WomenRate$)、理事长性别(Sex)、两职合一情况($Duality$)、理事长年龄(Age)以及理事长薪资水平($Wage$)表示解释变量。互助资金规模($TotalAssets$)、互助资金成立年限($MFage$)表示控制变量。$\varepsilon_{i,t}$ 表示随机误差项。

7.5　模型结果分析

7.5.1　变量描述性统计

从表 7.6 可以看出,互助资金管理层规模平均为 3.65 人,最多的为 6 人,最少的为 3 人,主要为互助资金理事长、会计、出纳以及其他成员。管理层中女性所占比例平均为 10%,最低的为 0%,最高的为 67%,表明互助资金管理层中女性总体所占的比例偏低。

在互助资金理事长特征方面,大部分互助资金理事长为男性,女性占极少数,这与中国国情相一致,在中国的权力体系中,大部分是以男性为主导的。大部分互助资金理事长由村干部兼任,这是由于互助资金组织是在村领导班子的基础上建立的,同时,相比一般村民,村干部的专业能力更强。理事长工资水平平均为 0.13 万元,最高的为 0.9 万元,最低的为 0 元,表明薪资水平差异较大,主要原因是部分互助资金组织不发放薪酬。

表 7.6　变量描述性统计

变　量	最小值	最大值	平均数	标准差
BoardSize	3.00	6.00	3.65	0.89
WomenRate	0.00	0.67	0.10	0.16
Sex	0.00	1.00	0.01	0.12
Duality	0.00	1.00	0.97	0.16
Age	1.00	4.00	2.39	0.94
Wage	0.00	0.90	0.13	0.14
MFage	1.00	7.00	3.54	1.34
TotalAssets	11.57	13.62	12.44	0.39

7.5.2 变量相关性检验

为了检验变量之间的相关性，对假说的 6 个解释变量，即管理层规模（*BoardSize*）、管理层中女性所占比例（*WomenRate*）、互助资金理事长性别（*Sex*）、两职合一情况（*Duality*）、理事长年龄（*Age*）以及理事长薪资水平（*Wage*）与被解释变量财务绩效（*F*），进行皮尔逊（Pearson）检验，得到结果如表 7.7。

表 7.7　变量相关性皮尔逊检验

	F	*BoardSize*	*WomenRate*	*Sex*	*Duality*	*Age*	*Wage*
F	1	0.336**	0.158	0.163*	0.040	0.120	0.321**
BoardSize	0.336**	1	0.053	0.046	0.121	−0.086	0.422**
WomenRate	0.158	0.053	1	0.107	−0.065	−0.020	0.050
Sex	0.163*	0.046	0.107	1	0.020	0.076	0.566**
Duality	0.040	0.121	−0.065	0.020	1	−0.108	0.063
Age	0.120	−0.086	−0.020	0.076	−0.108	1	0.073
Wage	0.321**	0.422**	0.050	0.566**	0.063	0.073	1

注：* 表示在 0.05 水平（双侧）上显著相关，** 表示在 0.01 水平（双侧）上显著相关。

检验结果表明，互助资金组织管理层规模（*BoardSize*）与财务绩效（*F*）呈正相关，与预期相符。理事长的性别（*Sex*）与财务绩效（*F*）呈正相关，与预期相符。理事长薪资水平（*Wage*）与财务绩效（*F*）呈正相关，与预期相符。以上结论将在后文继续讨论。管理层中女性所占比例（*WomenRate*）、两职合一情况（*Duality*）、理事长年龄（*Age*）与财务绩效（*F*）没有明显的相关关系。变量相关性检验只是为研究提供了部分证据，不代表治理机制对财务绩效的影响就是如此，我们将在后文中通过回归分析进行更深入的研究。

7.5.3 实证结果

基于前文的实证模型和数据，本章运用 SPSS22.0 软件对互助资金财务绩效数据与治理因素数据进行回归分析。同时,在研究时必须考虑到解释变量之间是否存在多重共线性,因此计算了检验多重共线性的指标方差膨胀因子(VIF),增强结果的可靠性,得到实证结果见表 7.8。

表 7.8　实证结果

变　量	F	
	系数	$P > \|T\|$
BoardSize	0.143***	0.001
WomenRate	0.004**	0.029
Sex	0.234	0.465
Duality	−0.077	0.692
Age	0.085**	0.019
Wage	0.459*	0.094
MFage	−0.052*	0.095
TotalAssets	−0.122	0.165
_cons	0.949	0.389
Adj_R2	0.161	
VIF	<3	

注:*、**、***分别表示在 10%、5%、1%水平上显著。

根据实证结果,治理机制对财务绩效的影响如下:

(1)互助资金管理层规模与财务绩效呈正相关关系。这表明随着互助资金管理层规模的扩大,互助资金的财务绩效表现越好,财务可持续性越强。管理层规模每扩大 1%,互助资金财务绩效提高 0.143%。这可能是由于互助资金是在村庄内部运行的,其管理层人数始终限制在小范围之内,管理层规模对财务绩效的影响不会像一般小额信贷公司一样呈现倒 U 型结果。随着互助资金管理层人数的增多,对互助资金组织的管理和监督更加透明、规范,对互助资金财务可持续性产生正面的促进作用。

(2)管理层中女性所占比例与财务绩效呈正相关关系。结果表明,互助资金管理层女性比例每增加1％,互助资金财务绩效提高0.004％。虽然女性管理者的增加对财务绩效的影响力不是很大,但确实是有促进作用的。促进作用不是很显著的原因可能是受数据样本的限制,加之女性管理者占总体的比例相对较低,其重要性无法得到充分的体现。一般来说,随着互助资金管理层中女性管理者占总体的比重增加,对互助资金的管理、监督要求更为细心、严格,因此,随着女性管理者比例的增加,互助资金财务绩效表现越好。

（3）女性理事长与财务绩效没有明显的相关关系。这可能是由于在74个互助资金样本中,女性理事长的人数过少,男性几乎占据了所有理事长的职位,使得样本受到限制,无法凸显出女性理事长在互助资金组织治理中的作用。虽然模型结果不显著,但是相关系数为正,表明女性管理者确实在一定程度上对互助资金的财务绩效起到促进作用。一般而言,女性相比较男性来说,更具有同情心和敏感性,工作更加严谨,女性管理者愿意在组织管理监督方面花费更多的时间,对组织的财务绩效能产生正面的影响。

（4）两职合一与财务绩效没有明显的相关关系。虽然实证结果没有显示显著的相关关系,但是结果系数为负,表明两职合一确实对财务绩效有负面的影响。样本显示,74个互助资金组织的理事长中97.3％由村干部兼任,两职合一程度非常高。大多数互助资金理事长由村干部兼任,这是由互助资金组织成立的基础所决定的。互助资金是在村庄内运行的,在村干部的帮助下按照国家规定开展起来,相比一般群众而言,村干部在村庄中拥有更高的能力和威信力,社员在选举理事长时会偏向于村干部。但是这可能带来村干部权力的高度集中,理事长在管理互助资金时可能会对某些人倾斜资源,导致精英俘获问题,影响互助资金组织的良好管理和运行。

（5）理事长年龄与财务绩效呈正相关关系。这表明理事长年龄越大,互助资金财务绩效越好。理事长年龄每增加1％,互助资金财务绩效提高0.085％。一般而言,理事长年龄越大,代表其工作经验更加丰富,对组织的管理更为有效,更加关注组织的长期可持续性发展,使得财务可持续性增强。

（6）理事长薪资水平与财务绩效呈正相关关系。这说明理事长薪资水平越高,互助资金财务绩效越好,与假设一致。这是由于理事长薪资水平越高,越能促使其努力工作,提高其工作的尽职程度。随着薪资水平的提高,越能激发理事长工作的动力,激励其将更多的精力投入互助资金的管理,提高互助资金财务可持续性,对财务绩效产生正面的影响。

7.6 小结与建议

本章通过对国内外文献进行梳理以及实地调研,归纳总结了村级发展互助资金目前的研究现状以及存在的问题。互助资金经过多年的发展,在补充农村金融市场空白,缓解贫困户贷款难,促进农户增收等方面发挥了重要作用,但是也存在着瞄准目标上移、贷款规模小等问题。究其原因,一方面是由于互助资金在村庄内部运行,资金来源有限,资金无法流通,规模难以扩大;另一方面在于互助资金管理层与村干部高度重合,权力相对集中,在选择贷款对象时可能倾向于富裕的农户。

通过对内蒙古互助资金的调研发现,互助资金本身可以做到低收益情况下的财务可持续运行。虽然互助资金的贷款规模较小,贷款利率较低,相比其他扶贫小额贷款,其整体收益偏低,但是绝大多数互助资金组织的财务可以做到自给自足、稍有盈余,其他的互助资金组织在政府的补贴下,也可以维持正常经营。互助资金在一定程度上缓解了农户信贷约束,对提高农户收入有正面的作用,如何保障其长期可持续运营是今后工作的重点。互助资金设立的原则是不跨村、不吸储,使得其资金总体规模较小,资金无法在区域内流通,资金来源渠道有限,抑制了资金规模的扩大,限制了贷款额度和贷款人数,使其无法为所有有资金需求的贫困户和非贫困户提供金融支持。与此同时,低额度的贷款对农户增收的作用有限。

实证分析结果显示,良好的治理机制有助于财务绩效的提升:第一,互助资金管理层规模越大,互助资金财务绩效越好。互助资金是在本村范围内运行的,使得其管理层规模始终限制在一个较小的范围内,增加管理层人数,工作人员的代表性越广泛,各项工作越透明,越有利于组织的良好运行。第二,女性管理者占总体的比重越高,互助资金财务绩效越好。目前,互助资金组织中女性所占的比例还是较低,女性相比男性来说工作更加细致耐心,对财务的可持续性产生了积极影响。第三,理事长的个人特征方面,理事长年龄越大,互助资金财务绩效越好。理事长的年龄越大代表其工作经验更为丰富,在管理过程中相比年轻管理者更具有经验和优势。理事长的薪酬与互助资金财务绩效正相关。虽然目前对于理事长的薪酬没有明确规定,有些互助资金甚至不发放薪酬,但是从整体来看,理事长薪酬越高,会促使其更加努力的工作,对互助资金产生有利的影响。

总的来看,2006年以来,村级发展互助资金总体上能瞄准低收入贫困户,在一定程度上缓解了贫困户贷款难问题,是对中国贫困地区农村金融市场的重要补充,是中国开发式扶贫方法的有益探索。但在长达十多年的运行中,互助资金规模一直难以扩大,转型升级困难。中国大部分村级互助资金成立于2012—2013年,经过几年的发展,互助资金的规模有所增长,大部分原因在于政府投入资金的增加和奖励,增长速度相对缓慢。在实际运行过程中,2%或3%的占用费难以覆盖运行成本。对借款额度有5 000—2万元的限制,无法满足农户扩大生产需求,农户借贷意愿并不强烈;而建档立卡贫困户往往没有发展思路,也没有借款需求。此外,大部分互助资金理事会和监事会成员的报酬过低或不收取报酬,可能会导致其不愿意积极地对互助资金组织的运行进行监管,这可能影响互助资金的正常运行,进而影响互助资金运行效率。互助资金管理人员职务与村干部职务高度重合,两职合一程度偏高,这样可能使互助资金在运行过程中存在精英俘获问题。

2019年以来,内蒙古、四川、广西等地互助资金选择退出,互助资金也将结束其在特定时期的历史使命,但互助资金退出后留下的政策真空仍然需要填补,如何扩大集体经济发展,制定脱贫攻坚与乡村振兴衔接的金融支持政策亟需深入研究。根据各地互助资金发展现状,课题组认为应该认真研究运行良好的个案,结合中国村集体经济发展现状,把互助资金改革作为切入点,以村级集体组织发展为载体,通过制度创新服务脱贫攻坚战略转型后的乡村振兴。

第 8 章

金融扶贫机制创新——基于贵州与内蒙古的比较

8.1 引言

　　2014 年,中共中央办公厅、国务院办公厅印发了《关于创新机制扎实推进农村扶贫开发工作的意见》,强调金融扶贫的顶层设计和制度供给,提出"完善金融服务机制"推进农村扶贫。随后,人民银行和有关部门联合出台了《关于全面做好扶贫开发金融服务工作的指导意见》,提出多部门、多渠道、多方式支持扶贫开发事业,全面推动金融扶贫工作,促进贫困地区经济发展和贫困农户增收。相应地,国开办出台了《关于创新发展扶贫小额信贷的指导意见》,提出构建六大协调机制探索金融扶贫,推出通过建档立卡、信用评级提高贫困户"免抵押、免担保"三年五万限额的贴息小额信用贷款。

　　2014 年以来,中国各地针对贫困农户小额信贷需求,从金融扶贫的制度建设入手,精准识别致贫原因,扶贫办和农村金融机构联合通过对贫困户建档立卡、信用评级、创新小额贷款产品等方式提高贫困户资金可获得性。2015 年,中央政治局会议通过了《关于打赢脱贫攻坚战的决定》,指出打赢脱贫攻坚战是促进全体人民共享改革发展成果、逐步实现共同富裕的重大举措,也是经济发展新常态下扩大国内需求、促进经济增长的重要途径,强调要"扶持对象精准、项目安排精准、资金使用精准、措施到户精准、因村派人精准、脱贫成效精准",合理配置金融资源,通过金融扶贫机制创新提高金融扶贫实效。为评估中国对小额信贷落实精准扶贫、创新金融扶贫融资机制、运用特惠金融政策促进扶贫破解贫困户信贷难的影响效应,课题组选择贵州省威宁县和雷山县、内蒙古自治区科尔沁右翼前旗和中旗为研究对象,通过入户调查、对农村金融机构调查及与扶贫相关部门座谈和访谈,分析来自基层和受益目标群体的数据,针对扶贫小额信贷发展现状及实践中存在的问题提出相应的改进建议。

8.2 金融扶贫机制创新内容

8.2.1 完善金融扶贫政策

为从制度上确保扶贫落到实处,2015 年以来,雷山县、威宁县政府和金融相关部门根据国家和省扶贫文件,结合各县经济发展和贫困情况,出台了大量扶贫文件和政策,政府顶层设计参与扶贫。

雷山县相继出台了《雷山县人民政府办公室关于印发雷山县信贷支持精准扶贫办法的通知》《雷山县人民政府办公室关于印发雷山县扶贫小额信用贷款风险补偿基金管理暂行办法的通知》《雷山县扶贫小额信贷风险补偿基金建议实施方案》等文件,重点扶持以茶叶、中药材种植、黑毛猪养殖等为代表的山地特色农业、乡村旅游茶叶和银饰加工、刺绣等民族工艺等产业。2015 年,投入财政贴息资金151 万元,引导金融贷款 3 000 万支持 600 户建档立卡贫困户种养殖和农产品。根据"六个到村到户"要求,最高 5 万,最长期限不超过 3 年,贴息年利率 4.85%。从 2015 年开始,由市财政预算安排,专门对雷山县农村信用社为符合条件的扶贫农户贷款后产生的风险损失按规定给予一定的专项基金作为补偿。计划设立 500万,农信社按 10—20 倍放贷。

2014 年以来,为增强金融扶贫力度,威宁县出台了《威宁自治县创新发展扶贫小额信贷实施意见》《威宁县农村信用合作社"脱贫贷"农户小额信用贷款管理办法》《威宁自治县支农再贷款"齐心助农"运行模式利差补贴及其奖励办法的通知》《威宁自治县关于下达〈2015 年因素法分配切块(贫困村出列)专项资金安排计划的通知〉》《威宁自治县银行业金融机构支持地方经济社会发展考核奖励办法〈试行〉》《威宁自治县关于财政专项扶贫资金安全运行机制的意见》等支农惠农文件，突破传统扶贫"输血"、资金使用率低下、项目成功率低下、扶贫面积受限的现状，通过财政、扶贫与涉农金融机构联动，创新扶贫资金使用，探索扶贫资金和信贷资金有机结合，向"造血"转变。2010 年以来，投入扶贫资金 165.21 亿元，其中财政资金 8.3 亿元，拉动社会资金 107 亿元。从 2015 年开始，安排财政专项扶贫资金625 万元扶持 90 个贫困村，壮大村集体经济。

科尔沁右翼中旗编制完成了《大兴安岭南麓集中连片特困地区科尔沁右翼中旗区域发展与扶贫攻坚实施规划（2011—2020 年）》等一系列规划、制度，确保了扶贫开发工作的依法依规有序开展。把全旗普遍性与苏木镇、嘎查特殊性结合起来，点面对接，因村制宜、因户制宜，逐村逐户落实了扶持项目，确定嘎查发展思路，帮助嘎查、贫困户制定脱贫规划、年度计划，做到"一村一策、一户一法""规划到户、责任到人"。

科右前旗相继编制了《大兴安岭南麓片区规划（2011—2020 年）》《大兴安岭南麓产业化扶贫规划（2011—2015 年）》《科尔沁右翼前旗扶贫开发规划（2013—2017 年）》，以及《科右前旗肉羊舍饲养殖规划（2013—2017 年）》等规划。四项扶贫规划计划投资 2 288.1 亿元，从顶层设计层面保证了全旗扶贫规划的科学性、前瞻性、针对性和普惠性。

8.2.2　制定精准识别流程

威宁县创新了精准扶贫"四看"法，对扶贫对象进行精细化管理，确保扶贫资源真正用在扶贫对象上，真正使贫困地区群众不断得到真实惠。"四看"法指标分为四项："一看房"，就是通过看农户的居住条件和生活环境，估算其贫困程度；"二看粮"，就是通过看农户的土地情况和生产条件，估算其农业收入和食品支出；"三看劳动能力强不强"，就是通过看农户的劳动力状况、劳动技能掌握状况和有无病残人口，估算其务工收入和医疗支出；"四看家中有没有读书郎"，就是通过看农户在校生现状等，估算其发展潜力和教育支出。根据"四看"法，对人均纯收入在 2 300 元以下(2010 年不变价)的贫困农户进行综合评分,确定贫困程度。

雷山县主要通过民主评议识别贫困户,执行国家农村扶贫标准,以 2013 年农村居民家庭年人均纯收入低于 2 736 元(相当于 2010 年 2 300 元不变价)为贫困户识别标准。结合贵州省的实际情况,即行政村贫困发生率高于 27%,行政村 2013 年全村农民人均收入低于 4 819 元,行政村无集体经济收入来执行国家对贫困村"一高一低一无"的识别总体要求。

精准识别、精准分析贫困户致贫原因,为精准扶贫提供参考,为政策制定提供依据。调查显示,根据 2014 年统计,雷山县共有贫困户 11 136 户,共 36 021 人,其中:国家标准 10 506 户,共 33 430 人;省定标准 630 户,共 2 591 人。按贫困属性分:一般贫困户 5 197 户,共 21 162 人;低保贫困户 1 755 户,共 7 127 人;低保户 3 885 户,共 7 398 人;五保户 299 户,共 334 人。威宁县 2013 年按 2 300 元扶贫标准,全县 47.42 万贫困人口已减贫 25.02 万人,2014 年,按 2 736 元贫困标准,全县 30.64 万贫困人口已减少 6.73 万人。

造成雷山县农户贫困最主要的原因是缺资金,占比达到 36.16%;其次是缺技术(32.52%)、缺劳力(9.24%)和因病(5.11%)。因灾、缺水、缺土地、交通条件落后等自然环境因素以及因残、因学、自身发展动力不足等因素对农户贫困的影响很小,占比均在 5% 以下。导致威宁县农户贫困最主要的原因是缺资金,占比达到 47.68%;其次是缺劳力(14.68%)和缺技术(18.59%);因病、因学而致贫的农户比例分别为 6.56% 和 8.40%,因灾、缺土地占到 2.43% 和 8.66%。显然,资金和技术是农户致贫的主要原因(见表 8.1)。

表 8.1　样本地区贫困原因

贫困原因	贵州省				内蒙古			
	雷山县		威宁县		科右前旗		科右中旗	
	人数	比例(%)	人数	比例(%)	人数	比例(%)	人数	比例(%)
因病	1 841	5.11	29 866	6.56	4 351	27.92	3 983	39.62
因残	309	0.86			415	2.66	390	3.88

续表

贫困原因	贵州省				内蒙古			
	雷山县		咸宁县		科右前旗		科右中旗	
	人数	比例(%)	人数	比例(%)	人数	比例(%)	人数	比例(%)
因学	967	2.69	38 251	8.40	758	4.86	545	5.42
因灾	252	0.70	11 074	2.43	1 998	12.82	1 848	18.38
缺土地	1 182	3.28	7 560	8.66	1 787	18.47	112	8.11
缺水	84	0.23			31	0.20	0	0.00
缺技术	11 712	32.52	84 683	18.59	863	5.54	101	1.00
缺劳力	3 327	9.24	66 888	14.68	768	4.93	257	2.56
缺资金	13 021	36.16	217 173	47.68	4 073	26.13	2 372	23.59
交通条件落后	1 392	3.87			78	0.50	2	0.02
自身发展动力不足	1 664	4.62			437	2.80	18	0.18
其他	260	0.72			27	0.17	426	4.24

资料来源:根据调研数据整理。

　　内蒙古自治区针对"贫困户识别确认"难题,建立了贫困农户信息管理系统,开展建档立卡工作。针对"贫困户识别确认"这个难点问题,建立了贫困农户信息管理系统,开展建档立卡工作,通过采取"四五六"法,即四查看、五评估、六到位,准确识别和动态管理贫困村、贫困户。于 2014 年起将扶贫开发过程中的扶贫主体、扶贫对象、扶贫项目、扶贫资金、扶贫成效等各类数据通过信息化管理平台实施动态管理和监测。

　　信息化管理平台主要包括贫困信息、帮扶项目和动态管理三大部分,贫困信息包括贫困县、贫困村和贫困户的基本信息。贫困县部分主要有县属性、乡镇数、行政村数、贫困村数、自然村数、贫困户和贫困人口数等信息;贫困村部分主要包括村负责人、办公电话、总户数、总人口数和该村贫困户的基本情况,如贫困户数、贫困人口数等信息;贫困户部分包括该贫困户的家庭人口数、年人均纯收入、户属性、主要致贫原因、脱贫标识、识别标准等信息。自 2015 年 6 月起,小额信贷发放的具体情况,主要包括各月份贷款户数、发放金额、贷款余额、各季度贫困户授信及贷款情况、贷款投向分类、贴息情况、不良贷款及风险补偿情况等。动态管理中主要收集并录入了脱贫管理及家庭成员变更信息。脱贫管理中主要涵盖了各行政村预脱贫及脱贫户数、预脱贫及脱贫人口数等信息。家庭成员变更对家庭的变更类型、变更原因等进行了记录,并统计了各村户数及人口数增加或减少的原因及数量。通过扶贫开发建档立卡信息采集系统的建设和实施,实现扶贫对象精准识别、扶贫资源精准帮扶、扶贫资金项目精准管理、扶贫资金项目以及扶贫工作精准考核、扶贫政策精准制定施行、扶贫对象动态管理的闭环机制。

通过精准识别,科右前旗贫困的主要原因是因病和缺资金,占比分别为 27.92％和 26.13％;其次为因灾(12.82％)、缺土地(18.47％)、缺技术(5.54％)。因残、因学、缺劳力、缺水、交通条件落后、自身发展动力不足等因素对农户贫困的影响不大,占比均在 5％以下,影响最小的是缺水,占比仅为 0.2％。造成科右中旗贫困的主要原因是因病,占比达 39.62％;其次是缺资金和因灾,占比分别为 23.59％和 18.38％。占比最少的是交通条件落后,仅为 0.02％。

8.2.3 建立信用评级体系

长期以来,贵州省存在农户小额信贷覆盖面低、金融扶贫成本高、扶贫对象信用度低等问题。为培育农村金融生态环境,推进农信社转换经营机制,加大信贷支农力度,贵州省开展信用工程建设,开展信用农户、信用村组、信用乡镇、农村金融信用县创建活动,提高农户小额信用贷款的授信额度、扩大农户贷款面、提高农户有效信贷需求满足率,解决农户"贷款难"和农村信用社"难贷款""收贷难"问题。在实践中,扶贫办和信用社建立联动机制,信用社对扶贫办建档立卡的贫困户开展信用评级,综合授信发放扶贫小额信贷。

雷山县全面开展了农户信用评级工作。到 2015 年 6 月,已创建信用乡(镇)8个,占比 100％;创建信用村 140 个,占比 90.91％;创建信用组 1 033 个,占比 79.71％。全县建立农户信用档案 39 256 户,占县辖户的 96.43％,农户应建档率达 100％,评定信用农户 38 806 户,占建档农户的 98.86％;评定贫困信用农户

8 621 户,占全县贫困户 8 892 户的 97％。

截至 2014 年 12 月底,威宁县总农户 26.5 万户,建档农户 28.7 万户,评定信用农户 20.5 万户,评级面为 96.45％;发放贷款证 18.5 万个,发证面 87.42％。创建信用乡镇 12 个,信用村 290 个,并充分利用"3·15"、征信知识宣传月等活动,组织金融机构开展征信知识进村、进户宣传工作,让"穷可贷、富可贷、不守信用不能贷"的信用信条深入人心。截至 2015 年 8 月,威宁联社已成为毕节市 8 家行社中创建信用乡镇最多的联社,全县信用工程建设收到良好成效。一是提高了农户贷款覆盖面。截至 2015 年 8 月,威宁县共 270 160 户农户,有 84 502 户获得农户小额信用贷款,其中贷款余额户数为 74 872 户,贷款余额为 231 239 万元,全县贷款覆盖面达到 35.17％,较 2013 年提高了 17.66 个百分点,已创建的 12 个信用乡镇贷款覆盖面均达 50％以上。二是减轻了农民负担,降低了农户融资成本。经测算,威宁联社 2014 年在已创建的信用乡镇、信用村组实行利率优惠政策,为全县信用农户减少利息支出 4 477 万元。三是农村信用社信贷资产质量得到改善。农村信用工程建设改善了农村信用环境,提高了农民诚信意识,农户按期还本付息,主动归还过去拖欠的贷款。2014 年末,威宁县联社五级不良贷款余额 11 760 万元,不良贷款占比 4.54％,分别较年初下降 2 802 万元和 3.14 个百分点。

内蒙古自治区为进一步规范和完善农户贷款发放工作,营造良好的农村牧区信用环境,由农业银行对符合条件的嘎查村开展信用村评级工作。信用村的测评指标包括定性指标和定量指标两部分,两类指标各占 50 分,总分 100 分,分数达到 80 分以上即可申请为信用村。评定信用村首先应由嘎查村委员会自愿向当地旗县农业银行提出信用村评定书面申请,农业银行支行客户部门根据评选条件进行初审,初审通过后由信用村评定小组入村实地调查核实和审定,最后由旗县支行和扶贫部门共同对信用村颁发牌匾,并公示信用户名单。信用村的资格有效期为 2 年,到期后需重新测评和审定,重新授予资格。

经过信用评级工作的全面开展,截至 2014 年,科右前旗已创建信用乡(镇)2 个,占比 14％;创建信用村 2 个,占比 0.87％。全旗建立农户信用档案 1 719 户,占县辖户的 8.9％,评定信用农户 85 户,占建档农户的 5％。农业银行精准扶贫建档立卡户数 1 719 户,其中贫困户数 774 户,占所有建档立卡户数的 45.03％;评级户数 1 719 户,授信总额为 10 852 万元。该旗贫困户贷款户数为 774 户,贷款金额 2 322 万元,贷款余额 1 850 万元。2015 年第二季度,该旗授信 1 111 户农户,当年累计授信 2 873 户农户;授信金额 4 003 万元,当年累计授信金额 8 531 万元。随着信用工程建设的推进,该旗 2013 年、2014 年农业银行不良贷款率均为零,信用工程建设取得了巨大成就。

表 8.2　2011—2014 年科右中旗信用建设情况

	2011 年	2012 年	2013 年	2014 年
信用镇(数)	1	1	6	6
信用村(数)	21	21	140	140
信用户(数)	12 391	13 015	19 146	19 161

资料来源:根据调研数据整理。

截至 2014 年,科右中旗已创建信用乡(镇)6 个,占比 50%;创建信用村 140 个,占比 80.92%;创建信用户 19 161 户,占比 76.74%(见表 8.2)。2015 年第二季度,该旗授信 153 户农户,当年累计授信 153 户农户;授信金额 572 万元,当年累计授信金额 572 万元。

8.2.4　推进产业发展与金融扶贫结合

贵州省根据全省自然条件、资源禀赋和产业布局,按照"东油西薯、南药北茶、中部蔬菜、面上干果牛羊"的扶贫产业格局,着力打造具有比较优势的核桃、生态畜牧、中药材、蔬菜、茶叶等"十大扶贫产业"。提出按照产业化发展,区域化带动,以村为单位,整村推进,数村推进;创建"十大扶贫攻坚示范县",每年选取 10 个片区县、贫困县开展扶贫攻坚示范,每个县集中投入财政扶贫发展资金 8 000 万元以上;引导金融主体、社会资金参与扶贫开发,探索"整县推进"区域脱贫新路子,累计创建扶贫攻坚示范县 34 个,起到了对 70 个片区县、50 个贫困县的示范带动作用;同时培育"十个现代高效农业扶贫示范园区",创新扶贫开发体制机制,在武陵山、乌蒙山、滇桂黔石漠化三大片区,梯次推进,大力建设一批产业特色鲜明、具有鲜明贵州特点的现代高效农业扶贫示范园区;加快形成产加销、贸工农、产学研相结合的扶贫产业体系,打造扶贫产业"升级版",走出"一业为主、多品共生;种养结合、以短养长"山地农业扶贫开发的发展模式。在产业发展中,除了财政扶贫资金投入外,还通过"集团帮扶、整乡推进"项目建设,构建"公司+合作社+基地+农户"模式,帮助农户脱贫。全省已争取到位扶贫资金8 100万元,其中扶贫攻坚示范县建设项目8 000万元(乡村旅游项目2 850万元、茶叶产业项目2 000万元、特色产业项目2 676万元、其他项目474万元);对口帮扶资金100万元。在实际操作中,贵州省各乡镇根据实际情况,推出产业与金融扶贫结合创新不同模式。

以威宁县金钟镇为例,该镇创新差别化产业扶持政策,一是按照"政府主导、市场运作、融资推动"的原则,以农业产业化扶贫为主要手段,促进信贷资金与扶贫资金及其他专项资金的整合。突出"统筹兼顾、突出重点、资源整合、集中使用"的使用导向,积极引导各种涉农资金、信贷资金和社会资本进入扶贫开发领域。二是加强对本镇主导产业(即马铃薯产业、生态畜牧业、烟草业、反季节蔬菜、经果林种植等)的信贷支持力度,以村为基本单元,逐步形成"一村一品"特色突出的产业格局。三是加大对金钟工业园区的信贷支持,实现从"农耕之乡"到"工业强镇"转变。截至2014年,金钟镇工业园在规模以上工业企业已达10余家。针对以上特色产业,2015年计划投入信贷支持800万元,2016年计划投入信贷支持1 500万元。

8.2.5 创新金融产品与贷款模式

为加强信贷支持精准扶贫的力度,创新金融扶贫机制,贵州省扶贫开发办公室和中国人民银行贵阳中心支行共同制定了《贵州省信贷支持精准扶贫实施办法》,以培养壮大贫困地区优势特色主导产业、促进农民增收致富为目的,在建立扶贫产业融资项目库和建档立卡的基础上,以农户小额信用贷款为载体,以扶贫贴息为杠杆,以支农再贷款为激励手段,以建立县级风险补偿机制为风险防范措施,调动金融机构积极性、提高贫困农户贷款覆盖率、降低贫困农户融资成本、融合推进农村金融服务和精准扶贫,为扶贫攻坚提供金融支持。在实践中,开发了多种金融产品,扩大了贫困户小额信贷覆盖面。具体产品包括:

(1)"齐心助农"贷款。该产品通过杠杆化运作,按照金融机构与支农再贷款1:1比例贷款,对扶贫龙头企业贷款利率实行在其同类同档次贷款加权平均利率的基础上,下调2个百分点,对建档立卡贫困农户贷款原则上实行特惠金融政策,执行基准利率;扶贫龙头企业和贫困农户贷款均按年利率5%给予贴息补助。

(2)"烟贷通"。该产品是针对烤烟种植农户的专用贷款,农户凭与烟叶种植主管部门签订的种植合同向涉农金融机构申请借款。特点为:烟农种植季节申请贷款,用于购买投入农资,收获季节烤烟出售后偿还贷款本息,提高资金使用率,降低农户成本,为农户提供"支付绿色通道"。

(3)"摇钱树"信用贷款卡。雷山信用社对获得信用评级的农户和贫困户发放信用贷款卡,随时根据需要到信用社柜台办理贷款,在授信额度内不需要重新审批。2014年,全县累计办理"摇钱树"信用贷款卡33 387张,总授信金额25.15亿元,其中,贫困户8 621张(户),信用授信总额5.14亿元。

(4)"脱贫贷"。威宁县扶贫办根据目前扶贫情况,与信用社合作设计"脱贫贷"小额信用贷款。该产品执行利率在当前信用社加权平均利率的基础上,下调1个百分点,农户主动购买国寿"安心贷"意外伤害保险的,在下调1个百分点的基础上再优惠0.5个百分点(实际上是贷款人为借款人配送一份保险)。逾期后贷款利率按中国人民银行规定的利率管理办法计收加罚息。

(5)"金穗富农贷"。2013年12月,内蒙古扶贫办与中国农业银行签订扶贫合作战略框架,在建立政府风险补偿资金的前提下,由中国农业银行内蒙古自治区分行为农牧民贷款。"金穗富农贷"主要用于支持农牧民生产和规模化生产经营的融资需求,单户贷款起点为1 000元,最高额度为5万元(含),从事专业化或规模化生产经营的最高为300万元(含)。一般不超过3年。从事林业、果业等回收周期较长作物种植的,可适当放宽贷款期限,但最长不超过5年。并可随借随还、周转使用。

(6)中和农信小额贷款。科右中旗中和农信于2014年5月成立,主要针对没有抵押物、贷款比较困难的妇女发放贷款,实行免担保免抵押和五户联保的贷款模式,客户分为农户和非农户两大类。从 2014 年 9 月开始发放贷款,截至 2015 年 8 月,共发放贷款 3 358.5 万元,贷款农户为 3 343 户,其中贫困户为 85 户,建档立卡贫困户为 32 户。一级客户的贷款额为 1 万元,二级客户为 8.2 万元,三级客户为 8.6 万元,2015 年正在申请牧业贷款,额度为 1—5 万元。

(7)村级互助资金。科右中旗互助资金协会于 2008 年开始实施,2010 年成立互助资金总会,将来自政府、社会、会员等各方面的扶贫互助资金纳入互助协会统一管理,以小额借款形式在入会会员中有偿周转使用,对象主要是贫困户,主要用于发展生产,增加收入。互助协会成员本着入会自愿、入会缴纳 200 元的会费、退社自由的原则,其性质为"民有、民用、民管、民受益"的社团组织。

(8)惠农卡。2015 年 5 月,科尔沁右翼中旗和旗信用社签订协议,利用"三到资金"扩大扶贫金融。主要针对种养殖贫困户发放期限为 1—2 年的扶贫贴息贷款(其中,种植业 1 年,养殖业为 2 年),借款每年 12 月 20 日前偿还利息(或按借款合同约定付息),本金到期利随本清。每户单笔贷款额度最低 1 万元,最高 5 万元;贷款利率执行固定优惠利率,一年期年息 7.35‰,二年年息 7.35‰。贷款对象及条件为:项目嘎查有劳动能力或贷款意愿的贫困农牧户;带动帮助贫困户的非贫困户(富户)、能人;户主年龄在 60 周岁以下、并在本屯从事农牧业生产。

同时,开展多种贷款模式,提高贫困户"两免一贴"获贷率。具体模式包括:

(1)小额信用贷款。金融机构对扶贫办提供的建档立卡户信用评级后,根据信用等级综合授信,对获得授信的建档立卡贫困户发放无抵押、无担保的扶贫小额信用贷款。

(2)帮扶干部担保小额信用贷款。威宁县迤那镇针对在信用社建档立卡但信用等级属于等外的贫困户出台政策,如果结对干部愿意为其担保,可以获得限额为 1 万元的小额贷款。

(3)银保合作扶贫小额信用贷款。雷山县与中国人寿保险公司合作,为借款农户办理国寿小额贷款借款人定期寿险、每万元贷款 50 元保费,农户购买保险后由信用社发放扶贫小额信贷。威宁县也正在推行该模式,针对建档立卡贫困户,由农村信用社发放贷款、县扶贫部门贴息、农户自愿购买贷款保险,县政府对县联社给予风险补偿,多部门联动扶贫。

(4)农户联保小额信用贷款。内蒙古主要采取联保模式,农业银行扶贫小额贷款三户联保条件为:年龄 18 周岁以上、信用等级评定一般以上(打分为一般 65 分、良好 75 分、优秀 85 分)、收入稳定、用途合法、信用良好。针对符合上述条件的农户,可由农户自愿申请,村委会推荐,经乡(镇)扶贫或主管部门核查和推荐,旗县支行入户调查或与扶贫部门联合入户调查,经扶贫部门确认、旗县支行进行贷前公示后,按照农业银行贷款条件和程序进行审查、审批发放贷款。

(5)中和农信五户联保。对象主要为已婚妇女。中和农信小额信贷已经在全国形成非常成熟的连锁化管理模式,由北京总部中国扶贫基金会负责产品研发、风险控制、资金调拨、人才培训等工作,在地方实现本土化管理。

(6)科尔沁右翼中旗信用社准备推出"1+2"和"2+1"三户联保模式。贷款户必须三户一组、自愿组成联保小组。"1+2"模式:即一户非贫困户(富户)、两户在册贫困户为一组;"2+1"模式:即两户非贫困户(富户)、一户在册特别困难的贫困户为一组。第二种联保模式中的特别困难贫困户,只要在自愿基础上按第二种方式组合成功,即使不符信用社放贷条件也给予投放贷款支持。联保小组成员之间相互担保,并承担连带责任。

8.2.5 探索扶贫融资机制

《关于创新发展扶贫小额信贷的指导意见》指出,地方政府可以探索小额保险与小额信贷结合,通过农产品保险、人身意外伤害险、保证保险提高贫困户信贷,对贫困户的信用贷款不能到期偿还的情况,启动风险补偿机制,由金融机构与风险补偿金来分担违约的借款本息,具体分担比例由地方自行协商确定。在实践中,2015 年 1 月,雷山县出台了《雷山县扶贫小额信用贷款风险补偿金管理暂行办法的通知》,由县财政预算安排专项用于弥补贷款损失的补偿资金,设立风险补偿金专户管理,预先存入信用社开设的资金专户,对农信社扶贫小额信贷信用贷款发生的贷款损失,由风险补偿金全额承担代偿。2015 年 8 月,雷山县出台《扶贫小额贷款风险补偿金实施建议方案》,设立 500 万小额贷款风险补偿基金,以年 5% 的损失率计算,计划带动金融扶贫信贷 1 亿元支持 2 000 户,确保农村精准建档立卡扶贫户贷款运转正常。对贷款损失代偿设置严格的条件,主要针对贫困信用户因自然灾害、疾病、伤残、死亡等原因无法按期归还贷款本息时,经乡镇政府、扶贫部门和农村信用社清收,逾期贷款 1 个月以上,由贫困户申请、村两委审查、信用社审核、扶贫办审核、县财政局审批。由信用联社通过"专项资金转化划出资金代偿贷款损失"核实代偿资金到户,并由乡镇政府、扶贫办和信用社共同负违约贷款的追偿,将追回资金转入专项账户循环使用。

此外,调查样本县探索农户联动抵押和担保模式,建立多户联保的风险保障机制,相同贷款条件的借贷农户之间互相担保负连带责任,将农户与其上中游企业联为一体,互为担保或抵押等。针对农户和农村小微企业的实际情况,积极创新担保抵押机制,实行多种形式的抵(质)押办法,充分发挥"软信息"的抵押品替代作用,积极推行存货、应收账款、动产浮动抵押、林权等多种形式的抵(质)押贷款品种。创新扶贫资金与信贷资金有机结合的新方法,建立投融资担保平台,逐步完善扶贫融资机制,开展扶贫金融合作试点,把政府扶贫投入资金纳入融资平台,建立按扶贫规划贷款,以项目作担保,从金融机构贷款扶贫,以增加扶贫资金投入力度,同时解决扶贫项目申批立项滞后、项目实施进展缓慢的问题,使规划项目按时实施。

为激励农村金融机构扩大对贫困户贷款,科尔沁右翼前旗和中旗探索利用财政扶贫专项资金担保扩大 1∶10 或 1∶5 撬动支农再贷款,缓解农户信贷资金压力和信贷风险。内蒙古四部门出台政策,从制度上突破财政专项资金使用限制,提高财政资金使用效率;探索通过"三到资金"为金融机构担保利用支农再贷款扩大金融扶贫规模。通过物权担保贷款,该产品是在不改变现行农村土地承包经营制度和土地农业用途的前提下,将部分土地、草场承包经营权流转给由旗政府注资成立的、具有农业经营能力的物权融资有限责任公司,或者将林权、生产设备等抵押给物权公司,并用该部分物权流转或者变现的预期收益作为还款保证。同时,物权公司向金融机构出具愿意承担连带保证责任的书面承诺,金融机构按照约定的贷款利率向借款人提供贷款。当借款人按期正常归还金融机构贷款后,物权公司与借款人达成的物权转让合同自动解除。当借款人没有按时偿还金融机构贷款时,物权公司将约定的借款人的土地、草场等承包经营权另行发包或将抵押物变现,偿还金融机构贷款。转包期满后,物权公司将土地、草场承包经营权退还给借款人。

8.3 金融扶贫机制创新成效

8.3.1 精准识别了贫困原因

在村级调查中,村两委主要根据识别程序,对本村农户贫困状况打分,通过民主评议评选出贫困户,分析致贫原因,对每个贫困户建档立卡,根据贫困情况制定具体脱贫指标。表8.3的调查显示,雷山县贫困发生率较高,但造成贫困户贫困的最主要原因是缺资金,占比为29.52%,其中五星村的缺资金问题尤为突出。其次为缺技术、缺劳力和缺耕地,占比分别为18.57%、12.38%和12.38%。贵州省为山区,耕地面积比较少,而且产业单一,农户缺乏相应的技术。因病残和因学也造成一定程度贫困,占比分别为10.71%和10.95%。因灾致贫是南猛村面临的主要问题。

在脱贫实践中,根据致贫原因,南猛村规划通过利用其生态环境优美的自然禀赋发展乡村旅游脱贫;卯关村规划通过整合村土地、资金和人力资源,推进土地流转,壮大农民合作社,整村脱贫;山湾村根据人均耕地面积少的特点,计划通过发展经济作物和特种养殖改变贫困局面;其他村主要缺资金,通过信用建设提高信贷,通过产业与金融结合提高脱贫率。

调查结果显示,造成六个样本村贫困的主要原因是因病,占比为39.40%,巴彦温都尔嘎查因病致贫的农户最多,为142户,占全嘎查总农户的86.59%。其次是因灾和缺资金,占比分别为35.64%和14.62%。因残、因学、自身发展动力不足、缺劳力等因素对农户贫困的影响很小,占比均在 5% 以下,因自身发展动力不足致贫的占比最少,仅为 0.09%。

表8.3　样本村致贫原因分类

	因病残	因学	因灾	缺资金	缺技术	缺劳力	缺耕地	自身发展动力不足	其他
南猛村	9	4	13	0	0	15	14	0	4
脚猛村	8	12	0	15	5	2	3	0	0
山湾村	0	0	0	0	0	8	30	0	0
卯关村	0	0	0	10	33	23	0	0	0
乐溪村	18	22	0	24	0	3	5	5	1
五星村	10	8	0	75	40	1	0	0	0
合计	45	46	13	124	78	52	52	5	5
占比(%)	10.71	10.95	3.10	29.52	18.57	12.38	12.38	8.19	8.19
中安村	112	15	105	0	0	2			
中信村	56	6	222	14	0	8	0	0	0
永进村	35	6	76	137	0	8	0	0	0
草高吐嘎查	65	3	1	20	0	6	0	1	12
海龙屯嘎查	90	6	0	0	0	0	0	0	0
巴彦温都尔嘎查	143	7	13	0		0		0	1
合计	501	43	417	171		24		1	13
比例(%)	42.82	3.68	35.64	14.62		2.05		0.09	8.11

资料来源:根据调研数据整理。

8.3.2　改善了农村金融生态环境

　　贵州信用联社从农村征信建设(调查建档评级授信)、农户小额信贷、信贷激励与约束、信用农户培育、信用村组建设、信用乡镇建设、信用县建设七个方面建立信用考核指标。根据评定的信用等级的高低,在贷款限额、利率等方面给予不同的优惠,帮助农民降低交易成本、扩大生产经营、增加收入,同时解决贷款透明度不高、贷款手续繁琐、贷款担保难、服务质量差等农民群众普遍关心的问题。农村信用工程建设构建了小额信贷质量管理保障机制,在信贷风险控制上有4个功能:资信调查——信用风险防范功能;评级授信程序及公示和柜面放贷——防范操作风险、道德风险功能;年检公示——建立信贷激励约束机制,具有信用风险控制功能;创建信用村组、乡镇——形成农户相互监督和制约机制,具有信用风险化解功能。随着农村信用工程建设深入开展,信用社资金投放"三农"的积极性得到提高,小额信贷投放力度进一步加大,信贷结构不断优化,经营效益不断改善。通过信用工程建设,相关工作取得了较大成效。

(1)涉农信贷投放力度加大。全省农村信用社涉农贷款余额由2005年的188亿元,增加至2013年12月末的1 560亿元,净增1 372亿元,净增7.3倍。其中,农户小额信用贷款余额由2005年末的56亿元增加到2013年12月末的664亿元,较2005年末净增10.85倍。

(2)资产质量明显提高。2013年12月末,全省农户小额信用贷款余额664亿元,较年初增加159亿元,同比增加29亿元。农户小额信用贷款质量也得到了进一步提高,按四级分类口径,农户小额信用贷款不良贷款余额16.9亿元,占比2.54%,较全省不良贷款率3.14%低0.6个百分点;按五级分类口径,不良贷款余额20.93亿元,占比3.15%,较全省不良贷款率3.88%低0.73个百分点。

(3)信用乡镇业务发展持续向好。截至2013年12月31日,全省527个信用乡镇各项存款余额624亿元,较年初增加140亿元;各项贷款余额416亿元,较年初增加87亿元,增幅为27%。其中,农户小额信用贷款余额270亿元,较年初增加63亿元,增幅为31%。全省527个信用乡镇按四级分类口径,不良贷款余额5.99亿元,不良贷款率8.44%,较全省各项贷款不良率3.14%低8.7个百分点,较全省不良贷款率3.88%低0.73个百分点。通过开展信用乡镇建设,农信社的信贷服务能力得到大幅提高,经营效益明显增强。截至2013年12月31日,527个信用乡镇利息收入35.68亿元,同比增收8.2亿元,增幅30%;社均收入677万元,社均增收155万元。

（4）农村市场更加稳固。通过深入推进农村信用工程创建工作，2013 年 12 月末，农户小额信用贷款余额 664 亿元，较年初增加 159 亿元，同比多增 29 亿元。本年累放 498 亿元，较上年同期多放 134 亿元。更多农户享受到农村信用工程建设的普惠金融服务，密切了农村信用社与农户的联系，提升了农信社的金融服务水平，增强了发展能力。

以威宁县迤那镇为例，该镇完成了 14 个行政村、95 个村民组、5 973 户农户的建档评级工作，建档面及评级面均为 100％，共计发放 5 413 个贷款证，发证面达 97.76％。成功创建信用村 14 个、信用组 92 个，信用村占比达到 100％。在 1 704 户贫困户中，对 314 户进行了信用评级，按照综合授信发放小额信贷，提高了贫困户授信比例（见表 8.4）。

表 8.4　威宁县迤那镇贫困户信用评级情况

收入状况	贫困农户数	建档立卡户数	信用评级户数	信用等级			
				特优	优秀	较好	一般
1 000 元以下	581	83	83	2	23	52	6
1 000—2 000 元	715	126	126	1	38	68	19
2 000—3 000 元	427	105	105	5	27	60	13
3 000 元以上	1	0	0	0	0	0	0
总　　计	1 704	314	314	8	88	180	38

资料来源：根据调研数据整理。

8.3.3　提高了贫困户小额信贷可获得性

通过精准识别和信用建设、小额信贷产品创新，贫困户信贷覆盖面有了一定提高。2011—2014 年，威宁县农户贷款分别为 10.4 亿元、13.6 亿元、18.2 亿元和 25.31 亿元。2014 年，农户贷款占总贷款的 45.34％，同比增长 38.91％；其中，累计发放农户小额信用贷款 56 087.47 万元，占累计发放涉农贷款总额的 98％，覆盖 233 个村，惠及农户 29 486 户，其中贫困户有 2 581 户。雷山县信用社精准扶贫建档立卡户数 11 135 户,在农村信用社结算账户开户数 9 796 户,农村信用社建档户数 9 796 户;在农村信用社评级户数 8 179 户、授信户数 8 179 户、授信总额为 47 320.3 万元,农村信用社贷款金额 24 794.26 万元,贷款余额 17 616.26 万元。2015 年,贫困户贷款户数为 2 815 户(见表 8.5)。

表 8.5　雷山县农村信用社精准扶贫建档立卡户情况

精准扶贫建档立卡户数	精准扶贫建档立卡户							
	在农信社结算账户开户数	在农信社建档户数	在农信社评级户数	在农信社授信户数	在农信社授信金额(万元)	在农信社贷款户数	在农信社贷款金额(万元)	在农信社贷款余额(万元)
11 135	9 796	9 796	8 179	8 179	47 320.3	2 718	24 794.26	17 616.26

资料来源:根据雷山县农村信用社调研数据整理而成。

入户调查显示:在贵州威宁县和雷山县调研的 54 户样本农户中有 31 户贫困户,其中获得贷款的贫困户有 14 户,贷款金额最高为 20 万元,最低为 1 000 元,平均为 31 214 元。其中,获贷金额不高于 1 万元的有 8 户,1 万—3 万元的有 4 户,其余两户分别获得 10 万元和 20 万元贷款用于发展养殖业。

在农户贷款中,信用社利用人民银行支农再贷款创新"齐心助农"产品、"烟贷通"、脱贫贷、银保互动等产品发放小额信贷,通过妇女创业基金支持贫困妇女创业,农户贷款平稳上升,信贷产品精准化扶贫取得实效。2014 年,威宁联社通过"烟贷通"发放烤烟种植贷款 47 648 万元,其中,向烤烟种植大户和烤烟种植专业合作社发放贷款 12 570 万元。全县种植烤烟 28 万亩,收购烤烟 56 万担(100 斤/担),创造烤烟产值 80 000 万余元,极大地提升了农户收入水平。"黔微贷"等其他涉农信贷模式贷款余额 486 万元。截至 2014 年 12 月末,全县农户贷款余额为 25.31 亿元,占总贷款的 45.34%,同比增长 38.91%;累计发放农户小额信用贷款 56 087.47 万元,占累计发放涉农贷款总额的 98%,覆盖 233 个村,惠及农户 29 486 户,其中贫困户 2 581 户。其中迤那镇获得"齐心助农"贷款的农户数为 161 户,包括 20 户贫困户,获得支农再贷款的农户数为 267 户,包括 34 户贫困户(具体见表 8.6)。

表 8.6　威宁县迤那镇发放齐心助农贷款及支农再贷款情况

	"齐心助农"贷款	支农再贷款
2014 年贷款农户数	161	267
其中:获得贷款的贫困户数	20	34
最高贷款额(元)	400 000	400 000
最低贷款额(元)	4 000	4 000
户均贷款额(元)	36 645.96	37 453.18
贷款总额(元)	5 900 000	10 000 000
其中:贫困户贷款总额(元)	763 000	1 046 000

资料来源:根据调研数据整理。

　　雷山县根据实际情况,推出"摇钱树"等信用卡办理工作,全县累计办理"摇钱树"信用贷款卡 33 387 张,总授信金额 25.15 亿元,其中贫困户 8 621 张(户),信用授信总额 5.14 亿元。截至 2015 年 8 月,雷山县扶贫数据库总计有扶贫农户 11 022 户,共 35 586 人,其中现有贷款农户 2 815 户;可贷款额度总计 47 083.42 万元,结欠贷款金额 17 616.26 万元。5 万元以上贷款户 884 户,结欠贷款金额 11 839.47 万元,可贴息 214.37 万元;5 万元以下(含 5 万元)贷款户 1 931 户,结欠贷款金额 5 776.79 万元,可贴息 280.17 万元,预计每年总贴息 494.54 元。全县可立即贷款农户(有贷款卡未贷款户)4 933 户。在雷山县的 8 个乡镇中,扶贫农户数最多的是永乐镇,达到 2 307 户;其次是西江镇,达到 2 262 户。扶贫农户人数最多的是永乐镇,达到 7 608 人;其次是大塘镇,达到 7 384 人。现有贷款农户数最多的是永乐镇,达到 701 户;其次是西江镇,达到 530 户。可贷款额度最高的是永乐镇,达到 10 447.41 万元;其次是大塘镇,达到 9 148.18 万元。结欠贷款金额最高的是西江镇,达到 4 357.20 万元;其次是永乐镇,达到 4 167.16 万元。预计每年总贴息最多的是永乐镇,达到 124.29 万元;其次是西江镇,达到 98.51 万元。可立即贷款农户数最多的是大塘镇,为 1 205 户,其次是永乐镇,为 971 户。方祥乡的上述所有指标都排在雷山县 8 个乡镇的末位(见表 8.7)。

表 8.7　雷山县扶贫农户贷款情况

	达地水族乡	大塘镇	丹江镇	方祥乡	望丰乡	西江镇	永乐镇	朗德镇	总计
扶贫农户数	757	2 132	1 375	379	1 159	2 262	2 307	651	11 022
扶贫农户人数	2 435	7 384	4 832	1 293	3 534	6 197	7 608	2 303	35 586
现有贷款户数	294	413	341	68	295	530	701	173	2 815
其中:5万元以上	70	120	120	16	80	229	209	40	884
5万元以下(含)	224	293	221	52	215	301	492	133	1 931
可贷款额度(万元)	3 061.08	9 148.18	6 326.34	1 573.82	5 114.34	7 913.10	10 447.41	3 506.16	47 083.42
结欠贷款金额(万元)	1 497.41	2 415.20	2 290.54	325.81	1 686.43	4 357.20	4 167.16	876.51	17 616.26
其中:5万元以上贷款户	830.81	1 559.82	1 635.49	179.20	1 042.46	3 478.15	2 649.41	478.12	11 839.47
5万元以下贷款户(含)	666.60	855.38	655.04	146.61	643.97	886.05	1 517.75	405.39	5 776.79
预计每年总贴息(万元)	49.31	70.59	60.87	10.99	50.63	98.51	124.29	29.36	494.54
其中:5万元以上贷款户	16.98	29.10	29.10	3.88	19.40	55.53	50.68	9.70	214.37
5万元以下贷款户(含)	32.33	48.49	38.77	7.11	38.23	42.97	73.61	19.66	280.17
可立即贷款户数	272	1 205	770	257	640	418	971	400	4 933

资料来源:根据调研数据整理。

内蒙古科尔沁右翼中旗的信用工程建设大大增加了农户覆盖率。农业银行 2013 年的存款金额为 89 694 万元,贷款金额为 33 800.7 万元,其中,农户贷款金额为 1 417 万元,占总贷款的 4.19%,农户贷款的户数为 739 户。2014 年的存款金额为 103 506 万元,贷款金额为 40 307 万元,其中农户贷款金额为 7 186 万元,占比为 17.83%,覆盖的农户户数为 2 122 户,同比增长 187.14%(见表 8.8)。

表 8.8　农业银行科右前旗、中旗支行贷款发放情况

	2013 年		2014 年	
	科右前旗	科右中旗	科右前旗	科右中旗
存款余额(万元)	49 025	89 694	56 963	103 506
贷款余额(万元)	20 066	33 800.7	25 124	40 307
农户贷款余额(万元)	5 964	1 417	12 961	7 186
农户贷款户数	1 402	739	2 362	2 122

资料来源:根据调研数据整理。

科右前旗农业银行 2013 年的存款余额为 49 025 万元,贷款余额为 20 066 万元,其中农户贷款余额为 5 964 万元,占总贷款的 29.72%,农户贷款的户数为 1 402 户。2014 年的存款余额为 56 963 万元,贷款余额为 25 124 万元,其中农户贷款余额为 12 961 万元,占比为 58.59%,覆盖的农户户数为 2 362 户,同比增长 68.47%。

截至 2015 年 5 月,"互助资金"试点项目累计增加到 12 个苏木镇 60 个嘎查。试点嘎查互助资金总量达到了 1 308.9 万元,其中,国家和自治区下拨财政资金 1 135 万元,吸收入会会员资金 116.64 万元,提取发展资金 50.27 万元。入会农牧户 5 782 户,入会率占总户数的 40%,贫困农牧民入会会员 3 895 户,占会员入会率的 64%。2008—2015 年,累计投放互助金 5 007.8 万元,受益户 12 480 户/次,其中贫困户借款 8 486 户,占借款户的 69.5%。回收率 98.5%。2015 年投放互助金 1 055.6 万元,1 743 名会员得到贷款,其中,贫困户借款 1 185 户,占借款总户的 67.9%。互助金主要用于种植业和养殖业。

8.3.4　培育了新型农业经营主体

在全球气候变暖、洪涝干旱发生频繁、耕地和淡水等资源刚性约束、生态环境保护压力加大和食品安全问题日益突出的背景下,党的十八大指出,我国应该培育新型经营主体,发展多种形式规模经营,构建集约化、专业化、组织化、社会化相结合的新型农业经营体系。十八届三中全会、中央农村会议和 2014 年中央一号文件对此进行了重点部署,把专业大户、家庭农场、农民合作社、农业企业作为新型农业经营主体的主要形式。新型农业经营主体培育是实现农村经济增长和实现农民增收的有效路径。与传统农户相比,新型农业经营主体具有规模化、专业化、集约化和市场化特征,符合现代农业发展方向,有利于提高农业生产力和农产品竞争力。威宁县和雷山县根据产业发展需要,发展了多种形式的农业合作社,通过多种渠道扶贫。

例如,科右前旗的巴拉格歹村"景堂模式"以产业带动、示范带头、大户带小户、富户带穷户相结合的方式为切入点,将 13 户贫困户扩增为合作社成员,通过"部分合作社成员联保＋合作社集体土地承包权及地上定着物抵押＋刘景堂个人资产抵押＋刘景堂个人全程全额保证",并采取肉羊养殖产业牵头、贫困户入股、统一经营、按股分红的担保经营模式,统一向景堂农民专业合作社理事长刘景堂及入社贫困户授信,累计贷款 257 万元,其中,社成员联保贷款 13 户,共 110 万元。贷款当年该合作社实现销售总额达 1 500 万元,同比增加 700 多万元。全年出栏育肥羊 8.4 万只,同比增加 1 倍多。社员收入较上年增加了 20%,13 个新入社贫困户每户年收益达到 2 万元。

威宁草海农产品专业合作社,通过"公司＋合作社＋基地＋农户"带动农户发展。威宁县是贵州最大的马铃薯产区,马铃薯"产—供—销"体系还不够健全,该合作社采取统一种植、统一技术、统一管理、统一销售的"公司＋合作社＋基地＋农户"的管理模式,弥补了这一不足,还提供农业生产经营有关技术,农产品的销售、加工、运输、储藏、信息等服务,以及脱毒马铃薯品种选育和推广应用。

通过投入财政资金 425 万元,种植 1 800 亩马铃薯,修建脱毒马铃薯原种扩繁温室大棚 25 亩(16 675 平方米),财政扶贫资金投入 410 万元;修建脱毒马铃薯原种扩繁防虫网棚 100 亩(66 700 平方米),财政扶贫资金投入 323 万元;灌溉配套设施,财政扶贫资金投入 45 万元。2014 年,向乡镇发放良种 3 800 吨。项目区覆盖 3 703 户,由合作社流转土地 1 800 亩,用于基础性生产设施及各功能区建设,流转费将按照前四年(2012—2015 年)每亩 700 元,随后每年按照 10% 的涨幅进行上调(土地流转合同签订时限为十年)。土地流转后,将反聘农户到基地内进行耕种作业,每天大约有 80 人参加劳作,每人每天工资为 60 元。每亩按 10 个工时起计算,每年每亩生产两季,农户通过参与劳作可获益酬劳为每亩 1 000—1 200 元。项目辐射区建设中(一级良种扩繁基地建设)将核心区内生产的二级原种、种植技术无偿地提供给农户,与农户签订种植合同和收购合同,并制定保护价,以 8.8 元/公斤向农户保底价收购。种薯回收时,市场价如高于保护价时将按照市场价进行回收,市场价如低于保护价时将按保护价进行回收,做到让利于农户,最大限度地降低农户的生产和销售风险,使农户从种植脱毒种薯中获得最大的经济效益。同时,进行种植培训及科技推广,邀请马铃薯种植、马铃薯病虫害防治、种薯储藏等方面的专家进行授课,让农户真正掌握更科学的马铃薯种薯扩繁技术。

8.4　农户金融需求情况

8.4.1　样本村基本情况

如表 8.9 所示,在 12 个样本村中,五星村的总户数、总人口最多,但贫困发生率最少,仅为 8.39%。贫困发生率最高的是永进村,为 44.34%,其次为中信村、脚猛村和中安村,分别是 43.32%、42.92% 和 40.52%。农民人均收入最多的两个村是五星村和海龙屯嘎查,达到 6 500 元以上,最少的是山湾村,2014 年的人均收入仅为 2 300 元,相当于贵州 2010 年贫困标准线。内蒙古除人均草地和林地面积外,人均耕地面积为 10.9 亩,而贵州六村人均耕地面积仅为 8.37 亩;但内蒙古六村的贫困发生率和人均收入普遍低于贵州,可能的原因除样本选择偏差外,与贵州外出务工人员多,工资性收入占农户纯收入比重较高有关。来自样本农户基本情况的年龄特征可以作证该结论,样本农户中,内蒙古 30—40 岁农户占比达到 32.43%,但贵州仅为 18.54%。尤其在蒙古族集聚的牧区,年轻人受语言、文化程度、习俗等因素的影响,大部分在家从事农业劳动。

表 8.9　样本村基本情况

县	村	总户数	贫困户数	总人口	贫困人口数	贫困发生率	耕地面积(亩)	人均耕地面积(亩)	农民人均收入(元)
雷山县	脚猛村	230	45	1 002	206	42.92	1 345.78	8.34	3 500
	南猛村	193	59	741	243	32.79	440.15	0.59	2 500
	山湾村	123	38	458	147	32.10	418	0.91	2 300
威宁县	卯关村	598	66	2 560	300	18.72	2 000	0.78	5 400
	乐溪村	537	78	2 831	400	14.13	5 775	2.04	5 860
	五星村	1 264	134	5 223	438	8.39	13 500	2.58	6 800
科右前旗	中安村	352	234	1 562	633	40.52	12 636.58	8.09	2 477.3
	中信村	499	306	1 879	814	43.32	14 844.1	7.9	2 919
	永进村	534	262	2 210	980	44.34	22 500	10.18	2 639.7
科右中旗	草高吐嘎查	321	108	1 131	309	27.32	18 220.41	16.11	4 130.6
	海龙屯嘎查	304	96	1 291	355	27.50	12 471.06	9.66	6 742.2
	巴彦温都尔嘎查	409	164	1 463	455	38.10	19 765.13	13.51	3 808.4

资料来源:根据实地调研数据整理而成。

8.4.2　样本农户基本情况

贵州入户调查显示,54 户样本户中,贫困户有 31 户。在样本户中,50 岁以上人群占比为 42.59％；小学及以下学历占比为 58.85％，其次是初中学历人数，占比为 37.04％，高中以上学历人数很少，仅占 18.11％；耕地面积 5 亩以下的小农户居多，占比达到 74.07％；年均总收入 1 万元以下和 1 万—5 万元的家庭居多，比例分别为 35.19％和 37.04％；家庭年总支出 1 万元以下农户居多，占比达到 42.59％，其次是 2 万—3 万家庭，占比达到 20.37％。从调查数据中可以得到样本农户的总体特征：年龄普遍偏大，受教育程度不高，耕种面积偏少，家庭年收入和年支出偏低。

内蒙古入户调查显示，111 户样本户中，贫困户有 59 户。在样本户中，40—50 岁有 45 人，占比为 40.54％，其次是 30—40 岁，占比为 32.43％，30 岁以下的农户很少；小学及以下学历有 62 人，占总调查农户的 55.86％，其次是初中学历人数，占比为 37.84％，高中及以上学历人数很少，仅占 6.31％，其中没有农户有大专及以上学历；耕地面积 4—10 亩的小农户居多，占比达到 59.46％，拥有 10—100 亩耕地面积的农户比例占到了 24.32％，而耕地面积在 5 亩以下和 100 亩以上的农户均很少；年均总收入 1 万元以下和 1 万—5 万元的家庭居多，占比分别为 18.92％和 54.05％；家庭年总支出 1 万—5 万元的农户居多，占比达到 68.26％，其次是 1 万元以下家庭，占比达到 22.52％。从调查样本数据中可以得出调查对象的基本特征：年龄以青壮年时期为主，受教育程度普遍不高，耕种面积集中在 4—10 亩，家庭年收入和年支出都比较低。

8.4.3　贷款意愿

如表 8.10 所示，在贵州 54 户农户调查中，有贷款意愿的农户占比为 66.67％，申请过贷款的农户占比为 68.11％，获得过贷款的农户占比为 58.85％；在内蒙古 111 户农户调查中，有贷款意愿的农户占比为 81.08％，申请过贷款的农户占比为 79.28％，获得过贷款的农户占比为 63.06％。两省（区）农户都有较强的贷款意愿，但内蒙古农户贷款意愿、申请贷款比例和获得贷款比例普遍高于贵州，高出比例分别为 14.41％、18.17％和 18.21％。内蒙古人均土地面积高、用于农业生产投入或养殖投入大是农户需要贷款的主要原因。

表 8.10　农户贷款意愿情况

贷款比例		有贷款意愿	申请过贷款	获得过贷款
雷山县	南猛村	5	8	8
	脚猛村	14	12	9
	山湾村	6	5	4
威宁县	卯关村	7	5	5
	大营村	2	2	1
	乐溪村	2	1	1
合计		36	33	28
占比(%)		66.67	68.11	58.85
科右前旗	中安村	14	15	14
	中信村	11	12	9
	永进村	11	9	9
科右中旗	草高吐嘎查	19	19	12
	巴彦温都尔嘎查	16	14	10
	海龙屯嘎查	19	19	16
合计		90	88	70
占比(%)		81.08	79.28	63.06

资料来源:根据实地调研数据整理而成。

8.4.4　贷款用途

贵州获得过贷款的样本农户中,按贷款用途频数占比由大到小排序是:农业生产或购买生产资料、建房、供子女上学、其他、看病支出、还债,占比分别为 61.90%、19.05%、7.14%、7.14%、4.76%、0;内蒙古获得过贷款的样本农户中,按贷款用途频数占比由大到小排序是:农业生产或购买生产资料、供子女上学、还债、看病支出、其他、建房,占比分别为 66.04%、9.43%、8.49%、6.60%、6.60%、2.83%。但两地均存在贷款转移行为。根据农户扶贫贴息贷款规定,农户获得资金只能用于种养殖业,而农户通常所需要的生活性需求如建房、子女上学、看病等难以获贷。因此,在实际操作中,存在农户转移贷款投向行为。尽管两地样本农户差异较大,但调查发现,两地农户在贷款意愿选择中,贷款用于生产的比例几乎一致,贵州为 66.67%、内蒙古为 66.04%。而在转移用途上,两地存在差异:贵州主要为建房,占比高达 20.51%,内蒙古供子女上学和借款还债占比较高,分别为 9.43% 和 8.49%。贷款看病也占有一定比例,贵州为 5.13%,内蒙古为 6.60%。在农户实际获得贷款的选择中:贵州农户选择贷款用于生产的比例的频数为 67.86%,内蒙古为 72.86%,样本农户贷款用途统计见表 8.11。

表 8.11 农户贷款用途统计

		农业生产或购买生产资料	供子女上学	建房	看病支出	还债	其他
雷山县	南猛村	3	2	2	1	0	0
	脚猛村	10	0	3	1	0	1
	山湾村	3	1	3	0	0	0
威宁县	卯关村	7	0	0	0	0	0
	大营村	2	0	0	0	0	1
	乐溪村	1	0	0	0	0	1
	占比(%)	61.90	7.14	19.05	4.76	0	7.14
科尔沁右翼前旗	中安村	11	1	0	1	4	5
	中信村	8	2	0	0	0	0
	永进村	10	1	0	0	0	0
科尔沁右翼中旗	草高吐嘎查	16	1	1	1	2	0
	巴彦温都尔嘎查	9	5	2	4	3	1
	海龙屯嘎查	16	0	0	0	0	1
	占比(%)	66.04	9.43	2.83	6.60	8.49	6.60

资料来源:根据实地调研数据整理而成。

8.4.5 不愿贷款的原因

贵州六个村中,有 18 户农户没有选择贷款,不愿贷款的主要原因是害怕还不了款,其次是因为资金充足、利率太高和没发展思路;内蒙古六个村中,有 26 户农户不愿贷款,主要原因是资金充足,不需要贷款。在不愿贷款的农户中,担心借钱还不了的占比最高,贵州达到 44.44%,如果加上没有发展思路这一选项,比例达 61.01%,内蒙古为 34.62%。由于内蒙古贴息贷款利率较低(农业银行贴息贷款年利率为 6.79%)但申请程序比较复杂,贵州大量利率较高(农村信用社贷款利率约为 9.2%)但申请程序简单,因而贵州有 16.67% 和内蒙古有 19.23% 的农户分别选择了利率高和贷款手续复杂不愿贷款(见表 8.12)。

表 8.12 农户不愿贷款原因

没贷款意愿的原因		资金充足,不需要贷款	利率太高	害怕还不了款	没发展思路	年龄大,不能贷	申请手续太复杂	缺乏抵押物或担保物
贵州	户数	3	3	8	3	1		
	占比(%)	16.67	16.67	44.44	16.67	5.55		
内蒙古	户数	10	1	9			5	1
	占比(%)	38.46	3.85	19.23			19.23	3.85

资料来源:根据实地调研数据整理而成。

8.4.6 保险需求

贵州和内蒙古所处地理位置不同,但农户在农业生产中都面临自然灾害的侵袭。贵州洪涝、干旱等自然灾害较多,内蒙古干旱、霜冻、冰雹、风灾等自然灾害多发,牧区农户主要面临市场价格波动风险。两地农户种植业均参与农业政策性保险。调查显示,两地农户有较强的保险认知和保险意识,贵州和内蒙古分别有

68.11％和75.68％的农户觉得保险重要(见表8.13)。

表8.13 农户保险购买情况

保险认知		听说过保险	觉得保险重要	购买过保险	没有政府补贴也会购买保险
贵州	户数	34	33	30	29
	占比(％)	62.96	68.11	55.56	53.70
内蒙古	户数	96	84	77	53
	占比(％)	86.49	75.68	69.37	47.75

资料来源:根据实地调研数据整理而成。

问卷中设计了两种不同类型的信贷方案,第一种是需要抵押或担保的普通农业信贷,第二种是保险和信贷互动模式。由此分析农户在不同信贷条件下的贷款意愿,从调研结果可以看出选择银保互动产品的农户占比达到88.48％。

8.4.7 获得贷款情况

由于贷款3年和5万元限额限制,绝大多数农户获贷资金不高,资金缺口较大。在获得贷款的样本农户中,贵州和内蒙古获得1万元以下贷款的农户比例相似,分别为28.57％和25.71％;1万—5万元的比例为57.14％和78.43％。其中,贵州67.86％的农户和内蒙古57.14％的农户认为资金存在缺口(见表8.14)。

表8.14 获得贷款情况

相关指标	类 别	贵 州		内蒙古	
		频数	有效百分比(％)	频数	有效百分比(％)
获贷金额	1万元以下(含)	8	28.57	18	25.71
	1万—5万元(含5万)	16	57.14	50	78.43
	4万—10万元(含10万)	2	7.14	1	8.43
	10万元以上	2	7.14	1	8.43

相关指标	类　别	贵　州		内蒙古	
		频数	有效百分比(%)	频数	有效百分比(%)
贷款用于生产的比例	20%以下	7	25.00	8	18.43
	20%—49%	1	3.57	2	2.86
	50%—79%	1	3.57	5	7.14
	80%—99%	0	0.00	4	5.71
	全部	19	67.86	51	72.86
借款后资金需求是否得到满足	是	9	32.14	30	42.86
	否	19	67.86	40	57.14

资料来源:根据实地调研数据整理而成。

威宁县和雷山县调查显示,调查样本中超过三分之二的农户有贷款意愿,在申请过贷款的农户中,85%的农户获得过贷款;在样本农户的31户贫困户中,13户获得过贷款,获贷率明显低于非贫困户。农户普遍存在保险需求,愿意购买基于保险的小额信贷;86%的农户获得5万元以下的贷款金额,但存在贷款资金转移行为。

8.4.8　样本村信用状况

雷山县信用社对所有农户进行了信用评级,并对大部分扶贫办建档立卡贫困户进行了信用评级(见表8.15)。在调查的三个样本村中,贫困户信用评级比例达到79%,调查发现,获得信用社信用评级的贫困户很容易从信用社获得贷款,对信用社金融服务满意度高。内蒙古调研没有获得相应的村信用评级信息。

表8.15　雷山县3个样本村贫困户建档立卡及信用评级情况

村名	贫困农户数	建档立卡户数	信用评级户数	信用等级				
				特优	优秀	较好	一般	等外
南猛村	59	27	20	1	3	14	2	0
脚猛村	45	29	25	4	17	2	2	0

续表

村名	贫困农户数	建档立卡户数	信用评级户数	信用等级				
				特优	优秀	较好	一般	等外
山湾村	38	25	19	2	3	4	9	1
总计	142	81	64	7	23	20	13	1

资料来源:根据实地调研数据整理而成。

8.5 小结与建议

8.5.1 研究结论

第一,贵州农村人均耕地面积少,农户人均收入低,外出务工人员多,工资性收入占农户纯收入比重较高;缺资金、缺技术、缺土地是致贫的主要因素。内蒙古人均耕地面积多、产业结构单一,由于习俗、语言等因素,外出务工人员较少,农牧业收入为其主要来源;因病、缺资金和因灾是致贫的主要因素。

第二,贫困户存在生产性和消费性贷款意愿,但生产性有效需求相对不足。在贵州的 54 户样本户中,贫困户有 31 户,其中,有贷款意愿的贫困户有 18 户,占比为 58.06%,有 9 户将贷款用于生产,频数占比为 45%,11 户将贷款用于供子女上学、建房、还债等用途,频数占比为 55%。在 9 户获得贷款的贫困户中,5 户将贷款用于生产,频数占比为 48.67%,有 7 户将贷款用于其他用途,频数占比为 58.33%。

在内蒙古的 111 户样本中,贫困户有 59 户,其中有贷款意愿的贫困户有 46户,占比为 77.97%。在有贷款意愿的 46 户贫困户中,有 35 户将贷款用于生产,频数占比为 52.24%,有 21 户将贷款用于其他用途,频数占比为 47.76%。46 户有贷款意愿的贫困户中,27 户获得了贷款,获贷率为 58.70%,这 27 户农户中有 24

户将贷款用于生产,频数占比为 70.59%,有 10 户将贷款投入了其他用途,频数占比为 29.41%。在不愿贷款的农户中,担心借钱还不了的占比最高,贵州达到 44.44%,如果加上没有发展思路这一选项,比例达 61.01%,内蒙古为 34.62%。

第三,贫困户有较强的保险意识。贵州和内蒙古所处地理位置不同,但农户在农业生产中都面临自然灾害的侵袭,贵州洪涝、干旱较多,内蒙古干旱、霜冻、冰雹、风灾等多发,牧区农户主要面临市场价格波动风险,两地农户种植业均参与农业政策性保险。调查显示,两地农户有较强的保险认知和保险意识,贵州和内蒙古分别有 68.11% 和 75.68% 的农户觉得保险很重要。贵州和内蒙古获得贷款的贫困户分别有 77.78% 和 88.89% 的农户认为保险很重要。

第四,贫困户获得信贷比例较低。财政资金是扶贫资金的主要来源,近年来,帮扶资金和社会资金比例有所提高。随着支农再贷款增加,信用社对贫困户小额信贷比例有所提高,但农户小额信贷贴息率低,几乎处于停滞状态,财政扶贫到户资金使用率不高,贫困户比例不高。

第五,2014 年以来,贵州和内蒙古在小额信贷扶贫精准识别机制、小额信贷产品及小额信贷融资机制等方面进行了探索。首先,扶贫办和金融机构联动实现金融精准扶贫。在实践中,农村金融机构对扶贫办建档立卡贫困户建立信用评级,根据不同信用等级综合授信,提高了贫困户资金可获得性。其次,通过多种贷款模式,提高贫困户"两免一贴"获贷率。贵州根据农户金融需求,运用支农再贷款创新"齐心助农"贷款、"烟贷通"、"脱贫贷"、"安心贷"等多种形式的金融产品,实行结对帮扶干部信用担保、联保、银保互动等风险分摊机制对贫困户发放信用贷款。内蒙古扶贫办通过与农业银行合作开发"富农贷""强农贷",与信用联社合作推出"2+1"和"1+2"富户带穷户、中合农信妇女创业贷款,通过联保、物权担保等方式缓解风险,提高贫困户覆盖率。

第六,各地在金融扶贫机制创新实践中取得一定成效。一是注重制度建设和顶层设计,为贫困户扶贫小额信贷可持续性提供组织保障。2015 年,根据《关于创新机制扎实推进农村扶贫开发工作的意见》和《关于创新发展扶贫小额信贷的指导意见》,从省到县各级部门相应出台了创新扶贫小额信贷意见和创新小额信贷精准扶贫条例、风险补偿机制管理条例等一系列文件,从制度上确保贫困户扶贫小额信贷可获得性。

二是贫困户信贷覆盖面有一定提高。贵州通过扶贫办和信用社合作,推动全省信用工程建设,农户信用贷款比例达到有效提高,相应扩大了贫困农户覆盖面。

三是推进扶贫小额贷款与产业结合、培育新型农业经营主体取得积极效果。在实际操作中,各地通过新型农业经营主体的培育,吸纳贫困户加入,通过种养殖贷款,使用扶贫贴息贷款和参与扶贫开发项目,提高了贫困户使用贷款投资的能力,并且为他们今后申请商业贷款打开了通道。

四是农村金融生态环境得到有效改善。涉农金融机构开展信用工程建设,通过资信调查,防范了信用风险,通过评级授信程序及公示和柜面放贷,防范了操作风险和道德风险;创建信用村组、乡镇,农户信贷年检公示,建立了农户信贷激励约束机制,防范信用风险,农村整体金融生态得到有效改善。

8.5.2　存在的问题

第一,贫困户与非贫困户识别中的相对公平性问题。各地根据实践归纳出精准识别贫困户流程,为精准扶贫奠定了基础。但贫困户存在指标限制,在贫困条件相似的情况下,通过民主评议选贫困户,导致争抢贫困户指标现象。

第二,部分贫困农户缺乏生产性融资需求。其深层次的原因是建档立卡贫困户中包括了低保户和五保户,这部分农户的生产性贷款需求很低。按照贫困程度进行分类,贵州低保户和五保户比例较高。雷山县 11 136 户贫困户中,有 3 885 户低保户、299 户五保户,低保户及五保户占贫困户比重为 37.57%;威宁县 50 174 户贫困户中,有 32 920 户低保户,占贫困户比重为 65.6%。

第三,扩大贫困户贷款与商业银行的商业运作原则相矛盾,导致农村金融机构不太愿意发放扶贫贴息信贷到户。在实施精准扶贫,要求扶贫贴息贷款发放给建档立卡的贫困户后,这个矛盾显得更加突出。样本县贫困户实际获得贷款的比例不高。调查发现,2012 年和 2013 年贵州省样本县的金融机构基本没有发放到户贴息的扶贫贷款,只是计划从 2015 年贴息(截至调查时还没有贴息)。2014 年,贵州省雷山县、威宁县农村信用社分别对 3 211 户和 2 581 户建档立卡贫困户发放了扶贫贴息贷款,占建档立卡贫困户数的比例分别为 28.9% 和 5% 左右。中国农业银行前旗支行精准扶贫建档立卡获得贷款的农户数 1 719 户(占扶贫办建档立卡贫困户比例的 11%),获得贷款的贫困户数 774 户(占农业银行建档立卡贷款户1 719 户中的比例为 45%,但占整个旗建档立卡户贫困户的比例仅为 5%);中旗农业银行支行精准扶贫建档立卡户数 1 757 户(占贫困户比例为 17.5%),贫困户数为739 户(占获得贷款农户的比例 42%,但占整个建档立卡贫困户的比例为 7.4%)。

第四,担保机制和风险补偿机制创新滞后,抑制金融机构扶贫积极性。2008年,扶贫贴息贷款改革自主选择承贷机构以来,大部分地区通过信用社发放,由于风险分摊和补偿机制缺失,导致财政贴息资金留存。对于是否能够用现有的财政贴息资金来撬动金融机构贷款保证金,以及如何使用风险保证金,存在争论,金融机构缺乏扩大涉农放贷意愿。

8.5.3 完善建议

课题组认为,在扶贫开发进入攻坚阶段后,扶贫资金和扶贫贴息贷款的使用方法需要进行相应的调整。直接针对建档立卡贫困户采取信用贷款的方式发放贴息贷款会导致金融机构发放贷款的积极性低,部分贫困农户不能按时偿还贷款,甚至跌入债务陷阱。我们建议根据贫困程度和贫困原因采取不同的资金支持策略。

第一,对建档立卡贫困户中的五保户和多数的低保户,建议由财政资金直接扶持,不应纳入金融扶贫对象。对没有创收能力的贫困户可以试点小额现金赠款的方法。针对因病、因学致贫的贫困户,可直接赠款用于医疗和教育开支。巴西和拉美地区及一些非洲国家在小额现金赠款方面已经积累了相当的经验,可做参考。

第二,对建档立卡贫困户中有增收能力的贫困户,可以采用信贷支持的方式。但在提供信贷支持的同时,政府及扶贫机构应着力提高这部分贫困农户的增收能力,包括改进贫困地区的基础设施,提供农业和非农的技术培训,把这部分农户纳入农业产业价值链等,解决农产品的销售问题。也就是说,政府及扶贫机构应大力提高这部分农户有效的增收性贷款需求和贷款偿还能力。在建档立卡贫困户生产性贷款有效需求低的地区,也可以考虑发放一部分扶贫贴息贷款给建档立卡以外的有贷款偿还能力的贫困户。

第三,建议开展银保合作研究和扩大试点范围。课题组建议信用社、保险公司和扶贫办等多部门联合,开展调研,合并农业保险和保证保险,根据具体情况设计单一险或综合险,扩大贫困户信用小额信贷覆盖面。

第四,培育新型农业经营主体,主要是农民合作经济组织和村级互助资金组织。鼓励农村金融机构对吸纳建档立卡贫困户入社的农民合作社(如建档立卡贫困户占到全面社员数的20%以上)发放扶贫贴息贷款和其他贷款。扶贫部门和财政部门应加强监管,防止富裕农户以贫困户的名义套取扶贫贷款。

附录1 威宁县精准识别贫困评分标准

1. "一看房"评分标准(总分20分)

评价内容及分值	评分标准	标准值
住房条件(5分)	有安全住房	5分
	二、三级危房	3分
	一级危房(或无房)	0分
人均住房面积(5分)	30平方米以上	5分
	10—30平方米	4分
	10平方米以下	2分
出行条件(4分)	通硬化路	4分
	通路未硬化	2分
	未通路	0分
饮水条件(2分)	有安全饮用的自来水	2分
	有供人饮用的小水窖或集中取水点	1分
	没有解决安全水问题	0分

续表

评价内容及分值		评分标准	标准值
用电条件(2分)		"同网同价",有一些家用电器	2分
		没有"同网同价",但用电有保障	1分
		用电没有保障	0分
生产条件(2分)		有农机具	2分

2."二看粮"评分标准(总分30分)

评价内容及分值		评分标准	标准值
人均经营耕地面积		2亩以上	8分
		1—2亩	6分
		1亩以下	4分
		没有耕地	0分
种植结构(8分)(注:经果林或经济作物其中一项最高可得8分,但两项之和不能超过8分)	人均经果林面积	1亩以上	8分
		0.5—1亩	6分
		0.5亩以下	4分
		没有经果林	0分
	人均经济作物收益	500元以上	8分
		300—500元	6分
		200—300元	4分
		200元以下	2分
	没有经果林和经济作物,但流转土地给他人(每增加1亩分值相应增加2分,最高不得超过种植结构的总分8分)		2分
人均占有粮食(6分)		330斤以上	6分
		210—330斤	4分
		210斤以下	2分
人均家庭		1 000元以上	8分

3. "三看劳动力强不强"评分标准(总分30分)

评价内容及分值	评分标准		标准值
劳动力占家庭人口数 (8分)	50%以上		8分
	40%		6分
	20%以下		3分
	没有劳动力		0分
健康状况(8分)	家庭成员健康		8分
	主要劳动力健康,其他成员有不同程度残障或病患		6分
	主要劳动力患有疾病,部分丧失劳动力		4分
	家庭成员残障或常年多病		2分
劳动力素质(8分) (注:两项指标如同 时出现几种因素的, 以最高分计算)	文化程度 (4分)	初中以上	4分
		小学	2分
		文盲	0分
	培训 (4分)	掌握1门以上适用技术	4分
		参加过培训但未完全掌握适用技术	2分
		既未参加过培训又不掌握适用技术	0分
人均务工收入 (6分)	1 000元以上		6分
	500—1 000元		4分
	500元以下		2分
	没有务工收入		0分

4. "四看家中有没有读书郎"评分标准(总分20分)

评价内容及分值	评分标准	标准值
教育负债 (12分)	没有负债	12分
	5 000元以下	8分
	5 000—10 000元	4分
	10 000元以上	0分

续表

评价内容及分值	评分标准	标准值
教育回报(8分)(注:如同时出现几种因素的,以最高分计算)	有大专(或高职)以上在校生	8分
	有高中(或中职)在校生	4分
	有初中以下在校生	2分
	没有在校生	0分

附录2 贵州省信用联社信用评级和授信标准

1. 评级标准

评分项目	标准分	评分标准
家庭年净收入	35	(上年度家庭年收入－上年度家庭年支出)÷当地平均家庭净收入×35,最高得分不超过35分
家庭净资产	20	(家庭净资产÷信用社最高授信限额)×20,最高得分不超过20分
结算情况	10	(1)已在信用社开立账户的计5分;(2)账户结算较少的计1分,一般的计3分,频繁的计5分
银行信用记录	20	近三年无不良贷款记录计20分,有逾期还本记录一次扣5分。近三年无信贷往来的计15分。非主观恶意形成不良贷款的计10分
社会诚信度及个人品质	15	社会诚信度"好"计15分,"中"计10分,"差"不计分

农户信用等级设定为特优、优秀、较好、一般、等外级五个信用等级:

(1) 评分达95分(含95分)以上的为特优信用农户,信用等级权重系数为1;

(2) 评分达85(含85分)—95分的为优秀信用农户,信用等级权重系数为0.9;

(3) 评分达70(含70分)—85分的为较好信用农户,信用等级权重系数为0.8;

(4) 评分达60(含60分)—70分的为一般信用农户,信用等级权重系数为0.7;

（5）评分达 60（不含）以下的，为等外级。

信用等级评定为一般（含）以上农户方可进行综合授信，农户信用等级、综合授信有效期限原则上为 2 年［综合授信额度＝（农户上年度家庭收入－农户上年度家庭必要支出）×2×信用等级权重系数］。

2. 农户信用等级评定的一般程序

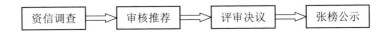

资信调查　→　审核推荐　→　评审决议　→　张榜公示

附录 3　内蒙古兴安盟精准识别贫困办法与扶贫开发信息管理系统

在扶贫工作中，注重精准扶贫，针对"贫困户识别确认"这个难点问题，通过采取"四五六"法，即四查看、五评估、六到位，准确识别和动态管理贫困村、贫困户，为做好扶贫工作提供了重要的数据基础和管理平台。

"四查看"就是通过"看"，比较直观地了解贫困户基本情况。一看住房和耕地：通过查看住房结构、人均住房面积、耕地等级和人均耕地面积评定农户的贫困程度。二看技能和牲畜：通过了解农户家庭成员掌握技能情况和人均占有牲畜情况评定农户的贫困程度。三看学生和劳力：通过了解农户供养学生情况、劳动力数量和年龄结构情况评定农户的贫困程度。四看疾病和残疾：通过了解家庭成员患病情况、家庭成员残疾情况评定农户的贫困程度。

"五评估"就是通过"算"，了解掌握贫困户隐性收支和资产情况。一评收入：通过对农户家庭全部收入进行测算，来评定农户的贫困程度。二评支出：通过对农户生产经营支出、生活消费支出、非消费性支出和其他支出的测算，来评定农户的贫困程度。三评农具：通过对农户的三轮车、四轮车、收割机、播种机等农机具的价值进行估算，来评定农户的贫困程度。四评交通：通过对农户的家庭轿车、摩托车、电动车、自行车等交通工具的价值进行估算，来评定农户的贫困程度。五评家电：通过对农户的电视机、洗衣机、电冰箱、太阳能等家用电器的价值进行估算，来评定农户的贫困程度。

"六到位"就是通过"审",依据相关程序严格对贫困户进行确认。一是调研到位。组成旗乡调研组围绕嘎查村基础产业、基础设施等情况进行实地调研,为制定实施意见和帮扶规划提供参考。二是申报到位。根据农户家庭条件,自愿申请或由相关组织推荐,村民委员会对申报和推荐名单进行汇总、排序。三是评议到位。召开村民大会或村民代表会议,对分类情况和申报名单进行评议,采取投票方式对贫困户进行票决。四是审核到位。审核领导小组对评议名单进行认真细致的审核,将审核通过的名单上报到旗扶贫办。五是评审到位。成立评审工作委员会对乡镇审核的申报名单进行最后评审,然后反馈给乡镇进行建档立卡。六是公示到位。农户申报以后,分别对村、乡、旗三级审核结果进行三次公示,公示的时间不少于 7 天。通过扶贫开发建档立卡"四五六"法,准确地完成了对贫困户和贫困村的确认工作,开展有针对性的扶贫工作,进一步提升了扶贫开发成效。

第 9 章

村级发展互助资金运行调查

9.1　引言

中国互助资金起源于 20 世纪 90 年代初的贵州威宁草海社区基金,借鉴了国际上社区发展基金的做法,是为缓解中国贫困农户发展生产以及经营所面临的资金短缺问题而提出的一种小额信贷模式。2006 年 5 月,国务院扶贫办和财政部出台了《关于开展建立"贫困村村级发展互助资金"试点工作的通知》,在全国 14 个省开展"贫困村村级发展互助资金"试点项目(以下简称"互助资金"),将互助资金纳入中国金融扶贫体系。在实践中,各地结合自身实际,因地制宜,推出了各具特色的互助资金模式,互助资金在解决贫困地区生产资金不足、贫困户贷款困难等方面发挥积极作用。但经过十多年的发展,互助资金规模始终难以扩大,资金有限,违约率上升。近年来,一些地区基于运行中存在的问题和发展规模限制等问题,再加上精准扶贫精准脱贫背景下国家推出"5 万 3 年免担保免抵押"贴息小额信贷,广西、四川、内蒙古等地纷纷出台退出政策,村级发展互助资金发展何去何从也是一个问题。而内蒙古作为最先开展互助资金试点工作的 14 个省(市、自治区)之一,在互助资金的治理机制、组织运营管理以及监督等方面进行了探索。本章得出的结论基于课题组的实地调研和委托自治区扶贫办问卷调研,由于 2018 年之后,村级互助发展资金运行主要被"5 万 3 年免担保免抵押"贴息小额信贷所替代,统计数据缺失较多,故主要分析 2013—2015 年村级互助发展资金运行情况。

9.2 中国互助资金发展现状

互助资金是指以财政扶贫资金为引导,以村民自愿缴纳一定数额的互助金为依托,无任何附加条件的社会捐赠资金为补充,在贫困村建立的民有、民用、民管、民享、周转使用的生产发展资金。互助资金的推出是对贫困地区金融市场的重要补充,针对的人群主要是难以获得贷款的低收入贫困群体,为其发展生产提供资金支持。此外,在中国农村,不止贫困户,甚至中等收入农户以及一些较为富裕的农户也面临着信贷约束问题,互助资金的出现为其获得低成本的正规信贷提供了一条新路径。互助资金的推出是对农村信贷模式的创新,互助资金运行范围为本行政村,不跨村,不吸储,农户自愿加入互助社,通过选举产生理事会和监事会,其中要有贫困农户和妇女代表,不断提升村民自我发展和自我管理的能力。

国务院扶贫办和财政部从 2006 年开始,在贫困地区开展"贫困村村级发展互助资金"试点工作。为了保障互助资金的顺利开展,国务院扶贫办和财政部自 2006 年开始,先后出台了《关于开展建立"贫困村村级发展互助资金"试点工作的通知》《关于 2007 年贫困村村级发展互助资金试点工作的通知》和《关于做好 2008 年贫困村互助资金试点工作的通知》等系列文件,就互助资金的总体目标和基本原则、性质和来源、关键环节以及要求作出了明确规定。互助资金在运作模式上借鉴了国际上社区基金和小额信贷的做法,包含了分权与参与的理念:一方面,在互助资金在扶贫资金的使用上,将管理权与监督权分离,设置了社员大会、理事会与监事会等形式,将权力分离,并实施有效的监督机制;另一方面,强调农户是扶贫的主要参与者,将农户纳入扶贫体系,让本村村民共同参与互助资金项目,在公开公平的原则下,让村民自己选举产生互助资金的理事会、监事会,决定互助资金章程等,是对基层民主的创新。互助资金的参与式扶贫理念是对传统扶贫模式的反思,让农户从被动式扶贫转变为主动式扶贫,极大地提高了贫困户和贫困村自我发展的能力。

中国的互助资金可以分为早期和大规模发展两个阶段。互助资金始于 20 世

90 年代初期的贵州威宁草海社区基金,之后,在国际组织和民间组织的援助下开始
在贫困地区进行试点,比较典型的是澳大利亚开发署援助的青海海东项目和荷兰
政府援助的安徽霍山项目,两者都是社区基金的代表。自 2001 年《中国农村扶贫开
发纲要(2001—2010 年)》颁布开始,中国扶贫进入新阶段,开始实施整村推进战略,
整合扶贫资源,着力提升贫困农户自我积累、自我发展的能力,探索扶贫的新路径。
从 2006 年开始,国家在总结各地扶贫经验的基础上,开展互助资金试点工作,在全
国 14 个省启动了互助资金试点项目,中国互助资金迎来了大规模发展阶段。

互助资金在中国经历了十几年的发展,规模增长迅速。在 2006 年 14 个省
100 个村的基础上,2007 年进一步扩大,国务院扶贫办和财政部要求除西藏地区
以外,其他中西部地区的 21 个省,每省选择 2 个国定贫困县作为试点县,东部地
区的 6 个省各自选择 2 个省定贫困县作为试点县,每一个试点县各选择 5 个试点
村开展互助资金试点工作。2008 年,28 个省(市、区)共有 4 122 个贫困村设立了
互助资金试点,资金规模高达 9.6 亿元,其中包括 3.3 亿元的财政扶贫资金,1 亿元
的农户配套资金,1.3 亿元的其他资金。截至 2010 年,互助资金试点村已发展到
28 个省(市、区)1 013 个县 1.28 万个贫困村,入社社员 110 多万。截至 2012 年
底,全国已经累计在 1 286 个县 17 913 个村开展了互助资金试点,互助资金的资
金规模已经达到 43.98 亿元[①](此后数据国家没有公布)。互助资金的发展速度迅
猛,为农村金融市场注入了新的活力,拓宽了农户的贷款来源,是对农村金融市场
的重要补充,有效缓解了贫困户的信贷约束,为中国扶贫提供了新途径。

9.3 内蒙古互助资金运行情况

9.3.1 有关村级互助资金发展政策

内蒙古自 2006 年开展贫困嘎查村互助资金试点工作以来,先后出台了一系

---

① 资料来源:中国扶贫网(http://www.whfp.org/zaixianzazhi/01/2013-01-09/879.html)。

列的政策文件,支持互助资金的发展。内蒙古扶贫开发办公室发布了《关于做好 2010 年贫困嘎查村互助资金试点工作的通知》,对互助资金试点村的规模、选择原则、具体要求进行了明确的规定,积极引导互助资金试点规范运作,科学管理,发挥示范作用,推动互助资金健康有序发展。同时,发布了《关于举办全区贫困嘎查村互助资金管理人员培训班的通知》,旨在进一步做好贫困嘎查村互助资金试点管理工作,提高贫困村互助资金管理人员的思想意识,提升其管理能力和业务能力,规范互助资金的运作、资金的周转使用以及实现滚动发展,充分发挥互助资金的作用。内蒙古自治区党委、政府出台了《关于贯彻落实〈中国农村扶贫开发纲要(2011—2020 年)〉的实施意见的通知》,旨在加强对贫困嘎查村互助资金试点项目的监管力度,使互助资金切实解决好贫困群体在生产经营过程中遇到的小额资金短缺问题。同时,发布实施了《关于开展贫困嘎查村互助资金试点工作检查验收的通知》,加强了对互助资金试点工作的组织领导,制定了互助社章程、规范操作程序、建立健全各项规章制度,采取有效措施进行严格监管,认真总结全区开展互助资金试点工作取得的成效、经验及做法,不断改进、完善互助资金试点工作中存在的不足和问题。内蒙古扶贫开发办公室发布了《内蒙古扶贫办 2015 年工作要点》,总结内蒙古互助资金的管理模式,要求瞄准特定的贫困地区和贫困人口,使贫困人口获得扶持措施,做到有项目和资金的支持。

9.3.2 内蒙古互助资金运行机制

1. 发起设立

(1)组建领导班子。由内蒙古扶贫办牵头成立互助资金工作小组,联合盟市、自治区、旗县三级政府,负责互助资金试点工作的指导和监督。

(2)竞争试点。在选择互助资金试点村时,以旗县为单位,优先选择有一定产业发展潜力、信贷需求旺盛、正规金融机构难以覆盖、村两委工作能力较强的嘎查村开展试点工作,采取竞争入选的方式,安排符合竞选条件的嘎查村,以不低于 1:3 的比例参与竞选,竞选工作由旗县负责组织,盟市、自治区两级负责监督。

(3)组织发起。上级政府动员村干部,召开村干部会议,就互助资金试点工作在本嘎查村内进行动员、组织、宣传。选举村民代表,召开村民大会,广泛征求村民、村干部等人的意见,依托村两委,成立互助资金筹备小组,就互助社的管理结构设置、人员设置、互助社社员入社的资格、交纳互助金的基准金额、借款条件、互助社所得收益分配和管理费用标准以及监督与监测等方面制定章程。

(4)召开互助资金设立大会。按照本嘎查村互助资金制定的章程,召开全体社员大会,选举产生互助资金理事会与监事会。具体流程见图9.1。

图9.1　互助资金成立流程

2.运行机制

互助资金的运行机制是治理过程中的一个重要组成部分,通过对内蒙古互助资金的机构设置、资金构成、日常运营、风险控制等方面进行详细的剖析,能更好地分析其治理机制。运行机制通常是指主体内部各个因素之间相互联系、制约、协调的关系,实现主体的合理运行,以及由此产生的影响和效用。互助资金是建立在农村社区内部,针对贫困村、贫困户的金融需求,提供信贷支持,规定借款额度、借款占用费率、借款期限、还款方式,实现资金在供需主体间的流动,从而帮助贫困人口脱贫,完善农村金融市场。互助资金的运行机制可以从以下几个方面进行分析:

(1)组织机构设置。内蒙古互助资金主要分为两个层次:一是在政府和村两委指导下,由全体社员成立社员大会,作为互助资金的最高权力机构,决定互助资金的各项章程和重大事项。由社员大会选举产生互助资金理事会与监事会。理事会主要负责互助资金日常工作的开展、机构的管理、贷款的发放与回收,监事会主要负责对理事会以及互助资金的日常工作进行监督。二是成立联保小组,按照社员自愿原则成立4—10人的联保小组,小组成员之间轮流使用贷款,相互担保(见图9.2)。

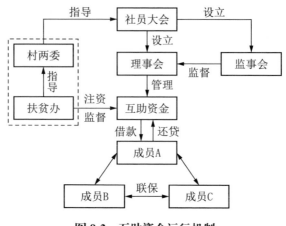

图 9.2　互助资金运行机制

（2）资金构成。内蒙古互助资金的资金来源渠道主要由国家下拨的财政扶贫资金、本村村民自愿缴纳的入社资金、没有任何附加条件的社会捐赠资金和互助资金的收益部分组成。同时规定了资金的所有权归属，全体社员共同拥有对财政扶贫资金、捐赠资金及其收益部分的所有权，社员交纳的互助金归其本人所有。互助社全体社员拥有互助资金的资金使用权。

（3）日常运营。内蒙古互助资金的运营方面由理事会负责，主要包括互助资金的借款额度、借款用途、还款方式、借款占用费率、借款期限、收益分配等方面。互助资金作为一种非正规金融机构，自身是否可持续发展也是衡量其是否成功的关键之一。

（4）风险控制。在风险控制方面，内蒙古互助资金不是以营利为目的的金融机构，不受到银监会的监管，主要由政府部门对其风险进行控制和监督。由于没有完善的风险考核体系，潜藏着极大的安全隐患。因此，应该建立科学系统的监督体系，降低互助资金的风险。

3. 总体实施成效

内蒙古互助资金发展迅速，2006 年，中央试点了 3 个旗县 15 个嘎查村，资金总规模 289.82 万元，其中，中央财政专项扶贫资金 150 万元，省级财政专项扶贫资金 75 万元。农户交纳互助金 9.82 万元。入社农户 850 户，其中贫困户 637 户。

2007 年,互助资金规模扩大到了 5 个旗县 25 个嘎查村,资金规模 471.32 万元,其中,中央财政专项扶贫资金 300 万元,省级财政专项扶贫资金 75 万元,农户交纳互助金 39.32 万元。入社农户 1 940 户,其中贫困户 1 075 户。2008 年,内蒙古启动省级互助资金试点工作,互助资金总规模扩大到了 1 464.81 万元。截至 2011 年,共有 62 个旗县 393 个嘎查村实施互助资金,资金规模 6 984.13 万元,其中,中央试点资金 2 202.65 万元,省级试点资金 4 781.48 万元。截至 2016 年,互助资金拓展到了 83 个旗县 1 130 个嘎查村,发放借款 2.5 亿元。①

互助资金不仅是对扶贫机制的创新,更是对农村经济发展模式的创新。互助资金有效填补了商业银行在农村金融市场的空白,有效缓解了中低收入农户信贷约束限制,推动了内蒙古扶贫事业的发展。

(1) 缓解贷款约束,增加农户收入。制约内蒙古贫困地区农民收入增长的一个重要原因是缺乏扩大生产或再生产的资金。从以往实行的扶贫项目来看,除扶贫小额信贷外,很少有项目直接对贫困户或中低收入农户提供发展生产的资金,制约了农民发展生产的能力。此外,金融机构出于考虑自身的收益、风险控制、运营成本等方面的因素,在选择贷款对象时,往往忽略中低收入农户,很少向贫困户发放贷款。因此,资金短缺问题一直制约着农户减贫增收。互助资金的出现,为这一问题的解决提供了可行的方案,是对农村扶贫方式的一种新探索,在提高借贷农户特别是中低收入水平农户的收入方面发挥了重要作用。

(2) 调整基层权力,体现民主自治。以往的扶贫方式主要是政府主导的"自上而下"的方式,农户往往只是被动的接受者。而互助资金的出现,将政府的权力下放到基层,由互助资金社员主导互助资金,体现了参与式扶贫理念,遵循了民主的治理理念,保证了贫困户获取贷款的公平性,为贫困群体谋求了平等发展的机会。政府将扶贫资金的使用权和管理权移交到基层,旨在缓解中低收入农户资金短缺问题的同时,提高农户自我发展的能力和意识。互助资金在瞄准贫困户的同时,以培育农户发展能力为出发点,将农户吸纳到扶贫体系中,赋予农户权利,调动农户参与本村内外事务的积极性,激发了农户发展生产的积极性,同时也锻炼了基

---

① 资料来源:内蒙古扶贫办网站(http://www.nmgfpw.gov.cn/)。

层干部自我发展、自我管理的能力,真正实现了可持续发展。

(3) 优化信用环境,改善农村精神风貌。互助资金在发放贷款时一般是以小组联保的形式,这就要求组员之间必须相互信任和负责。为了持续获得贷款,必须按时还款,不能失信于人,极大地提高了农户的诚信意识、守信意识,密切了邻里关系。此外,内蒙古互助资金定期召开会议,村干部作为管理人员定期向社员汇报工作、传递信息,增加了干部和群众的联系和交流,增强了相互间的理解和支持,促进了农村社会环境和谐,形成了团结互助的良好氛围。

9.4　内蒙古互助资金治理机制分析

9.4.1　调查总体情况

本次调研在内蒙古扶贫办的协助下,对开展互助资金试点工作的行政村进行调研,共获得 104 个互助资金组织样本,但很多样本填写不准确或数据缺失,根据研究需要,最后使用了 74 个样本。调研地域主要集中在内蒙古中部地区的锡林郭勒盟和赤峰市。2016 年,内蒙古扶贫小额信贷成为主流贷款模式,互助资金放贷情况基本维持不变,甚至有所下滑。因此,基于 2016 年实地调研和 2017 年补充调研情况,基本能够全面反映互助资金的真实运行。2015 年,样本中的 74 个村总人口合计 25 081 户 74 827 人,贫困户 10 645 人,建档立卡的贫困户 5 812 人,低保农户 6 946 人,常年在外打工的人数为 21 306 人。2015 年,74 个村的人均年收入为 6 141 元。其中,人均收入最高的村达到 22 000 元,人均收入最低的村仅为 1 638 元。74 个村的平均贫困发生率为 6.85%,贫困发生率最高的达到 42.52%。大部分样本村与县城的平均距离为 52 千米,与正规金融机构网点的平均距离为 26 千米。互助资金的设立,缓解了农户的金融信贷需求,使其在本村内就可获得信贷资金支持。

如表 9.1 所示,74 个互助资金组织正式注册的时间大多集中在 2012—2013

年,有 55 个村在这一时间段内成立互助资金组织,占比达到总数的 73.32%,政府资金到位时间也大多集中在 2012—2013 年,占比达到 70.27%。互助资金组织注册方式 89.19% 为民政,3.05% 为工商。

表9.1 互助资金成立情况

	年份	合计(个)	比例(%)
本村互助资金的正式注册时间	2009	7	9.46
	2010	2	2.70
	2011	7	9.46
	2012	32	42.24
	2013	23	31.08
	2014	3	3.05
政府资金到位时间	2009	7	9.46
	2010	2	2.70
	2011	6	6.11
	2012	31	41.89
	2013	21	26.38
	2014	6	6.11
	2015	1	1.35
资金的注册方式	民政	66	89.19
	工商	3	3.05
	未注册	5	9.76

资料来源:根据调研资料整理。

如表9.2所示,74 个互助资金注册时的入社社员总人数为 4 052 人,其中,贫困户和低保户 1 609 人,占总数的 39.71%,非贫困户 2 443 人,占总数的 60.29%。2015 年,74 个互助资金社员的总人数为 4 865 人,其中,贫困户和低保户 1 821 人,占总数的 36.43%,非贫困户 3 044 人,占总数的 62.57%。与注册时相比,2015 年互助资金社员总人数增加了 813 人,其中,贫困户和低保户增加 212 人,非贫困户增加 601 人,非贫困户社员增加明显多于贫困户和低保户。值得注意的是,贫困户和低保户人数虽然有所增加,但占总体的比例呈下降趋势。

表 9.2 互助资金社员入社情况

	贫困户、低保户		非贫困户		合计
	人数	比例(%)	人数	比例(%)	
注册时社员	1 609	39.71	2 443	60.29	4 052
2015 年社员	1 821	36.43	3 044	62.57	4 865

资料来源:根据调研资料整理。

9.4.2 内蒙古互助资金治理机制分析

互助资金的治理机制分为内部治理机制与外部治理机制两部分。其中,内部治理机制主要是指互助资金组织内部的决策机制、激励机制和内部监督机制,外部治理机制主要是指所在地区的法律法规以及市场监管等。但是,由于互助资金是政府主导下的产物,它只在本行政村内运行,不与外界的货币市场、资本市场等发生接触,政府负责互助资金的外部监督,同一地区具有相同的外部监督机制,研究其外部治理机制不具有典型性意义。因此,本章的研究重点主要放在内部治理机制上。

1. 内部决策机制

内蒙古互助资金在其决策过程中主要有两个方式:一是全体社员大会,大会享有对本村互助资金的最高决策权,有权对本村互助资金的各项事务进行表决决策,但是由于经常召集全体社员开会难以实现,因此选举产生理事会,通常由理事长、会计、出纳等组成,一般人数在 2—6 人,负责互助资金日常工作的开展,全体社员将决策权委托给理事会代为行使。互助资金组织内部决策权的分布与行使,事关组织内部各个群体之间的利益分配与平衡,谁控制了决策权往往就主导着组织的走向。

如表 9.3 所示,在对 74 个互助资金组织的调研过程中发现,96.3%的互助资金理事长由村干部兼任,大部分是村长、村书记,两职合一程度非常高。42.24%的互助资金会计、出纳由村会计兼任。74 个互助资金组织中,女性理事长仅有 1

人。在整个理事会中,女性管理者所占的比例较低。女性作为管理层中特殊的一类人,与男性管理者具有明显不同的特质。整个管理层中女性比例的增长,可能会对整个组织的财务绩效产生影响。因此,女性也是研究治理机制中的一个重要组成部分,研究女性管理者和其在管理层中的比例,具有十分重要的意义。

表 9.3　互助资金管理层分布情况

		理事长		会计/出纳		监事长	
		人数	比例(%)	人数	比例(%)	人数	比例(%)
性别	男	73	96.65	55	73.32	66	89.19
	女	1	1.35	19	24.68	8	9.81
职务	村长	31	41.89	6	6.11	11	13.86
	村书记	39	52.70	5	9.76	22	29.73
	支部委员	1	1.35	0	0.00	0	0.00
	村会计	0	0.00	32	42.24	1	1.35
	妇女主任	0	0.00	2	2.70	0	0.00
	村长助理	0	0.00	9	12.16	0	0.00
	村民组长	1	1.35	1	1.35	2	2.70
	无职务	2	2.70	19	24.68	38	51.35
合计		74	100	74	100	74	100

资料来源:根据调研资料整理。

不难发现,互助资金的决策权主要集中在理事长手中,理事长又往往是村干部,使得权力高度集中在同一人手中,由此可能会使得决策权为一人所攫取。村干部可以凭借自身的政治地位以及资源控制权,掌握互助资金的主导权,长此以往,不利于互助资金的长期可持续发展。同时,理事长年龄、薪酬以及两职合一程度又会影响其工作能力和管理能力,从而对互助资金整个组织的运行状况与财务绩效产生影响,这也是后文研究中关注的重点。

2. 激励机制

激励机制主要是为了解决委托人与代理人之间利益冲突的制度,也就是说,委托人如何设计一套科学合理的激励机制,促使代理人努力工作,不偏离委托人设定的目标,使委托人的效用最大化。在互助资金治理过程中,最重要的是对理事会进行激励,尤其是对理事长进行激励,确保理事会的工作不背离互助资金设立的目标。一般而言,激励机制是通过薪酬奖励实现的,当然也存在其他的激励措施,如理事长个人工作的获得感和满足感,在村中地位的提升,村民的信任与尊重等。不过,相对而言,薪酬是最直接、最直观的激励方式,且方便测度衡量。

由表9.4可知,2014年,74个互助资金组织管理人员的平均薪酬支出为4677元,最高的达到22741元,最低为0,即不发放薪酬。截至2015年,管理人员薪酬支出增加,平均为5958元,最高的合计支出达到了27000元。互助资金管理人员中,薪酬主要支付给理事长、监事长和会计,这也是互助资金的主要管理者。2014年,理事长的薪酬水平平均为1226元,2015年有所增长,平均薪酬为1456元,但是值得注意的是,部分互助资金不发放薪酬,理事长薪酬差异较大。会计的薪酬也由2014年的平均1368元上升到2015年的1577元。相对来说,互助资金监事长在所有高层管理者中的薪酬相对较低,但也在增长,由2014年的平均926元增长为2015年的1060元。此外,74个互助资金组织中,没有支付薪酬的互助资金由2014年的25个减少为2015年的20个。

表9.4　2014—2015年管理者薪酬情况

	2014 年			2015 年		
	最高(元)	最低(元)	平均(元)	最高(元)	最低(元)	平均(元)
理事长	7 580	0	1 226	9 000	0	1 456
监事长	3 000		926	4 000	0	1 060
会计	7 580	0	1 368	9 000	0	1 577
理事会成员	4 000	0	515	6 760	0	797
监事会成员	3 000	0	232	8 911	0	593
其他成员	7 580	0	409	9 000	0	555
总支出	22 741	0	4 677	27 000	0	5 958

资料来源:根据调研资料整理。

当前内蒙古互助资金对管理人员的薪酬发放没有制定合理的薪酬标准,薪酬发放存在随意性,有些甚至没有薪酬,难以对管理者形成有效的激励。过高或过低的薪酬都难以促使管理者尽职履责,薪酬过低往往导致管理者消极怠工,薪酬过高又将增加财务负担,以上两者都会对互助资金的财务绩效产生消极影响。只有设定科学合理的激励机制,即薪酬体系,才能对互助资金的财务状况起到积极的促进作用。

3. 内部监督机制

互助资金的内部监督机制主要是指互助资金全体社员以及社员选举产生的监事会对互助资金管理者日常工作、决策制定、经营状况进行监督、审核与督促。监事会作为互助资金全体成员选举的监督机构,执行全体社员赋予的委托监督权,对全体社员负责,受全体社员监督。内部监督机制设立的意义在于一旦互助资金组织在运行过程中背离互助资金设立的初衷,监事会要及时督促管理者予以修正,切实保证互助资金设立的目标,确保其为贫困户发展生产提供资金支持。

由表 9.3 可知,内蒙古 74 个互助资金组织中,13.86％的互助资金监事长由村长兼任,29.73％的互助资金监事长由村书记兼任,51.35％的互助资金监事长由无职务者担任。74 个互助资金组织中,89.19％的监事长由男性担任,女性监事长仅为 9.81％。女性在整个监事会中所占的比例较低。互助资金监事会的监督权仍旧有相当一部分掌握在村干部手中,能否做到真正有效的监督有待商榷。

4. 外部治理机制

由于贫困地区的客观原因,内蒙古互助资金组织的外部监督机制是由政府扶贫办负责的。互助资金强调村民参与、民主管理的理念,由所在行政村自主负责整个组织的日常管理和运营,政府起到指导、监督的作用。

从外部治理角度来说,政府主要将互助资金的资金安全、外部风险的防范作为关注的重点。内蒙古政府在互助资金的外部监督上分为两个方面:一是互助资金运行报表制度。随着信息化技术的发展,通过全自治区联网安装互助资金管理软件,可以实时了解当前互助资金运行状况。二是统一的财务管理和核算制度。建立实行统一的会计科目、记账凭证、核算方式,建立四本台账,包括总账、明细账、日记账和台账,用于财务数据审核。

9.5　内蒙古互助资金财务情况分析

9.5.1　互助资金经营状况

互助资金组织的资金来源主要为政府扶贫资金、社员的入会会费、资金占用费以及社会捐赠。互助资金成立之初,74 个互助资金组织注册时的资金总量平均为 226 437 元。其中,政府扶贫资金的平均规模为 200 405 元,最高的为 500 000元,最低的为 90 000 元。社员缴纳的入社资金平均为 19 275 元,最高的为 80 000元,最低的为 0 元。74 个互助资金组织中仅有 1 个存在社会捐赠,捐赠金额为 50万元。80%的互助资金组织资金规模在 250 000 元以下。

与注册时相比,2015 年,74 个互助资金组织资金规模大部分有所增加,主要是由于互助资金占用费收入逐年累积。但是也存在有些互助组织占用费收入递减的状况,主要原因是其收入不能覆盖成本,出现亏损。2015 年,互助资金的资金总量平均为 285 591 元,最高的达到 820 920 元,这主要是因为有几个互助资金组织因运行良好收益增加并获得了政府奖励。总体来说,互助资金的资金规模增幅不大,与注册时相比年均增长 1 万元左右(见表 9.5)。

表 9.5　互助资金的资金规模

	注册时(元)			2015 年(元)		
	最高	最低	平均	最高	最低	平均
政府扶贫资金总量	500 000	90 000	200 405	500 000	90 000	217 432
社员的入会会费	80 000	0	19 275	250 000	0	26 760
社会捐赠	500 000	0	6 757	500 000	0	6 757
资金占用费累积	0	0	0	199 353	2 620	30 588
其他收入	0	0	0	150 000	0	4 054
资金总量合计	780 000	91 400	226 437	820 920	116 421	285 591

资料来源:根据调研资料整理。

9.5.2 互助资金贷款情况

1.互助资金贷款合约

如表 9.6 所示,就这 74 个互助资金组织而言,社员从提出申请到拿到贷款平均需要 9 天的时间,最短的仅需要 1 天,最长的为 30 天。互助资金贷款额度平均为 7 837 元,贷款额度最高可以达到 40 000 元,最低的为 3 000 元,差异较大。总体来说,互助资金的贷款额度是偏低的。贷款期限基本为 1 年,最短的期限为 8 个月。贷款利率平均为 9.3%,与其他贷款相比,互助资金的贷款利率农户能够接受。但是,贷款额度偏低可能会导致农户的生产所需资金无法得到完全满足。

表9.6 互助资金贷款合约

	社员从提出申请到拿到贷款需要(天)	贷款额度(元)	贷款期限(月)	贷款利率(%)
最长/最高	30	40 000	12	12
最短/最低	1	3 000	8	2.4
平均	9	7 837	12	9.3

资料来源:根据调研资料整理。

2.互助资金贷款情况

如表 9.7 所示,74 个互助资金组织的平均贷款额度为 23 万元左右,其中,一半以上的贷款贷给贫困户。贷款额度最高的达到 87.1 万元,贷款额度最低为 4.8 万元。贷款的资金占用费收入平均为 16 980 元。平均还款率为 99%。相比 2014 年,2015 年 74 个互助资金组织的贷款额度有所增长,平均贷款额度为 26 万元左右,但是值得注意的是,贫困户在贷款中所占的比例下降,其贷款额度不到平均贷款额度的一半。与 2014 年相比,2015 年贷款违约率增加,平均还款率为 96%,最低的仅为 25%。贷款违约率会对财务绩效产生影响,若违约率持续增加,最终将不利于互助资金的长期可持续发展。

表9.7　2014—2015年互助资金贷款情况

		2014 年			2015 年		
		最高	最低	平均	最高	最低	平均
贷款金额	合计(元)	871 000	48 000	230 722	603 000	50 000	261 425
	其中:贫困户(元)	412 400	0	126 629	434 500	0	124 039
贷款笔数	合计(笔)	120	9	44	150	3	47
	其中:贫困户(笔)	114	0	25	134	0	22
逾期贷款金额	合计(元)	59 000	0	2 203	183 000	0	10 622
	其中:贫困户(元)	30 000	0	1 000	150 000	0	5 892
逾期贷款笔数	合计(笔)	12	0	1	30	0	1
	其中:贫困户(笔)	4	0	1	30	0	1
资金占用费收入(元)		50 000	2 279	16 980	65 461	1 403	20 608
还款率(%)		100	82	99	100	25	96

资料来源:根据调研资料整理。

9.5.3　互助资金经营成本

互助资金组织的收入主要来源为资金占用费收入,同时存在少量的银行存款利息收入、互助资金其他经营收入以及其他收入。如表9.8所示,2014年,74个互助资金组织的资金总收入平均为17 634元,最高的达到61 018元,最低的为2 297元。2014年平均资金占用费收入为16 980元。与2014年相比,2015年74个互助资金组织的资金总收入有所增加,平均为21 492元。2015年资金占用费收入也有所增加,平均为20 608元,与2014年相比,增长幅度不是很大。

互助资金组织的支出主要为管理人员报酬、办公费用、出差经费以及其他费用。2014年,74个互助资金组织的资金总支出平均为7 627元。2015年,互助资金支出增加,平均为9 770元。管理人员报酬是互助资金组织的主要支出,占总支

出的 60％以上,2014 年,管理人员报酬支出平均为 4 677 元,最高的达到了 22 741
元。2015 年,管理人员报酬支出平均为 5 958 元,最高的达到了 27 000 元。互助
资金组织之间管理人员薪酬差异较大。

2014 年,74 个互助资金组织的平均利润为 10 007 元,最高的利润达到了
40 528 元,最低的收入为负,亏损 2 200 元,5 个村的互助资金收入为负。与 2014
年相比,2015 年 74 个互助资金的利润有所增长,平均为 11 722 元,最高的利润达
到了 48 698 元,最低的收入为负,亏损 12 920 元,2 个村的互助资金收入为负。总
体来说,互助资金组织的利润偏低。此外,互助资金对本村的正外部性较弱,基本
不提供建设资金。

表9.8　2014—2015 年互助资金收支情况

		2014 年			2015 年		
		最高	最低	平均	最高	最低	平均
收入 (元)	资金占用费收入	50 000	2 297	16 980	65 461	1 403	20 608
	银行存款利息收入	21 238	0	547	7 080	0	242
	互助资金其他经营收入	0	0	0	18 955	0	256
	捐赠收入	0	0	0	0	0	0
	其他收入	7 895	0	107	28 149	0	386
	资金总收入	61 018	2 297	17 634	65 713	1 726	21 492
支出 (元)	管理人员报酬	22 741	0	4 677	27 000	0	5 958
	办公费用	9 046	0	1 665	13500	0	1 628
	出差经费	5 902	0	597	6 537	0	665
	其他费用	7 652	0	554	11 400	0	1 519
	用于本村的支出	10 000	0	135	0	0	0
	资金总支出(元)	24 332	0	7 627	29 700	0	9 770
	总利润(元)	40 528	−2 200	10 007	48 698	−12 920	11 722

资料来源:根据调研资料整理。

9.5.4 互助资金财务可持续性研究

为了进一步研究内蒙古 74 个互助资金组织在没有政府补贴的情况下,是否可以维持正常运营,利用财务可持续率公式计算扣除政府 5% 利率补贴后 74 个村 2014—2015 年的盈利情况,具体公式如下:

$$财务可持续率 = \frac{资金占用费收入 + 其他收入}{贷款额度} - 政府补贴利率$$

将 2 年期 74 个互助资金组织的财务可持续率绘制成散点图,得到 148 个数据,由图 9.3 可以知道,大部分的互助资金组织的财务可持续率在 0 以上,基本可实现收支平衡。即使是亏本的互助资金组织,其财务可持续率也都在 −5% 以上,也就是说,政府的补贴可以覆盖其损失,其自身也可以做到财务可持续运行。

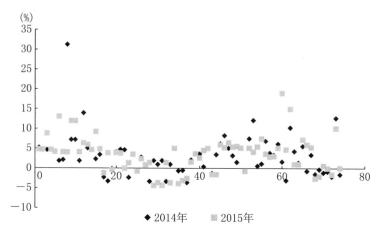

图 9.3 互助资金财务可持续率

注:横轴表示互助资金组织编号。

但是,需要注意的是,若是只有在长期依赖政府补贴的情况下才能覆盖其损失,则不利于互助资金本身的长期运营,只有做到自给自足,甚至有所盈余,才能不断扩大规模,为互助资金社员提供更高质量的服务。

9.6　N 村案例研究

内蒙古赤峰市敖汉旗 N 村位于内蒙古南部地区,全村总人口 1 734 人,农户总数 554 户,其中贫困户 79 户 148 人,全部建档立卡,贫困发生率 6.53%。2015 年人均收入 4 000 元,全村以玉米种植业和猪羊养殖业为主。N 村于 2011 年开展成立互助资金,它目前的经营状况与内蒙古中部地区互助资金开展的情况相类似,能较好地反映互助资金的现状与存在的问题,可以说是内蒙古互助资金现状的缩影。因此,本章选择将其作为案例研究对象,从而揭示内蒙古互助资金现有的普遍情况。

N 村互助资金正式成立时间为 2011 年,政府资金同年到账,注册时的资金总量为 16.16 万元,其中政府资金 15 万元,社员入会费 2.16 万元,政府资金是其主要资金来源。注册时入社社员 94 人,其中贫困户 79 人。会费每人 100—300 元不等,并为 3 名社员免除了会费。截至 2015 年,共有会员 111 人,新增会费 5 000 元。

在互助资金组织机构方面,N 村互助资金由社员大会选举产生互助资金理事会理事长、会计、出纳、委员共 5 人;监事会主任 1 人,委员 4 人,共计 5 人。理事会作为社员代表大会的执行机构,负责互助资金日常工作的开展。监事会作为监督机构,监督理事会日常工作。

在互助资金用途方面,由于 N 村村民的收入来源主要为种养殖业,种植业以玉米为主,养殖业以养猪、养羊为主,因此互助资金主要用于扶持种养殖业的开展,旨在调整种植业结构,发展畜牧业产业。

在互助资金贷款使用方面,对社员使用互助资金实行"四限"原则:(1)限制人员,没有缴纳会费的会员不能使用互助资金,使用互助资金的人数控制在全体会员数的三分之一,目的是提高农户的关注度,让多数人监督少数人用款,发挥社员的监督作用,增强借款户的还款压力,防止出现资金平分的倾斜,保持资金

安全操作、有效运转;(2)限额使用,互助资金贷款额度最高不超过 5 000 元;
(3)限额担保,个人的担保额度不能超过 5 000 元;(4)限期还款,还款时间不能
超过 12 个月。借款占用费率按照年利率 12% 收取,即每借款 1 000 元,每年缴
纳占用费 120 元。对延期使用或拒不偿还的按照 7% 利率计算超时的费用。每
年收取占用费的 40% 转为互助资金发展本金,60% 作为管理办公费以及管理人
员报酬。

根据调研数据,对 N 村的互助资金财务情况进行了研究。由表 9.9 可知,N
村的互助资金净资产总额由 2011 年的 171 601.47 元增长到了 2015 年的
215 361.39 元,年均增长率在 9.3% 左右,每年增长幅度不大。这与目前大多数
互助资金的情况是类似的,互助资金规模始终难以迅速扩大,仅维持低速的增
长。造成这一现象的原因主要在于互助资金的资金来源有限,政府投入资金是
其主要资金来源渠道,社员入会费仅占很少一部分,有限的资金的来源,限制了
互助资金的发展。

表 9.9　2011—2015 年 N 村互助资金规模

	2011 年	2012 年	2013 年	2014 年	2015 年
政府资金(元)	150 000	150 000	150 000	150 000	150 000
累计社员入会费(元)	21 600	21 600	21 600	26 700	27 400
累计净利润(元)	1.47	14 121.47	15 902.47	24 320.47	37 961.39
互助资金净资产总额(元)	171 601.47	185 721.47	187 502.47	201 020.47	215 361.39
增长率(%)	—	6.23	0.96	6.21	6.13

资料来源:根据调研资料整理。

此外,由表 9.10 可知,虽然已将互助资金的大部分资金用于发放贷款,但每年
贷款总额增幅不大,使得资金的利息收入有限,同时互助资金的年贷款利率在
12% 左右,由于规模小,互助资金组织难以通过利息收入迅速扩大规模。同时,为
满足社员循环使用资金,将贷款上限定在 5 000 元以下,过低的贷款额度对社员来
说难以满足种养殖业生产所需的资金成本。

表 9.10　2012—2015 年 N 村互助资金贷款规模

	2012 年	2013 年	2014 年	2015 年
贷款总额(元)	176 500.00	176 500.00	186 500.00	203 500.00
资金占用费收入(元)	19 920.00	21 400.00	21 066.00	23 090.00

资料来源:根据调研资料整理。

尽管 N 村互助资金的发展不尽如人意,但是通过计算其历年收支情况,我们可以发现,互助资金组织虽收入有限,但仍然能够维持自给自足。从支出方面看,N 村互助资金的管理人员报酬是其最主要的成本,其他成本很少,这与其他互助资金情况目前的情况相同。

参考文献

[1] Adams, R. B., Ferreira, D., 2009, "Women in the Boardroom and Their Impact on Governance and Performance", *Journal of Financial Economics*, 94(2), 291—309.

[2] Ahrendsen, B. L., Dixon, B. L., Settlage, L. A., et al., 2011, "A Triple Hurdle Model of US Commercial Bank Use of Guaranteed Operating Loans and Interest Assistance", *Agricultural Finance Review*, 71(11), 310—328.

[3] Akay, A., Bargain, O., Zimmermann, K. F., 2012, "Relative Concerns of Rural-to-Urban Migrants in China", *Journal of Economic Behavior and Organization*, 8(2), 421—441.

[4] Akerlof, G. A., 1997, "Social Distance and Social Decisions", *Econometrica*, 65(5), 1005—1027.

[5] Alderfer, C. P., 1972, "Existence, Relatedness, and Growth: Human Needs in Organizational Settings", *Contemporary Sociology*, 3(6), 421—441.

[6] Alkire, S., Foster, J., 2011, "Understandings and Misunderstandings of Multidimensional Poverty Measurement", Working Papers, 9(2), 289—314.

[7] Alkire, S., Santos, M. E., 2014, "Measuring Acute Poverty in the Developing World: Robustness and Scope of the Multidimensional Poverty Index", *World Development*, 59(1), 251—274.

[8] Alkire, S., Seth, S., 2015, "Multidimensional Poverty Reduction in India between 1999 and 2006: Where and How?", *World Development*, 72, 93—108.

[9] Alvarez, C. F., Japaridze, I., 2017, "Trickle-Down Consumption, Financial Deregulation, Inequality, and Indebtedness", *Journal of Economic Behavior and Organization*, (134), 1—26.

［10］Arcand, J. L., Fafchamps, M., 2006, "Matching in Rural Producer Organizations", Working Papers.

［11］Arestis, P., Sawyer, M. C., 2004, "Macroeconomic Policies of the Economic and Monetary Union: Theoretical Underpinnings and Challenges", *Social Science Electronic Publishing*, 16(6), 579—586.

［12］Arestis, P., Caner, A., 2009, "Financial Liberalization and the Geography of Poverty", *Cambridge Journal of Regions Economy & Society*, 2(2), 229—244.

［13］Armendáriz, B., Morduch, J., 2010, The Economics of Microfinance, Boston: MIT Press.

［14］Arrow, K. J., 1985, *Principals and Agents: the Structure of Business*, Harvard: Harvard Business School Press.

［15］Attanasio, O. B., Augsburg, R. D., Fitzsimons, H. E., and Harmgart, H., 2011, "Group Lending or Individual Lending? Evidence from A Randomised Field Experiment in Mongolia", *Ssrn Electronic Journal*, 2013—2074.

［16］Banerjee, A., Duflo, E., Glennerster, R., Kinnan, C., 2013, "The Miracle of Microfinance? Evidence from a Randomized Evaluation", *SSRN Electronic Journal*, 7(1), 22—53(32).

［17］Bauer, I., Wrosch, C., 2011, "Making Up for Lost Opportunities: The Protective Role of Downward Social Comparisons for Coping with Regrets Across Adulthood", *Personality and Social Psychology Bulletin*, 37(2), 215—228.

［18］Baydas, M. M., Meyer, R. L., 1992, "Aguilera-Alfred N. Discrimination Against Women in Formal Credit Markets: Reality or Rhetoric?", *World Development*, 22(7), 1073—1108.

［19］Bearden, W. O., Michael, J. E., 1982, "Reference Group Influence on Product and Brand Purchase Decisions", *Journal of Consumer Research*, 9(2), 183—194.

［20］Becker, G. S., 1973, "A Theory of Marriage: Part I", *Journal of Political Economy*, 81(4), 813—846.

［21］Berhane, G., Gardebroek, C., 2011, "Does Microfinance Reduce Rural Poverty? Evidence Based on Household Panel Data from Northern Ethiopia", *American Journal of Ag-

ricultural Economics, 91(1), 43—55.

[22] Berle A., Means, G., 1932, *The Modern Corporation and Private Property Macmillan*, New York.

[23] Bernheim, B. D., 1994, "A Theory of Conformity", *Journal of Political Economy*, 102(5), 841—877.

[24] Bertrand, M., Morse, A., 2013, "Trickle-Down Consumption", *SSRN Electronic Journal*, 98(1), 863—879.

[25] Besley, T. R., Pande, Rahman, L., 2004, "The Politics of Public Good Provision: Evidence from Indian Local Governments", *Journal of the European Economic Association*, 2 (2—3), 416—426.

[26] Bikhchandani, S., Sharma, S., 2008, *Herd Behavior in Financial Markets*, Oxford: Oxford University Press.

[27] Boucher, S. R., Guirkinger, C., Trivelli, C., 2006, "Direct Elicitation of Credit Constraints: Conceptual and Practical Issues with an Empirical Application to Peruvian Agriculture", *Economic Development and Cultural Change*, 57(4), 609—640.

[28] Brock, W. A., Durlauf, S. N., 2001a, "Discrete Choice with Social Interactions", *The Review of Economic Studies*, (68), 235—260.

[29] Brock, W. A., Durlauf, S. N., 2007, "Identification of Binary Choice Models with Social Interactions", *Journal of Econometrics*, 140(1), 52—75.

[30] Brock, W. A., Durlauf, S. N., 2001b, "Interactions-Based Models", *Handbook of Econometrics*, (5), 3297—3380.

[31] Brock, W. A., 1993, "Pathways to Randomness in the Economy: Emergent Nonlinearity and Chaos in Economics and Finance", *Estudios Económicos*, 8(15), 3—55.

[32] Brown, J. R., Ivkovic, Z., Weisbenner, S. S., 2008, "Neighbors Matter: Causal Community Effects and Stock Market Participation", *The Journal of Finance*, 63 (3), 1509—1531.

[33] Brown, S., Ghosh, P., Taylor, K., 2016, "Household Finances and Social Interaction: Bayesian Analysis of Household Panel Data", *Review of Income and Wealth*, 62(3), 467—488.

[34] Burke, W. J., Myers, R. J., Jayne, T. S., 2015, "A Triple-Hurdle Model of Production and Market Participation in Kenya's Dairy Market", *American Journal of Agricultural Economics*, 97(4), 1227—1246.

[35] Bursztyn, L., Ederer, F., Ferman, B., 2014, "Understanding Mechanisms Underlying Peer Effects: Evidence From a Field Experiment on Financial Decisions", *Econometrica*, 82(4), 1273—1301.

[36] Chowdhury, A., 2009, "Microfinance as a Poverty Reduction Tool—A Critical Assessment", United Nations. Department of Economic and Social Affairs(DESA) Working Paper, 89.

[37] Christen, M., Morgan, R., 2005, "Keeping up with the Joneses: Analyzing the Effect of Income Inequality on Consumer Borrowing", *Quantitative Marketing and Economics*, 3(2), 145—173.

[38] Claessens, S., Feijen, E., 2006, "Financial sector development and the millennium development goals", In: World Bank Working Paper, World Bank, Washington, DC., 89.

[39] Clark, A. E. and A. J. Oswald, 1998, "Comparison-Concave Utility and Following Behaviour in Social and Economic Settings", *Journal of Public Economics*, 70(1), 133—155.

[40] Coleman, B. E., 2006, "Microfinance in Northeast Thailand: Who benefits and how much?", World Development, 34(9), 1612—1638.

[41] Corneo, G., 2000, "The Efficient Side of Progressive Income Taxation", *European Economic Review*, 46(7), 1359—1368.

[42] Cragg, J. G., 1971, "Some Statistical Models for Limited Dependent Variables with Application to the Demand for Durable Goods", *Econometrica*, 39(5), 829—844.

[43] Dasgupta, A., Beard, V. A., 2007, "Community Driven Development, Collective Action and Elite Capture in Indonesia", *Development and Change*, 38(2), 229—249.

[44] DFID, 2004, *Financial Sector Development: A Pre-requisite For Growth and Poverty Reduction?*, London: Policy Division, Department for International Development, 06.

[45] Donou, A. F., Sylwester, K., 2016, "Financial Development and Poverty Reduction in Developing Countries: New Evidence from Banks and Microfinance Institutions", *Review of Development Finance*, 6(1), 82—90.

[46] Duesenberry, J. S., 1949, "Income, Saving, and the Theory of Consumer Behavior", *Review of Economics & Statistics*, 33(3), 111.

[47] Ellis, F., 1988, *Peasant Economics: Farm Households and Agrarian Development*, Cambridge England Cambridge University Press, 213—214.

[48] Fama, E. F., 1980, "Agency Problems and the Theory of the Firm", *Journal of Political Economy*, 88(2), 288—307.

[49] Frank, R. H., 1985, "The Demand for Unobservable and Other Nonpositional Goods", *American Economic Review*, 75(1), 101—116.

[50] Galor, O., Moav, O., 2004, "From Physical to Human Capital Accumulation: Inequality and the Process of Development", *Review of Economic Studies*, 71(4), 1001—1026.

[51] Georgarakos, D., Lojschova, A., 2009, "Ward-Warmedinger M E. Mortgage Indebtedness and Household Financial Distress", Iza Discussion Papers, 66(4631), 143—168.

[52] Georgarakos, D., Haliassos, M., Pasini, G., 2014, "Household Debt and Social Interactions", *Review of Financial Studies*, 27(5), 1404—1433.

[53] Girabi, F., Mwakaje, A., 2013, "Impact of Microfinance on Smallholder Farm Productivity in Tanzania: The Case of Iramba District", *Asian Economic & Financial Review*, 3(2), 227—242.

[54] Glaeser, E. E., Bruce, S., Scheinkman, J. A., 1995, "Crime and Social Interactions", Social Science Electronic Publishing, 111(2), 507—555.

[55] Glaeser, E. L., Scheinkman, J. A., 2001, "Non-Market Interactions", Harvard Institute of Economic Research Working Papers.

[56] Granovetter, M., 1985, "Economic Action and Social Structure: The Problem of Embeddedness", *American Journal of Sociology*, 91(3), 481—510.

[57] Greenwood, J., Jovanovic, B., 1990, "Financial Development, Growth, and the Distribution of Income", *J.Polit. Econ*, 98(5), 1076—1107.

[58] Guven, G., Sørensen, B. 2012, "Subjective Well-Being: Keeping Up with the Perception of the Joneses", *Social Indicators Research*, 109(3), 439—469.

[59] Hart, J. F., Herzberg, G., 1957, "Twenty-Parameter Eigenfunctions and Energy Values of the Ground States of He and He-Like Ions", *Physical Review*, 106(1), 79.

［60］Hartarska, V., 2005, "Governance and Performance of Microfinance Institutions in Central and Eastern Europe and the Newly Independent States", *World Development*, 33 (10), 1627—1643.

［61］Hoddinott, J., Besley, M. T., Haddad, L. J., 2000, Participation and Poverty Reduction: Issues, Theory, and New Evidence from South Africa, Fcnd Briefs.

［62］Hong, H., J., Kubik, D., Stein, J. C., 2005, "The Neighbor's Portfolio: Word-of-Mouth Effects in the Holdings and Trades of Money Managers", *The Journal of Finance*, 60 (6), 2801—2824.

［63］Inoue, T., 2018, "Financial Development, Remittances, and Poverty Reduction: Empirical Evidence from A Macroeconomic Viewpoint", *Journal of Economics and Business*, 96(3—4), 59—68.

［64］Inoue, T., Hamori, S., 2012, "How Has Financial Deepening Affected Poverty Reduction in India? Empirical Analysis Using Utate-Level Panel Data", *Appl. Financ*, 22, 395—403.

［65］Jalilian, H., Kirkpatrick, C., 2005, "Does Financial Development Contribute to Poverty Reduction?", *Journal of Development Studies*, 41(4), 636—656.

［66］Boukhatem, J., 2016, "Assessing the Direct Effect of Financial Development on Poverty Reduction in a Panel of Low- and Middle-Income Countries", *Research in International Business & Finance*, 37, 214—230.

［67］Jeanneney, S. G., Kpodar, K., 2005, *Financial Development, Financial Instability and Poverty*, HAL.

［68］Jeanneney, S. G., Kpodar, K., 2011, "Financial Development and Poverty Reduction: Can There be a Benefit without a Cost?", *Journal of Development Studies*, 47(1), 143—163.

［69］Jensen, M. C., Meckling, W. H., 1976, "Theory of the Firm: Managerial Behavior, Agency Costs and Ownership Structure", *Journal of Financial Economics*, 3(4), 305—360.

［70］Khandker, S. R., Samad, H. A., 2013, " Are Microcredit Participants in Bangladesh Trapped in Poverty and Debt?", Working Papers.

［71］Khandker, S. R., 2005, "Microfinance and Poverty", *World Bank Economic Review*, 19(2), 263—285(23).

［72］Khandker, S. R., 1998, *Fighting Poverty with Microcredit: Experience in Bangladesh*, New York: Oxford University Press.

［73］Krauth, B. V., 2005, "Simulation-Based Estimation of Peer Effects", *Journal of Econometrics*, 133(1), 243—271.

［74］Kumhof, M., Rancière, R., Winant, P., 2015, "Inequality, Leverage, and Crises", *American Economic Review*, 105(3), 1217—1245.

［75］Kyereboah C. A., Osei, K. A., 2008, "Outreach and Profitability of Microfinance Institutions: the Role of Governance", *Journal of Economic Studies*, 35(3), 236—248.

［76］Leibenstein, H., Bandwagon S., and Veblen, 1950, "Effects in the Theory of Consumers' Demand", *The Quarterly Journal of Economics*, 64(2), 183—207.

［77］Li, L., 2018, "Financial Inclusion and Poverty: The Role of Relative Income", *China Economic Review*, (52), 165—191.

［78］Lieber, E. M. J., Skimmyhorn, W., 2018, "Peer Effects in Financial Decision-Making", *Journal of Public Economics*, 163(7), 37—59.

［79］Lindbeck, A., Nyberg, S., Weibull, J. W., 1999, "Social Norms and Economic Incentives in the Welfare State", *The Quarterly Journal of Economics*, 114(1), 1—35.

［80］Litvack J. I., Ahmad, J., Bird, R. M., 1998, "Rethinking Decentralization in Developing Countries", Washington: World Bank Publications.

［81］Loury, G. C., 1976, "A Dynamic Theory of Racial Income Differences", Discussion Papers.

［82］Madestam, A., 2012, "Informal Finance: A Theory of Moneylenders", *Journal of Development Economics*, 107(1), 157—174.

［83］Manski, C. F., 2000, "Economic Analysis of Social Interactions", *Journal of Economic Perspectives*, 14(3), 115—136.

［84］Manski, C., 1993, "Identification of Endogenous Social Effects: the Reflection Problem", *Review of Economic Studies*, (60), 531—542.

［85］Mansuri, G., Rao, V., 2007, "Update Note on Community-Based and-Driven Development", Washington: World Bank.

[86] Maslow, A. H., 1954, *Personality and Motivation*, Harlow, England: Longman, 1, 987.

[87] Mersland, R., Strøm, R. Ø., 2008, "Performance and Trade-Offs in Microfinance Organisations—Does Ownership Matter?", *Journal of International Development*, 20(5), 598—612.

[88] Moav, O., Neeman, Z., 2010, "Status and Poverty", *Journal of the European Economic Association*, 8(23), 413—420.

[89] Neaime, S., Gaysset, I. 2017, "Financial Inclusion and Stability in MENA: Evidence from Poverty and Inequality", *Finance Research Letters*, 24, 230—237.

[90] Nechyba, T., 2001, "Social Approval, Values, and AFDC: A Reexamination of the Illegitimacy Debate", *Journal of Political Economy*, 109(3), 637—672.

[91] Ogutu, S. O., Qaim, M., 2019, "Commercialization of the Small Farm Sector and Multidimensional Poverty", *World Development*, 114, 281—293.

[92] Park, A., Wang, S., 2010, "Community-Based Development and Poverty Alleviation: An Evaluation of China's Poor Village Investment Program", *Journal of Public Economics*, 94(7856), 790—799.

[93] Pitt, M. M., Khandker, S. R., 1998, "The Impact of Group-Based Credit Programs on Poor Households in Bangladesh: Does the Gender of Participants Matter?", *Journal of Political Economy*, 106(5), 958—996.

[94] Poghosyan, T., Koetter, M., Kick, T. K., 2010, "Recovery Determinants of Distressed Banks: Regulators, Market Discipline, or the Environment?", IMF Working Papers, 10, 10/27.

[95] Pratt, J. W., Zeckhauser, R., 1985, *Principals and Agents: the Structure of Business*, Harvard: Harvard Business School Press.

[96] Rayo, L., Becker, G. S., 2006, "Peer Comparisons and Consumer Debt", *University of Chicago Law Review*, 73(1), 231—248.

[97] Rm, A., CB, B., 2019, "Microfinance, Financial Inclusion and ICT: Implications for Poverty and Inequality", *Technology in Society*, 59, 101154—101154.

[98] Rosenberg, R., 2010, *Does Microcredit Really Help Poor People?* Focus Note.

[99] Ross, S. A., 1973, "The Economic Theory of Agency: The Principal's Problem", *American Economic Review*, 63(2), 134—139.

[100] Rowntree, B. S., 1902, "Poverty: A Study of Town Life", *Charity Organisation Review*, 11(65), 260—266.

[101] Roychowdhury, P., 2019, "Peer Effects in Consumption in India: An Instrumental Variables Approach Using Negative Idiosyncratic Shocks", *World Development*, (114), 122—137.

[102] Rubin, D. B., 1974, "Estimating Causal Effects of Treatments in Randomized and Nonrandomized Studies", *Journal of Educational Psychology*, 66(5), 688—701.

[103] Ryley, T. J., Zanni, A. M., 2013, "An examination of the Relationship between Social Interactions and Travel Uncertainty", *Journal of Transport Geography*, (31), 249—257.

[104] Schelling, T. C., 1971, "Dynamic Models of Segregation", *Journal of Mathematical Sociology*, 1(2), 143—186.

[105] Schönherr, J., Westra, E., 2019, "Beyond 'Interaction': How to Understand Social Effects on Social Cognition", *The British Journal for the Philosophy of Science*, 70(1), 27—52.

[106] Sen, A., 1999, *Development as Freedom*, Oxford: Oxford University Press.

[107] Sen, A., 1976, "Poverty: An Ordinal Approach to Measurement", *Econometrica*, 44(2), 219—231.

[108] Senik, C., 2004, "When Information Dominates Comparison", *Journal of Public Economics*, 88(9), 2099—2123

[109] Stiglitz, J., 1998, "The Role of the State in Financial Markets", In: World Bank Annual Conference on Development Economics, 19—52.

[110] Swain, R. B., 2002, "Credit Rationing in Rural India", *Journal of Economic Development*, 27(2), 1—20.

[111] Mausch, K., Woldeyohanes, T., Heckelei, T., et al., 2018, *A Triple Hurdle Model of the Impacts of Improved Chickpea Adoption on Smallholder Production and*

Commercialization in Ethiopia, Conference: Agricultural Economics Society.

[112] Tendler, J., 2000, "Why are Social Funds So Popular", Local Dynamics in an Era of Globalization: 21st Century Catalysts for Development, 114.

[113] Townsend, T. R., 1979, "Introduction: Concepts of Poverty and Deprivation", *Journal of Social Policy*, 15(4), 499—501.

[114] Uddin, G. S., Shahbaz, M., Arouri, M., 2014, "Financial Development and Poverty Reduction Nexus: A Cointegration and Causality Analysis in Bangladesh", *Economic Modelling*, 36(1), 405—412.

[115] Veblen, T., 1899/1994, *The Theory of the leisu Reclass*, London: George.

[116] Wooldridge, J. M., 2010, *Econometric Analysis of Cross Section and Panel Data*, Massachusetts: MIT Press.

[117] WorldBank, 2001, *World Development Report 2000*, New York: Oxford University Press.

[118] You, J., 2013, "The Role of Microcredit in Older Children's Nutrition: Quasi-Experimental Evidence from Rural China", *Food Policy*, 43, 167—179.

[119] Yu, L., Duffy, M. K., Tepper, B. J., 2018, "Consequences of Downward Envy: A Model of Self-Esteem Threat, Abusive Supervision, and Supervisory Leader Self-Improvement", *Academy of Management Journal*, 61(6), 2296—2318.

[120] Zeller, M., Meyer, R. L., 2002, "The Triangle of Microfinance: Financial Sustainability, Outreach, and Impact", *Ifpri Books*, 30(4), 567—569.

[121] Zhang, R., Naceur, S. B., 2019, "Financial Development, Inequality, and Poverty: Some International Evidence", *International Review of Economics & Finance*, 61.

[122] Zhuang, J., Gunatilake, H. M., Niimi, Y., Khan, M. E. Huang, B. 2009, "Financial Sector Development, Economic Growth, and Poverty Reduction: A Literature Review", *Social Science Electronic Publishing*, 91(3), 586—598.

[123] 阿玛蒂亚·森:《以自由看待发展》,中国人民大学出版社 2002 年版。

[124] 蔡亚庆、王晓兵、杨军、罗仁福:《我国农户贫困持续性及决定因素分析——基于相对和绝对贫困线的再审视》,《农业现代化研究》2016 年第 1 期。

[125] 曹洪民、林万龙:《基于存量资源整合的制度创新:社会主义新农村建设的起

点——四川省仪陇县试点案例研究》，《农村经济》2007 年第 6 期。

[126] 曹洪民、陆汉文：《扶贫互助社与基层社区发展——四川省仪陇县试点案例研究》，《广西大学学报（哲学社会科学版）》2008 年第 6 期。

[127] 曾小溪、孙凯：《扶贫小额信贷精准扶贫落实研究——基于宁夏的调研》，《云南民族大学学报（哲学社会科学版）》2018 年第 4 期。

[128] 陈国强、罗楚亮、吴世艳：《公共转移支付的减贫效应估计——收入贫困还是多维贫困?》，《数量经济技术经济研究》2018 年第 5 期。

[129] 陈海鹏：《云南省贫困村互助资金发展问题及对策》，《当代经济》2012 年第 7 期。

[130] 陈立辉、杨奇明、刘西川、李俊浩：《村级发展互助资金组织治理：问题类型、制度特点及其有效性——基于 5 省 160 个样本村调查的实证分析》，《管理世界》2015 年第 11 期。

[131] 陈清华、董晓林、朱敏杰：《村级互助资金扶贫效果分析——基于宁夏地区的调查数据》，《农业技术经济》2017 年第 2 期。

[132] 陈清华、董晓林：《金融扶贫对农户生产投资的影响效果评估——以宁夏村级互助资金为例》，《福建农林大学学报（哲学社会科学版）》2016 年第 5 期。

[133] 陈鑫、杨红燕：《社会比较、时间比较对老年人主观幸福感的影响研究》，《华中农业大学学报（社会科学版）》2020 年第 1 期。

[134] 陈银娥、张德伟：《县域金融发展与多维贫困减缓——基于湖南省 51 个贫困县的实证研究》，《财经理论与实践》2018 年第 2 期。

[135] 陈宗胜、沈扬扬、周云波：《中国农村贫困状况的绝对与相对变动——兼论相对贫困线的设定》，《管理世界》2013 年第 1 期。

[136] 程恩江、刘西川：《小额信贷缓解农户正规信贷配给了吗?——来自三个非政府小额信贷项目区的经验证据》，《金融研究》2010 年第 12 期。

[137] 程蹊、陈全功：《较高标准贫困线的确定：世界银行和美英澳的实践及启示》，《贵州社会科学》2019 年第 6 期。

[138] 程晓宇、陈志钢、张莉：《农村持久多维贫困测量与分析——基于贵州普定县三个行政村 2004—2017 年的普查数据》，《中国人口·资源与环境》2019 年第 7 期。

[139] 程鑫：《互联网环境下农户诚信评价研究——基于支持向量机方法》，武汉大学出版社 2018 年版。

［140］褚保金、卢亚娟、张龙耀:《信贷配给下农户借贷的福利效果分析》,《中国农村经济》2009 年第 6 期。

［141］崔景华、李万甫、谢远涛:《基层财政支出配置模式有利于农户脱贫吗——来自中国农村家庭追踪调查的证据》,《财贸经济》2018 年第 2 期。

［142］单德朋、王英:《金融可得性、经济机会与贫困减缓——基于四川集中连片特困地区扶贫统计监测县级门限面板模型的实证分析》,《财贸研究》2017 年第 4 期。

［143］单德朋:《金融素养与城市贫困》,《中国工业经济》2019 年第 4 期。

［144］邓红、尚娜娜:《习近平关于扶贫脱贫问题重要论述的逻辑内涵与时代价值》,《北京行政学院学报》2019 年第 3 期。

［145］丁波:《农户参加农村互助资金行为的 SPSS 分析——基于理性选择理论视角》,《社会福利(理论版)》2015 年第 4 期。

［146］丁昭、蒋远胜、徐光顺:《贫困村互助资金社瞄准贫困户了吗? ——来自四川的经验》,《农村经济》2014 年第 9 期。

［147］丁志国、徐德财、覃朝晖:《被动选择还是主观偏好:农户融资为何更加倾向民间渠道》,《农业技术经济》2014 年第 11 期。

［148］董晓林、戴月、朱晨露:《金融素养对家庭借贷决策的影响——基于 CHFS2013 的实证分析》,《东南大学学报(哲学社会科学版)》2019 年第 3 期。

［149］杜金向、董乃全:《农村正规金融、非正规金融与农户收入增长效应的地区性差异实证研究——基于农村固定点调查 1986—2009 年微观面板数据的分析》,《管理评论》2013 年第 3 期。

［150］杜君楠、李玥、沈祺琪、曹慧敏、杨文瑾、董庆多:《农户正规信贷约束影响因素实证研究》,《西部金融》2019 年第 7 期。

［151］杜晓山、孙同全:《供给驱动下农民互助资金发展中的几个问题》,《金融与经济》2010 年第 8 期。

［152］范里安、费方域:《微观经济学:现代观点》,上海人民出版社 2011 年版。

［153］费方城:《企业的产权分析》,上海三联书店 1998 年版。

［154］费孝通:《乡土中国》,人民出版社 2008 年版。

［155］冯贺霞、王小林、夏庆杰:《收入贫困与多维贫困关系分析》,《劳动经济研究》2015 年第 6 期。

[156] 冯尧:《社会互动、不确定性与中国居民消费行为研究》,成都:西南财经大学金融学院,2010年。

[157] 甘犁、尹志超、谭继军:《中国家庭金融调查报告2014》,西南财经大学出版社2015年版。

[158] 高明、唐丽霞:《多维贫困的精准识别——基于修正的FGT多维贫困测量方法》,《经济评论》2018年第2期。

[159] 高杨、薛兴利:《对扶贫贴息贷款和扶贫互助资金的比较研究——基于新制度经济学视角》,《中国海洋大学学报(社会科学版)》2013年第1卷。

[160] 葛志军、邢成举:《精准扶贫:内涵、实践困境及其原因阐释——基于宁夏银川两个村庄的调查》,《贵州社会科学》2015年第5期。

[161] 龚冰、吕方:《"摘帽县"如何巩固拓展脱贫成果?——基于兰考县案例的思考》,《甘肃社会科学》2020年第1期。

[162] 郭凤修:《对文山市贫困村村级发展互助资金试点情况的调查思考》,《时代金融》2011年第26期。

[163] 郭君平、吴国宝:《社区综合发展减贫方式对农户生活消费的影响评价——以亚行贵州纳雍社区扶贫示范项目为例》,《经济评论》2014年第1期。

[164] 郭熙保、周强:《长期多维贫困、不平等与致贫因素》,《经济研究》2016年第6期。

[165] 郭晓鸣:《农村金融创新:村级资金互助社的探索与发展——基于四川省的实证分析》,《农村经济》2009年第4期。

[166] 韩卫兵:《新型城镇化背景下农村居民金融行为研究》,南京:南京农业大学经管学院,2016年。

[167] 郝晓薇、黄念兵、庄颖:《乡村振兴视角下公共服务对农村多维贫困减贫效应研究》,《中国软科学》2019年第1期。

[168] 何学松、孔荣:《普惠金融减缓农村贫困的机理分析与实证检验》,《西北农林科技大学学报(社会科学版)》2017年第3期。

[169] 何学松、孔荣:《金融素养、金融行为与农民收入——基于陕西省的农户调查》,《北京工商大学学报(社会科学版)》2019年第2期。

[170] 何焱:《正确认识农村资金互助组织的作用——对太湖县建立"贫困村村级发展互助资金"情况的调查与思考》,《乡镇经济》2008年第7期。

［171］何宗樾：《互联网的减贫效应研究——基于 CFPS2016 数据的机制分析》,《调研世界》2019 年第 6 期。

［172］洪绍华、邓文治：《阳新县贫困村互助资金试点工作取得新成效》,《湖北植保》2010 年第 5 期。

［173］侯亚景：《中国农村长期多维贫困的测量、分解与影响因素分析》,《统计研究》2017 年第 1 期。

［174］胡联、汪三贵、王娜：《贫困村互助资金存在精英俘获吗——基于 5 省 30 个贫困村互助资金试点村的经验证据》,《经济学家》2015 年第 9 卷。

［175］胡士华、刘鹏：《信贷合约、合约履行效率与信贷约束——基于农户调查数据的经验分析》,《上海经济研究》2019 年第 4 期。

［176］胡新杰、赵波：《我国正规信贷市场农户借贷约束研究——基于双变量 Probit 模型的实证分析》,《金融理论与实践》2013 年第 2 期。

［177］黄承伟、陆汉文、宁夏：《贫困村村级发展互助资金的研究进展》,《农业经济问题》2009 年第 7 期。

［178］黄承伟、覃志敏：《论精准扶贫与国家扶贫治理体系建构》,《中国延安干部学院学报》2015 年第 1 期。

［179］黄承伟：《论习近平新时代中国特色社会主义扶贫思想》,《南京农业大学学报(社会科学版)》2018 年第 3 期。

［180］黄承伟：《脱贫攻坚伟人成就彰显我国制度优势》,《红旗文稿》2020 年第 8 期。

［181］黄承伟：《我国新时代脱贫攻坚阶段性成果及其前景展望》,《江西财经大学学报》2019 年第 1 期。

［182］黄承伟：《习近平扶贫思想体系及其丰富内涵》,《中南民族大学学报(人文社会科学版)》2016 年第 6 期。

［183］黄承伟：《中国减贫理论新发展对马克思主义反贫困理论的原创性贡献及其历史世界意义》,《西安交通大学学报(社会科学版)》2020 年第 1 期。

［184］黄祖辉、刘西川、程恩江：《中国农户的信贷需求:生产性抑或消费性——方法比较与实证分析》,《管理世界》2007 年第 3 期。

［185］黄祖辉、刘西川、程恩江：《贫困地区农户正规信贷市场低参与程度的经验解释》,《经济研究》2009 年第 4 期。

［186］霍金斯、马瑟斯博：《消费者行为学：第11版》，机械工业出版社2011年版。

［187］纪志耿：《效用函数修正视角下的农户借贷行为》，《社会科学辑刊》2008年第5期。

［188］蒋瑛、陈钰晓、田益豪：《信贷约束对农户多维贫困的影响分析——基于2016年中国家庭追踪调查数据(CFPS)的实证研究》，《农村经济》2019年第4期。

［189］焦培欣：《我国小康社会生活救助标准研究——日本水准均衡方式的借鉴》，《中国行政管理》2019年第5期。

［190］解垩：《中国多维剥夺与收入贫困》，《中国人口科学》2020年第6期。

［191］井深、肖龙铎：《农村正规与非正规金融发展对农业全要素生产率的影响——基于中国省级面板数据的实证研究》，《江苏社会科学》2017年第4期。

［192］邝希聪：《货币政策引导下中国金融减贫的机理与效应》，《金融经济学研究》2019年第2期。

［193］雷文杰、王敏杰、周磊、王杰、谭墨、曾双珠：《非正规金融对农村居民多维贫困影响研究》，《金融发展研究》2019年第5期。

［194］李爱梅：《心理账户与非理性经济决策行为的实证研究》，广州：暨南大学管理学院，2006年。

［195］李博：《后扶贫时代深度贫困地区脱贫成果巩固中的韧性治理》，《南京农业大学学报(社会科学版)》2020年第4期。

［196］李春平、刘艳青：《持牌农村合作金融机构的制度成本：聚福源资金互助社案例》，《金融发展研究》2010年第7卷。

［197］李聪、王颖文、刘杰、苟阳：《易地扶贫搬迁家庭劳动力外出务工对多维贫困的影响》，《当代经济科学》2020年第2期。

［198］李东、孙东琪：《2010—2016年中国多维贫困动态分析——基于中国家庭跟踪调查(CFPS)数据的实证研究》，《经济地理》2020年第1期。

［199］李国武：《相对位置与经济行为：社会比较理论》，《社会学评论》2020年第1期。

［200］李江一、李涵：《消费信贷如何影响家庭消费?》，《经济评论》2017年第2期。

［201］李金亚、李秉龙：《贫困村互助资金瞄准贫困户了吗——来自全国互助资金试点的农户抽样调查证据》，《农业技术经济》2013年第6卷。

［202］李鹍、叶兴建：《农村精准扶贫：理论基础与实践情势探析——兼论复合型扶贫治

理体系的建构》,《福建行政学院学报》2015 年第 2 期。

[203] 李乔漳:《对欠发达地区贫困村互助资金试点工作的调查与分析——以百色市为例》,《区域金融研究》2012 年第 10 期。

[204] 李庆海、孙光林、何婧:《社会网络对贫困地区农户信贷违约风险的影响:抑制还是激励?》,《中国农村观察》2018 年第 5 期。

[205] 李庆海、李锐、汪三贵:《农户信贷配给及其福利损失——基于面板数据的分析》,《数量经济技术经济研究》2012 年第 8 期。

[206] 李庆海、吕小锋、李锐、孙光林:《社会资本有助于农户跨越融资的双重门槛吗? ——基于江苏和山东两省的实证分析》,《经济评论》2016 年第 6 期。

[207] 李锐、李宁辉:《农户借贷行为及其福利效果分析》,《经济研究》2004 年第 12 期。

[208] 李锐、朱喜:《农户金融抑制及其福利损失的计量分析》,《经济研究》2007 年第 2 期。

[209] 李涛:《社会互动与投资选择》,《经济研究》2006 年第 8 期。

[210] 李小青、孙银风:《商业银行董事会异质性、金融创新与财务绩效——基于沪深两市上市银行 10 年的证据》,《金融理论与实践》2014 年第 6 期。

[211] 李永友、沈坤荣:《财政支出结构、相对贫困与经济增长》,《管理世界》2007 年第 11 期。

[212] 李志阳、刘振中:《信贷获得、信贷约束与农户收入效应——基于 PSM 方法的分析》,《兰州学刊》2019 年第 8 期。

[213] 廖朴、吕刘、贺晔平:《信贷、保险、"信贷＋保险"的扶贫效果比较研究》,《保险研究》2019 年第 2 期。

[214] 林建浩、吴冰燕、李仲达:《家庭融资中的有效社会网络:朋友圈还是宗族?》,《金融研究》2016 年第 1 期。

[215] 林万龙、杨丛丛:《贫困农户能有效利用扶贫型小额信贷服务吗? ——对四川省仪陇县贫困村互助资金试点的案例分析》,《中国农村经济》2012 年第 2 卷。

[216] 林万龙、钟玲、陆汉文:《合作型反贫困理论与仪陇的实践》,《农业经济问题》2008 年第 11 期。

[217] 林毅夫、蔡昉、李周:《充分信息与国企改革》,上海三联书店 1997 年版。

[218] 林毅夫、孙希芳:《信息、非正规金融与中小企业融资》,《经济研究》2005 年第

7 期。

[219] 刘丹、陆佳瑶:《金融知识对农户信贷行为的影响研究——基于代际差异的视角》,《农业技术经济》2019 年第 11 期。

[220] 刘丹、焦钰、张兵:《农村二元金融结构存在的合理性:基于农户视角的理论与实证分析》,《江苏社会科学》2017 年第 6 期。

[221] 刘丹:《农户异质性视角下正规金融与非正规金融的关系——基于江苏省 1 202 户农户的调研数据》,《南京农业大学学报(社会科学版)》2017 年第 6 期。

[222] 刘芳:《集中连片特困区农村金融发展的动态减贫效应研究——基于 435 个贫困县的经验分析》,《金融理论与实践》2017 年第 6 期。

[223] 刘金海:《贫困村级互助资金:益贫效果、机理分析及政策建议》,《农村经济》2010 年第 10 期。

[224] 刘七军、王海明、李昭楠:《对甘肃省贫困村互助资金发展的调查与思考》,《开发研究》2012 年第 5 卷。

[225] 刘适、文兰娇、熊学萍:《完全金融抑制下农户的信贷需求及其福利损失的实证分析》,《统计与决策》2011 年第 23 期。

[226] 刘西川、陈立辉、杨奇明:《村级发展互助资金组织治理:问题、结构与机制》,《华南农业大学学报(社会科学版)》2013 年第 4 期。

[227] 刘西川、陈立辉、杨奇明:《农户正规信贷需求与利率:基于 Tobit Ⅲ 模型的经验考察》,《管理世界》2014 年第 3 期。

[228] 刘西川:《村级发展互助资金的目标瞄准、还款机制及供给成本——以四川省小金县四个样本村为例》,《农业经济问题》2012 年第 8 期。

[229] 刘艳华、郑平:《农业信贷配给对农民消费间接效应的双重特征——基于面板门限模型和空间面板模型的实证分析》,《金融经济学研究》2016 年第 3 期。

[230] 刘永富:《以习近平总书记扶贫重要论述为指导坚决打赢脱贫攻坚战》,《行政管理改革》2019 年第 5 期。

[231] 卢盼盼、张长全:《中国普惠金融的减贫效应》,《宏观经济研究》2017 年第 8 期。

[232] 鲁可荣、徐建丽:《基于乡村价值的农业大县脱贫攻坚与乡村振兴有机衔接的路径研究》,《贵州民族研究》2020 年第 6 期。

[233] 鲁钊阳、李树:《农村正规与非正规金融发展对区域产业结构升级的影响》,《财经

研究》2015 年第 9 期。

　　[234] 鲁钊阳:《正规金融发展、非正规金融发展对城乡收入差距的影响——基于地级市层面数据的分位数回归分析》,《技术经济》2016 年第 2 期。

　　[235] 陆炳静:《普惠金融发展对农户信贷获得和偏好的影响分析——基于家庭微观数据的实证检验》,《现代金融》2018 年第 7 期。

　　[236] 陆汉文、钟玲:《组织创新与贫困地区"村级发展互助资金"的运行——河南、安徽试点案例研究》,《农村经济》2008 年第 10 期。

　　[237] 罗伯特·K.默顿:《社会理论和社会结构》,译林出版社 2006 年版。

　　[238] 罗荷花、骆伽利:《多维视角下普惠金融对农村减贫的影响研究》,《当代经济管理》2019 年第 3 期。

　　[239] 罗斯丹、李恬悦、陈晓:《山东省普惠金融发展的减贫效应研究——基于状态空间模型的实证分析》,《中国海洋大学学报(社会科学版)》2018 年第 2 期。

　　[240] 马光荣、杨恩艳:《社会网络、非正规金融与创业》,《经济研究》2011 年第 3 期。

　　[241] 马宏、张月君:《不同社会关系网络类型对农户借贷收入效应的影响分析》,《经济问题》2019 年第 9 期。

　　[242] 马鑫媛、赵天奕:《非正规金融与正规金融双重结构下货币政策工具比较研究》,《金融研究》2016 年第 2 期。

　　[243] 马彧菲、杜朝运:《普惠金融指数测度及减贫效应研究》,《经济与管理研究》2017 年第 5 期。

　　[244] 闵杨、张家偶:《小额信贷对贫困农户家庭福利的影响分析》,《商业经济研究》2015 年第 11 期。

　　[245] 宁夏、何家伟:《扶贫互助资金"仪陇模式"异地复制的效果——基于比较的分析》,《中国农村观察》2010 年第 4 期。

　　[246] 宁夏:《贫困村互助资金:操作模式、绩效差异及两者间相关性》,武汉:华中师范大学,2011 年。

　　[247] 潘驰、郭志达:《社会互动效应下通勤者出行方式选择行为研究》,《交通运输系统工程与信息》2017 年第 6 期。

　　[248] 潘文轩、阎新奇:《2020 年后制定农村贫困新标准的前瞻性研究》,《农业经济问题》2020 年第 5 期。

[249] 裴辉儒、高斌:《我国农产品期货市场发展对农业波动性及农民收入的影响——基于黑龙江省大豆农业、河南省小麦农业的实证分析》,《企业导报》2010 年第 5 期。

[250] 平狄克、鲁宾费尔德:《微观经济学》,中国人民大学出版社 2009 年版。

[251] 齐红倩、李志创:《小额信贷对我国城乡收入差距的影响——基于小额贷款公司省际面板数据的实证分析》,《南京社会科学》2018 年第 9 期。

[253] 齐良书、李子奈:《农村资金互助社相关政策研究——基于社员利益最大化模型的分析》,《农村经济》2009 年第 10 卷。

[253] 钱颖一:《企业的治理结构改革和融资结构改革》,《经济研究》1995 年第 1 期。

[254] 秦建军、戎爱萍:《财政支出结构对农村相对贫困的影响分析》,《经济问题》2012 年第 11 期。

[255] 秦月乔、刘西川:《村级发展互助资金组织效率及其影响因素分析》,《金融发展研究》2016 年第 9 期。

[256] 饶育蕾、吴玥、朱锐:《社会互动对家庭借贷行为影响的实证分析》,《软科学》2016 年第 9 期。

[257] 邵亚萍:《扶贫小额信贷助力脱贫研究》,《海南金融》2019 年第 7 期。

[258] 申云、张尊帅、贾晋:《农业供应链金融扶贫研究展望——金融减贫机制和效应文献综述及启示》,《西部论坛》2018 年第 5 期。

[259] 沈红丽:《农户借贷行为的 Heckman 两阶段模型分析——基于天津市农村二元金融结构视角》,《统计与信息论坛》2016 年第 1 期。

[260] 沈红丽:《农户信贷选择及信贷可获性的影响因素分析——基于天津市 506 个农户的调研数据》,《金融理论与实践》2018 年第 4 期。

[261] 沈扬扬、李实:《如何确定相对贫困标准?——兼论"城乡统筹"相对贫困的可行方案》,《华南师范大学学报(社会科学版)》2020 年第 2 期。

[262] 沈扬扬、詹鹏、李实:《扶贫政策演进下的中国农村多维贫困》,《经济学动态》2018 年第 7 期。

[263] 盛光华、葛万达:《社会互动视角下驱动消费者绿色购买的社会机制研究》,《华中农业大学学报(社会科学版)》2019 年第 2 期。

[264] 师荣蓉、丁改云:《金融发展多维减贫的空间溢出效应检验》,《统计与决策》2019 年第 15 期。

[265] 师荣蓉:《西部地区金融发展的多维减贫效应——基于空间面板分位数模型的实证分析》,《福建论坛(人文社会科学版)》2020 年第 2 期。

[266] 史英哲、吉余阿衣、陈梓安、孙小妹:《中国扶贫债市场现状及展望》,《债券》2020年第 7 期。

[267] 史雨星、姚柳杨、赵敏娟:《社会资本对牧户参与草场社区治理意愿的影响——基于 Triple-Hurdle 模型的分析》,《中国农村观察》2018 年第 3 期。

[268] 宋坤:《中国农村非正规金融和正规金融的合作模式》,《中南财经政法大学学报》2016 年第 4 期。

[269] 苏静、肖攀、胡宗义:《教育、社会资本与农户家庭多维贫困转化——来自 CFPS微观面板数据的证据》,《教育与经济》2019 年第 2 期。

[270] 苏治、胡迪:《农户信贷违约都是主动违约吗?——非对称信息状态下的农户信贷违约机理》,《管理世界》2014 年第 9 期。

[271] 孙光林、李庆海、李成友:《欠发达地区农户金融知识对信贷违约的影响——以新疆为例》,《中国农村观察》2017 年第 4 期。

[272] 孙久文、卢怡贤:《习近平关于扶贫的重要论述研究》,《西北师大学报(社会科学版)》2020 年第 1 期。

[273] 孙久文、夏添:《中国扶贫战略与 2020 年后相对贫困线划定——基于理论、政策和数据的分析》,《中国农村经济》2019 年第 10 期。

[274] 孙久文、张静、李承璋、卢怡贤:《我国集中连片特困地区的战略判断与发展建议》,《管理世界》2019 年第 10 期。

[275] 孙玉环、王琳、王雪妮、尹丽艳:《后精准扶贫时代多维贫困的识别与治理——以大连市为例》,《统计与信息论坛》2021 年第 2 期。

[276] 孙玉奎、冯乾:《我国农村金融发展与农民收入差距关系研究——基于农村正规金融与非正规金融整体的视角》,《农业技术经济》2014 年第 11 期。

[277] 谭燕芝、彭千芮:《普惠金融发展与贫困减缓:直接影响与空间溢出效应》,《当代财经》2018 年第 3 期。

[278] 谭燕芝、张子豪、眭张媛:《非正规金融能否促进农户脱贫——基于 CFPS 2012 年微观数据的实证分析》,《农业技术经济》2017 年第 2 期。

[279] 童馨乐、褚保金、杨向阳:《社会资本对农户借贷行为影响的实证研究——基于八

省 1 003 个农户的调查数据》,《金融研究》2011 年第 12 期。

[280] 涂丽、乐章:《城市工作贫困及其影响因素研究——来自 CFPS 数据的实证》,《人口与经济》2018 年第 5 期。

[281] 涂先进、谢家智、张明:《二元金融对家庭消费的虚拟财富效应分析》,《中央财经大学学报》2018 年第 5 期。

[282] 汪芳:《扶贫信贷管理模式研究》,泰安:山东农业大学,2009 年。

[283] 汪三贵、陈虹妃、杨龙:《村级互助金的贫困瞄准机制研究》,《贵州社会科学》2011 年第 9 卷。

[284] 汪三贵、郭子豪:《论中国的精准扶贫》,《贵州社会科学》2015 年第 5 期。

[285] 汪三贵、刘未:《以精准扶贫实现精准脱贫:中国农村反贫困的新思路》,《华南师范大学学报(社会科学版)》2016 年第 5 期。

[286] 汪三贵:《中国扶贫绩效与精准扶贫》,《政治经济学评论》2020 年第 1 期。

[287] 汪学越:《稳步推进村民生产发展互助资金试点增强贫困地区经济社会发展能力》,《财政研究》2007 年第 2 期。

[288] 汪学越:《稳步推行农村"互助资金"试点促进贫困地区经济社会发展》,《农村财政与财务》2007 年第 8 期。

[289] 王碧玉:《"发展互助资金"是贫困村金融合作组织的有效载体——关于哈尔滨市贫困村"发展互助资金"试点的调查》,《学理论》2009 年第 1 期。

[290] 王昌晖、崔金岩:《关于贫困地区村民发展互助资金试点工作的调查与思考》,《农村财政与财务》2009 年第 7 期。

[291] 王春蕊、姜又鸣、姜伟:《GB 模式小额信贷参与农村扶贫贡献率的实证研究——以河北省幸福工程项目为例》,《河北师范大学学报(哲学社会科学版)》2010 年第 2 期。

[292] 王定祥、田庆刚、李伶俐、王小华:《贫困型农户信贷需求与信贷行为实证研究》,《金融研究》2011 年第 5 期。

[293] 王飞:《精英俘获、收入门槛与传统农业地区金融减贫——一个基于面板门槛回归模型的实证分析》,《中国农业资源与区划》2020 年第 2 期。

[294] 王汉杰、温涛、韩佳丽:《深度贫困地区农村金融与农户收入增长:益贫还是益富?》,《当代财经》2018 年第 11 期。

[295] 王冀宁、赵顺龙:《外部性约束、认知偏差、行为偏差与农户贷款困境——来自

716 户农户贷款调查问卷数据的实证检验》,《管理世界》2007 年第 9 期。

[296] 王瑾瑜:《贫困村互助资金成效及发展对策——以四川省为例》,《农村经济》2013 年第 8 期。

[297] 王静、王智恒:《农业合作经济组织影响下的农村信贷配给程度研究——来自陕西省 300 多户农户借贷调查的实证》,《经济经纬》2014 年第 6 期。

[298] 王磊、许玉芬、霍丽杰、吴慧慧、康雁茹、谢敬:《基于 Tobit 模型农户小额信贷需求的影响因素研究——以河北省为例》,《现代经济信息》2016 年第 5 期。

[299] 王威、侯东东、李俊浩:《村干部参与村级互助资金的运行特征及风险防范——以河南省光山县为例》,《金融发展研究》2013 年第 6 期。

[300] 王伟、朱一鸣:《普惠金融与县域资金外流:减贫还是致贫——基于中国 592 个国家级贫困县的研究》,《经济理论与经济管理》2018 年第 1 期。

[301] 王苇航:《关于发展农村资金互助合作组织的思考》,《农业经济问题》2008 年第 8 卷。

[302] 王小华、王定祥、温涛:《中国农贷的减贫增收效应:贫困县与非贫困县的分层比较》,《数量经济技术经济研究》2014 年第 9 期。

[303] 王小林、冯贺霞:《2020 年后中国多维相对贫困标准:国际经验与政策取向》,《中国农村经济》2020 年第 3 期。

[304] 王新丽:《参照群体对我国农村居民炫耀性消费动机的影响研究》,吉林:吉林大学,2010 年。

[305] 王性玉、任乐、赵辉:《社会资本对农户信贷配给影响的分类研究——基于河南省农户的数据检验》,《经济问题探索》2016 年第 9 期。

[306] 王性玉、田建强:《农户资源禀赋与农业产出关系研究——基于信贷配给数据的分组讨论》,《管理评论》2011 年第 9 期。

[307] 王修华、赵亚雄、付盼盼:《金融渗透、资金流动与多维贫困——来自中国县域的证据》,《当代财经》2019 年第 6 期。

[308] 王宇、王士权:《社会资本影响家庭金融行为的机制研究——一个文献综述》,《金融发展研究》2019 年第 12 期。

[309] 王振振、王立剑:《精准扶贫可以提升农村贫困户可持续生计吗?——基于陕西省 70 个县(区)的调查》,《农业经济问题》2019 年第 4 期。

［310］卫梦星：《基于微观非实验数据的政策效应评估方法评价与比较》,《西部论坛》2012年第4期。

［311］魏后凯：《2020年后中国减贫的新战略》,《中州学刊》2018年第9期。

［312］温华：《我国农村小额信贷的法律制度建设》,《农业经济》2018年第10期。

［313］吴本健、葛宇航、马九杰：《精准扶贫时期财政扶贫与金融扶贫的绩效比较——基于扶贫对象贫困程度差异和多维贫困的视角》,《中国农村经济》2019年第7期。

［314］吴丽洁、韦昕辰：《豫、鲁、湘、川、甘五省贫困村互助资金发展现状及政策建议》,《现代经济信息》2013年第5期。

［315］吴雨、宋全云、尹志超：《农户正规信贷获得和信贷渠道偏好分析——基于金融知识水平和受教育水平视角的解释》,《中国农村经济》2016年第5期。

［316］吴忠：《扶贫互助资金仪陇模式与新时期农村反贫困》,中国农业出版社2008年版。

［317］武丽娟、徐璋勇：《我国农村普惠金融的减贫增收效应研究——基于4 023户农户微观数据的断点回归》,《南方经济》2018年第5期。

［318］夏春萍、雷欣悦、王翠翠：《我国农村多维贫困的空间分布特征及影响因素分析——基于31省的多维贫困测度》,《中国农业大学学报》2019年第8期。

［319］肖建华、李雅丽：《财政转移支付对我国农村家庭的减贫效应》,《中南财经政法大学学报》2021年第1期。

［320］谢家智、涂先进、叶盛：《金融借贷、心理财富与农户消费》,《金融经济学研究》2017年第6期。

［321］谢玉梅、臧丹：《多元共治贫困：基于江苏省泗阳县的个案研究》,《农业经济与管理》2018年第5期。

［322］谢玉梅：《东部发达地区贫困治理机制创新与实践启示——基于江苏省泗阳县的调查》,《中国农业大学学报（社会科学版）》2017年第5期。

［323］谢玉梅：《改革开放四十年中国扶贫政策变迁及其实践》,《江南大学学报（人文社会科学版）》2018年第6期。

［324］谢玉梅：《凝心聚力打赢脱贫攻坚战》,《新西藏（汉文版）》2020年第4期。

［325］邢成举、李小云：《相对贫困与新时代贫困治理机制的构建》,《改革》2019年第12期。

[326] 许月丽、李帅、刘志媛、周杭、Zhan Shurui:《利率市场化改革如何影响了农村正规金融对非正规金融的替代性?》,《中国农村经济》2020 年第 3 期。

[327] 闫杰、强国令、刘清娟:《扶贫小额信贷、农户收入与反贫困绩效》,《金融经济学研究》2019 年第 4 期。

[328] 燕继荣:《反贫困与国家治理——中国"脱贫攻坚"的创新意义》,《管理世界》2020 年第 4 期。

[329] 燕连福、马亚军:《习近平扶贫重要论述的理论渊源、精神实质及时代意义》,《马克思主义与现实》2019 年第 1 期。

[330] 杨帆、庄天慧:《父辈禀赋对新生代农民工相对贫困的影响及其异质性》,《农村经济》2018 年第 12 期。

[331] 杨海燕、毛瑞华、朱军:《农户个人借贷合约激励机制:社会资本积累和使用模型》,《农村经济》2019 年第 8 期。

[332] 杨贺:《农户社会资本对借贷倾向影响的分析及其检验》,陕西:西北大学,2015 年。

[333] 杨虎锋、何广文:《小额贷款公司经营有效率吗——基于 42 家小额贷款公司数据的分析》,《财经科学》2011 年第 12 期。

[334] 杨龙、张伟宾:《基于准实验研究的互助资金益贫效果分析——来自 5 省 1 349 户面板数据的证据》,《中国农村经济》2015 年第 7 期。

[335] 杨明婉、张乐柱:《社会资本强度对农户家庭借贷行为影响研究——基于 2016 年 CFPS 的数据》,《经济与管理评论》2019 年第 5 期。

[336] 杨汝岱、陈斌开、朱诗娥:《基于社会网络视角的农户民间借贷需求行为研究》,《经济研究》2011 年第 11 期。

[337] 杨穗、冯毅:《中国金融扶贫的发展与启示》,《重庆社会科学》2018 年第 6 期。

[338] 杨艳琳、付晨玉:《中国农村普惠金融发展对农村劳动年龄人口多维贫困的改善效应分析》,《中国农村经济》2019 年第 3 期。

[339] 姚瑞卿、姜太碧:《农户行为与"邻里效应"的影响机制》,《农村经济》2015 年第 4 期。

[340] 叶波:《对高台县贫困村互助资金协会运作情况的调查》,《西部金融》2015 年第 8 期。

［341］叶兴庆、殷浩栋：《从消除绝对贫困到缓解相对贫困:中国减贫历程与 2020 年后的减贫战略》,《改革》2019 年第 12 期。

［342］殷浩栋、汪三贵、王彩玲：《农户非正规金融信贷与正规金融信贷的替代效应——基于资本禀赋和交易成本的再审视》,《经济与管理研究》2017 年第 9 期。

［343］殷浩栋、王瑜、汪三贵：《贫困村互助资金与农户正规金融、非正规金融:替代还是互补?》,《金融研究》2018 年第 5 期。

［344］尹学群、李心丹、陈庭强：《农户信贷对农村经济增长和农村居民消费的影响》,《农业经济问题》2011 年第 5 期。

［345］尹志超、蒋佳伶、宋晓巍：《社会网络对家庭借贷行为的影响——基于京津冀家庭微观数据的实证研究》,《东北师大学报(哲学社会科学版)》2020 年第 4 期。

［346］余建英：《数据统计分析与 SPSS 应用》,人民邮电出版社 2003 年版。

［347］余丽甜、詹宇波：《家庭教育支出存在邻里效应吗?》,《财经研究》2018 年第 8 期。

［348］张兵、金颖：《信贷约束对农户福利的影响——基于江苏 1 202 户农村家庭的调查》,《江苏农业科学》2018 年第 7 期。

［349］张德鹏、林萌菲、陈春峰、刘思：《品牌社区中情感和关系会激发推荐吗?——顾客心理依附对口碑推荐意愿的影响研究》,《管理评论》2019 年第 2 期。

［350］张德元、张亚军：《关于农民资金互助合作组织的思考与分析》,《经济学家》2008 年第 1 卷。

［351］张栋浩、尹志超、隋钰冰：《金融普惠可以提高减贫质量吗?——基于多维贫困的分析》,《南方经济》2020 年第 10 期。

［352］张海洋、韩晓、高一丹：《社会信任与消费行为:理论与实证》,《当代财经》2019 年第 1 期。

［353］张珩、罗剑朝、罗添元、王磊玲：《社会资本、收入水平与农户借贷响应——来自苹果主产区 784 户农户的经验分析》,《经济与管理研究》2018 年第 8 期。

［354］张剑渝、杜青龙：《参考群体、认知风格与消费者购买决策——一个行为经济学视角的综述》,《经济学动态》2009 年第 11 期。

［355］张蕾：《拓宽宁夏"扶贫互助资金"融资渠道的思考》,《中共银川市委党校学报》2011 年第 3 期。

［356］张琦、孔梅、万君：《对 2020 年后我国减贫战略方向及重点的思考》，《社会治理》2020 年第 11 期。

［357］张沁、孙浩：《多维贫困集聚下的我国农村金融减贫效应分析》，《湖南农业大学学报（社会科学版）》2019 年第 6 期。

［358］张全红、李博、周强：《中国农村的贫困特征与动态转换：收入贫困和多维贫困的对比分析》，《农业经济问题》2019 年第 12 期。

［359］张润驰、杜亚斌、荆伟、孙明明：《农户小额贷款违约影响因素研究》，《西北农林科技大学学报（社会科学版）》2017 年第 3 期。

［360］张天宇、钟田丽：《基于学习行为的资本结构同伴效应实证研究》，《管理科学》2019 年第 2 期。

［361］张晓蓓：《困难家庭多维贫困异质性研究》，《统计与决策》2021 年第 4 期。

［362］张晓琳、董继刚：《农户借贷行为及潜在需求的实证分析——基于 762 份山东省农户的调查问卷》，《农业经济问题》2017 年第 9 期。

［363］张雄、张庆红：《金融包容的减贫效应研究——来自中国微观数据的经验分析》，《贵州财经大学学报》2019 年第 3 期。

［364］张颖慧、聂强：《贫困地区小额信贷的运行绩效》，《西北农林科技大学学报（社会科学版）》2016 年第 1 期。

［365］张正平：《中国 NGO 小额信贷机构治理效率实证检验》，《社会科学战线》2017 年第 5 期。

［366］张自然、祝伟：《中国居民家庭负债抑制消费升级了吗？——来自中国家庭追踪调查的证据》，《金融论坛》2019 年第 8 期。

［367］章贵军、欧阳敏华：《政策性金融扶贫项目收入改进效果评价——以江西省为例》，《中国软科学》2018 年第 4 期。

［368］章文光：《脱贫攻坚决战决胜期需要注意的几个问题——基于建档立卡实地监测调研的思考》，《中共中央党校（国家行政学院）学报》2020 年第 2 期。

［369］赵瑜、杨旭升：《固始县村级发展互助资金试点工作成果丰硕》，《农村农业农民（A 版）》2009 年第 7 期。

［370］赵志君、罗红云、王文豪：《相对贫困测度与民族地区贫困发生率研究》，《民族研

究》2020年第3期。

[371] 甄小惠：《充分发挥互助资金作用解决农村贫困地区资金"瓶颈"》，《黑龙江金融》2010年第4期。

[372] 郑瑞强、赖运生、胡迎燕：《深度贫困地区乡村振兴与精准扶贫协同推进策略优化研究》，《农林经济管理学报》2018年第6期。

[373] 郑秀峰、朱一鸣：《普惠金融、经济机会与减贫增收》，《世界经济文汇》2019年第1期。

[374] 钟春平、孙焕民、徐长生：《信贷约束、信贷需求与农户借贷行为：安徽的经验证据》，《金融研究》2010年第11期。

[375] 周常春、翟羽佳、车震宇：《连片特困区农户多维贫困测度及能力建设研究》，《中国人口·资源与环境》2017年第11期。

[376] 周力：《相对贫困标准划定的国际经验与启示》，《人民论坛·学术前沿》2020年第14期。

[377] 周强、张全红：《农村非正规金融对多维资产贫困的减贫效应研究——基于CFPS微观家庭调查数据的分析》，《中南财经政法大学学报》2019年第4期。

[378] 周益平：《部分国家的贫困线标准确定及对中国的几点启示》，《世界农业》2010年第11期。

[379] 周月书、王雨露、彭媛媛：《农业产业链组织、信贷交易成本与规模农户信贷可得性》，《中国农村经济》2019年第4期。

[380] 周占伟：《高管控制权收益与公司绩效关系实证研究》，《湖南社会科学》2012年第2期。

[381] 周振：《农民经济行为的文化解释》，吉林：吉林大学，2013年。

[382] 朱成晨、闫广芬、朱德全：《乡村建设与农村教育：职业教育精准扶贫融合模式与乡村振兴战略》，《华东师范大学学报（教育科学版）》2019年第2期。

[383] 朱始建：《互助资金是弥补贫困村发展资金不足的有效偿试》，《甘肃农业》2008年第1期。

[384] 朱晓、秦敏：《城市流动人口相对贫困及其影响因素》，《华南农业大学学报（社会科学版）》2020年第3期。

［385］朱信凯、刘刚:《二元金融体制与农户消费信贷选择——对合会的解释与分析》,《经济研究》2009 年第 2 期。

［386］朱一鸣、王伟:《普惠金融如何实现精准扶贫?》,《财经研究》2017 年第 10 期。

［387］左璐璐:《村级发展互助资金运行情况和功能分析》,《华中师范大学研究生学报》2015 年第 1 期。

图书在版编目(CIP)数据

精准扶贫视角下的小额信贷研究/谢玉梅等著.—
上海:格致出版社:上海人民出版社,2021.12
ISBN 978 - 7 - 5432 - 3313 - 3

Ⅰ.①精… Ⅱ.①谢… Ⅲ.①信贷管理-研究 Ⅳ.
①F830.51

中国版本图书馆 CIP 数据核字(2021)第 247116 号

责任编辑 王浩淼　程筠函
装帧设计 零创意文化

精准扶贫视角下的小额信贷研究
谢玉梅　徐玮　夏璐　等著

出　　版　格致出版社
　　　　　上海人民出版社
　　　　　(201101　上海市闵行区号景路 159 弄 C 座)
发　　行　上海人民出版社发行中心
印　　刷　上海商务联西印刷有限公司
开　　本　720×1000　1/16
印　　张　19.5
插　　页　3
字　　数　300,000
版　　次　2021 年 12 月第 1 版
印　　次　2021 年 12 月第 1 次印刷
ISBN 978 - 7 - 5432 - 3313 - 3/F·1417
定　　价　82.00 元